Para Félix co
Por ser una pie

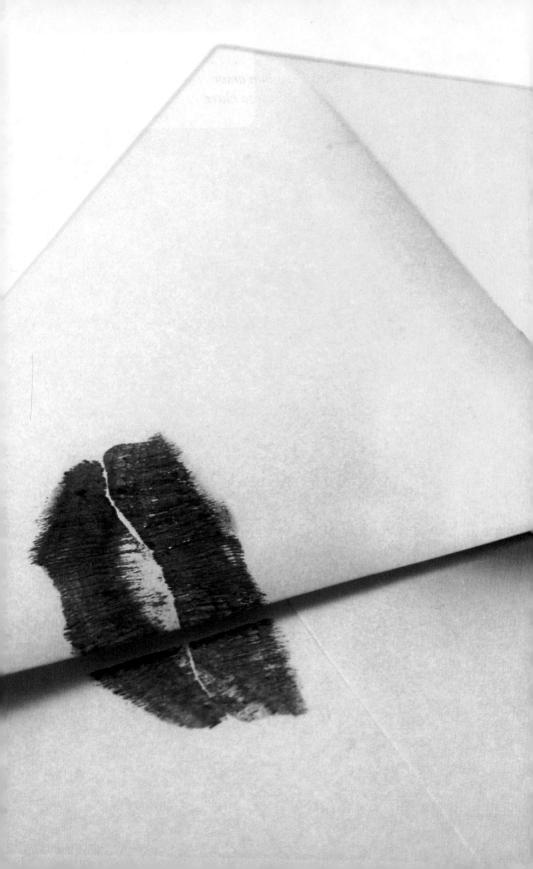

INFIDELIDAD
Una ruta de salida

María de los Ángeles Baizán Balmori

EDITORIAL TRILLAS

México, Argentina, España,
Colombia, Puerto Rico, Venezuela ®

Catalogación en la fuente

Baizán Balmori, María de los Ángeles
    Infidelidad: Una ruta de salida. -- México :
Trillas, 2009.
    243 p. ; 23 cm.
    Incluye bibliografías e índices
    ISBN 978-607-17-0331-6

    1. Marido y mujer. 2. Conducta de vida.
3. Adulterio. I. t.

    D- 306.736'B122i   LC- HQ806'B3.5

*División Administrativa,
Av. Río Churubusco 385,
Col. Pedro María Anaya, C.P. 03340,
México, D. F.
Tel. 56 88 42 33, FAX 56 04 13 64*

*División Comercial,
Calzada de la Viga 1132,
C.P. 09439, México, D. F.
Tel. 56 33 09 95, FAX 56 33 08 70*

www.trillas.com.mx

Tienda en línea
www.etrillas.com.mx

*Miembro de la Cámara Nacional de
la Industria Editorial.
Reg. núm. 158*

Primera edición, 2005
    (ISBN 968-5610-35-5)

Segunda edición, octubre 2009
(Primera publicada por Editorial Trillas,
S. A. de C. V.)
    ISBN 978-607-17-0331-6

*Impreso en México
Printed in Mexico*

*Esta obra se terminó de imprimir
el 9 de octubre del 2009,
en los talleres de Diseños & Impresión AF,
S. A. de C. V.
Se encuadernó en Encuadernaciones y
Acabados Gráficos.*

KROB 90 RW

Prefacio

La infidelidad está siempre presente. En las películas, la televisión, las canciones, las novelas, la historia de los famosos, en algún conocido, algún pariente, o lo que es peor, dentro de la propia casa, en nuestra vida, con nuestra pareja. Cuando es así, deja de ser un tema actual y controvertido para convertirse en una crisis que puede terminar en una ruptura muy dolorosa.

Para hablar de infidelidad hay que adentrarse en el terreno de los valores, de los impulsos, de la pasión y del amor, tanto dentro de la pareja como en cada uno de los que forman el triángulo.

La infidelidad se vive como una gran traición que parece insuperable. En muchos casos, así es. Sin embargo, hay otros en los que los cónyuges deciden darle otra oportunidad a su vida en común. En cualquiera de estas dos posiciones, la sensación es semejante a la caída en un pozo profundo del que parece muy complicado salir.

Este libro está dirigido a todas aquellas personas que están viviendo o han vivido la crisis que desencadena el descubrimiento de la infidelidad de la pareja, y necesitan información y orientación que les ayude a comprender y mitigar el dolor del engaño. Describe el proceso y las tareas que ambos miembros tendrán que llevar a cabo para reconstruir su relación, así como sugerencias para recuperarse a sí mismos de la caída. Para los que la infidelidad significa el final, proporciona ideas para afrontar la pérdida y el cambio. En estas situaciones, ya sea que decidan continuar o separarse, hallarán en este libro una explicación de cómo fue que sucedió y elementos para reflexionar sobre cuál de las dos alternativas es más sana.

Por supuesto, también se recomienda a terapeutas, psiquiatras, abogados, trabajadores sociales, sacerdotes o consejeros que tienen contacto con el tema de la infidelidad y, por ello, estén interesados en profundizar en la comprensión de este fenómeno y el tipo de ayuda que precisa alguien en estas circunstancias.

La intención del libro es proporcionar información y plantear posibilidades de manera clara y accesible sobre una situación, que cuando se presenta, produce un fuerte impacto en la vida de las personas involucradas. Aunque la vida nunca volverá a ser igual después de una infidelidad, ni para el infiel, ni para el engañado, ésta puede ser una llamada de atención para que el individuo y la pareja descubran nuevas y mejores formas de relacionarse.

Por último, quiero agradecer a mis pacientes y a todas las personas que han compartido sus historias conmigo, por permitirme con ello ampliar el panorama y la comprensión de este complicado tema. Todas las historias de infidelidad tienen un patrón de conducta muy similar. Las historias y ejemplos de esta obra son reflejo de eso y podría ser el caso de cualquiera, por tanto, cualquier similitud con hechos o personas de la vida real es mera coincidencia.

Índice de contenido

Introducción

La infidelidad es un hecho que ha sucedido desde tiempos inmemoriales, que sigue sucediendo y que, aparentemente, cada día es más probable y más abierto. Es muy difícil medir con precisión un comportamiento que se practica a escondidas y que se trata de conservar en secreto. A pesar de lo complicado para calcular la frecuencia, se considera que las aventuras amorosas son muy frecuentes. "Aproximadamente 70 % de los varones casados y 50 % de las mujeres tienen aventuras amorosas y casi 60 % de los solteros, tanto varones como mujeres, ha tenido alguna relación íntima con una persona casada."[1] Según estas estadísticas, siete de cada 10 parejas heterosexuales han vivido en su matrimonio por lo menos una experiencia de infidelidad. El panorama empeora cuando la mayoría de los autores que hablan sobre el tema, coinciden en augurar una tendencia al incremento de estas cifras en el futuro cercano. De ser cierta esta valoración, dos de cada tres parejas casadas caerán algún día en este pozo, si no es que ya lo han hecho.

Desde el punto de vista social, la generalización de la infidelidad aumenta, tanto por la apertura que hay para hablar de ella como por su frecuencia para llevarla a cabo. Hecho que, aunque sea "mal de muchos", no ha dejado de ser muy doloroso para los involucrados en un triángulo de este tipo.

Las infidelidades son relatos de grandes pasiones, grandes desengaños y grandes secretos. Según el papel que se represente en el drama, inspiran enormes deseos, añoranza, anhelos, ilusión, envidia, o mucho coraje, miedo y una profunda tristeza y desilusión.

Los amores prohibidos despiertan emociones muy fuertes. Cuando se es el protagonista, este gran drama genera una enorme ola que parece arrastrar con todo lo que se es y se ha construido hasta ese momento. Tanto para el infiel, porque parece estar dispuesto a pagar cualquier precio por la pasión de la aventura, como para la esposa o el esposo, porque recibe un fuerte golpe emocional.

Hay parejas que tienen "convenios", hablados o no, para vivir vidas separadas y toleran o aprenden a vivir con "socios conyugales" fijos o temporales. Hay personas que no quieren saber si su pareja ha tenido o tiene una relación amorosa secreta y optan por dejarla así, en secreto. Han incorporado los devaneos pasados y presentes del cónyuge a su matrimonio. Hay quienes prefieren hacer de cuenta que no ven, no oyen y no sienten. Prefieren compartir y negar. Es una opción.

En este libro, no pretendemos revisar este tipo de arreglo. El propósito al analizar este complicado tema consiste en enfocarnos en esas otras relaciones amorosas infieles que resultan *dolorosas* y *destructivas,* para uno o ambos miembros de la pareja, con la intención de solucionar la crisis que desencadena esos amores secretos que dejan de ser secretos.

La infidelidad de la pareja es una de las situaciones más dolorosas que se pueden vivir en una vida de intimidad (casados o no) y también una de las experiencias potencialmente más destructivas debido a las consecuencias emocionales, maritales, familiares y financieras que puede acarrear.

En esta crisis hay dos posiciones muy distantes una de otra, la del infiel y la del "engañado". Para el que ha cometido o está viviendo la infidelidad, ésta representa una aventura muy gratificante, muchas veces cargada de culpa, pero gratificante. Para la "engañada" o el "engañado" este descubrimiento es avasallador.

Cuando una persona empieza a sospechar y después confirmar que la pareja está enredada en algún asunto amoroso, es como si el cielo le cayera de repente sobre su cabeza, dejándola aplastada como un acordeón debajo de un montón de escombros. El descubrimiento del engaño causa una profunda tristeza, decepción, enojo, miedo y, sobre todo, mucha confusión sobre el siguiente paso que la vida le está obligando a tomar.

Siempre preferimos pensar que las cosas desgraciadas les pasan a los demás. Cuando los otros son quienes están enfrentando un problema es muy fácil opinar, aconsejar, criticar o juzgar. La infidelidad es uno de esos casos. Es posible tener una mirada lejana o incluso indiferente cuando son otros los implicados. Pero cuando eso sucede en la propia vida, definir el rumbo y tomar una decisión acertada no es tan fácil. En la mayoría de los casos, sorprende la confirmación de la infidelidad de la pareja y nos sentimos totalmente indefensos y vulnerables. Uno se encuentra con que no sabe ni qué hacer ni a quién recurrir. La mayoría de las personas opinan con mucha soltura sobre la infidelidad, por supuesto, antes de vivirla en carne propia.

La confusión y el dolor que se experimentan con el descubrimiento de la infidelidad son tan grandes que en la superficie o en el fondo, aunque suene drástico, lo que en realidad se desea es que a una o al otro lo trague la tierra.

Muchas veces las opiniones y los consejos de parientes y amigos desorientan y confunden más. Éstas dependen de los prejuicios, de las creencias y del particular criterio de quien los da, no de un análisis racional y una estrategia bien planeada para solucionar con sabiduría un problema que es de dos, aunque estén implicados tres.

En un extremo quizá, se encuentre quien piensa que lo indicado es "hacerse de la vista gorda" y que seguramente con el tiempo pasará, y en el otro tal vez se halle quien opine que es necesario mandar al tipo o a la tipa "al demonio". Olvidarse de él o ella y punto. Si no, promover un divorcio de inmediato para conservar la dignidad, por lo menos la separación debería ser inminente.

Hay quien cree que se deben ocupar la mente y todos los recursos disponibles para planear una venganza que, aunque de ninguna manera igualará el daño sufrido, por lo menos sí cause al infiel un mal similar o peor. Hemos oído opiniones tan radicales como: "si me ponen los cuernos, te aseguro que primero que nada, se lo corto". Como si esa parte de la estructura anatómica fuera lo más importante en una infidelidad y un objeto de pertenencia para la ofendida. Afortunadamente, a la hora de la verdad nadie lo hace.

Al detonarse la crisis, la sensación es de gran vulnerabilidad y desamparo, por ello se busca con desesperación ayuda rápida, milagrosa y "profunda" para el terrible dolor. Se acude a quien está más cerca o más disponible. Los amigos dan el pésame y le dan gracias a Dios porque no les pasó a ellos. La familia se enfurece (si es que se entera). El sacerdote sugiere reconquistar y poner la otra mejilla. El psiquiatra receta unas píldoras para dormir. El psicoanalista considera la necesidad de ir a sesión tres veces a la semana para analizar qué le llevó a relacionarse con esa clase de persona, a provocar el deseo en el otro, y luego llevar al terreno de los hechos el andar de "ligue". El "brujo" opina que si se tiene paciencia y se lleva a cabo algún buen ritual de eficacia comprobada, en tres años más, el o la infiel será suyo o suya de nuevo. La peinadora puede relatar los cien casos diferentes que conoce y lo importante que es diseñar una nueva imagen. El cantinero, si es prudente, guardará silencio y ayudará a "ahogar las penas". El abogado probablemente aconseje poner el dinero a salvo y pensar en los términos de la demanda de divorcio.

Pero "ahogar las penas" sólo puede servir para provocar un problema peor. Lanzarse a la reconquista tal vez sea muy bueno, siempre y cuando la batalla no esté de antemano perdida. No se pueden esperar los tres años que recomienda el brujo ni los cinco que puede durar un psicoanálisis antes de que se "analice" lo sucedido. Para entonces ya puede ser demasiado tarde.

La separación, el divorcio, hacerse de la vista gorda, la venganza, una nueva apariencia o ser capaz de dormir por las noches no es lo que permitirá unir los pedazos, en los que siente haberse roto el que sufre el engaño. Todas estas salidas "al vapor" tienen un alto costo y no solucionan el problema de fondo que motivó la infidelidad, de hecho, a veces, lo agravan.

En conclusión, los amigos, la familia, el sacerdote, el psiquiatra, el psicoanalista, el brujo, la peinadora, el cantinero o el abogado, no siempre son los mejores consejeros. Entonces, ¿qué hacer?

La infidelidad no tiene una sola y mejor solución. Es un acontecimiento complicado. Ninguna de estas soluciones desesperadas o de supuesta ayuda resulta razonable. Un caso no es igual ni mejor o peor que otro.

Sin tomar en cuenta otros factores que desempeñan un papel muy importante dentro del matrimonio, como los hijos y la economía, una alianza puede tener mucha fuerza. No es tan fácil tirar a la pareja por la borda. Por otro lado, tampoco es cierto que haya que intentar recuperar a la pareja a costa de lo que sea.

La ofensa es grande pero quizá los cimientos de la pareja también lo sean, al grado de enfrentar la infidelidad y sobrevivir a sus efectos. A pesar de sentir profundo dolor y coraje, es probable que la pareja desee seguir unida. Aunque esto pueda agregar dolor e incertidumbre, también es posible que ella misma pueda generar la fuerza para contener y solucionar la crisis.

A pesar de que la infidelidad puede ser el síntoma de una relación muy gastada, y muchos rompimientos y divorcios tienen este antecedente, el problema de la infidelidad no siempre significa su disolución. Hay casos en los que se puede trascender ese profundo dolor, aprender de él, reconstruirse y descubrir una vida mucho más plena y satisfactoria. En otros muchos, esto no es posible.

A la corta o a la larga, los tres que conforman el triángulo tal vez terminen devastados. También es probable que sólo uno de ellos acabe siendo el perdedor de esta apuesta, y no necesariamente "el de los cuernos". Las nubes negras no se ciernen únicamente sobre quien sufre la infidelidad, también se cubren de gris la vida del infiel y la del o la amante.

Con la confirmación de la infidelidad, surgen en cascada muchas preguntas atormentadoras que quitan el sueño y cortan la respiración: ¿Por qué esto y por qué ahora? ¿Es éste el final? ¿Podré algún día volver a confiar en la gente y en la vida? ¿Seré nuevamente capaz de pensar bien de mí y de los demás? ¿Se puede seguir viviendo con la pareja después de esto? ¿Qué puedo hacer?

Como un pequeño preámbulo a lo que se revisará en los próximos capítulos, algo que quizá en este momento suene muy disparatado es que descubrir la infidelidad de la pareja quizá sea la oportunidad para empezar a tener una vida mejor, aun si la relación sobrevive o no.

Seguro que la vida en pareja no era muy buena ni antes ni durante la infidelidad. Así que la única alternativa es que, sea cual sea el desenlace, su vida mejore. Si siguen juntos, la vida en pareja tiene que ser mucho mejor. Cuando eso no es posible y se separan, la vida sin mentiras y sin engaños también será mejor.

Un buen amigo describió la experiencia de haber sido infiel como la caída en un pozo profundo y negro. Su definición desde el lado "divertido" de la infidelidad, se queda corta con la del hoyo donde cayó la esposa. Ella, además de sentirse en ese pozo profundo y negro, se sentía con una puñalada clavada en la espalda y sin fuerzas para poder siquiera levantarse del suelo. Yo creo que cuando se cae en un pozo así de horrible, sin importar si traicionó o lo traicionaron, si cayó o le empujaron, lo que necesita es poder *salir* y después averiguar *cómo* fue que cayó.

Aunque suena sencillo, el tema no es tan simple ya que, debido a que este hoyo es tan negro y la crisis tan profunda y apremiante, se necesitan realizar ambas cosas al mismo tiempo: trabajar para salir del pozo y entender cómo se llegó ahí. De manera independiente de si la pareja se desbarata o si sus miembros deciden continuar, llevar a cabo este trabajo es primordial.

Este libro es una ayuda de urgencia para salir del pozo profundo que cava la infidelidad, una descripción de los estragos de la caída y la manera de reestructurarse uno mismo para continuar con la vida, así como una explicación de cómo se abrió ese agujero, un letrero de "precaución" para aquellos que caminan cerca pero aún no caen, una ayuda para que usted y su pareja puedan tapar ese agujero y otros que pueda haber en la relación para que no caigan o por lo menos para que no caigan otra vez. Y si los miembros de la pareja consideran que podrían intentarlo de nuevo, hacer un plan para la reconstrucción de la misma.

Aunque se considera a ambos como protagonistas de este drama, el foco de atención es para el que recibe la puñalada por la espalda, en otras palabras, para quien descubre con mucho dolor la traición de su pareja.

El libro está diseñado con el propósito de hacer factible su lectura en desorden y adecuar la secuencia de dicha lectura a las necesidades de cada quien. Leerlo en orden, sin embargo, le aportará mayor claridad del problema.

Si tiene este libro en sus manos, seguro está viviendo o ha vivido la infidelidad de su pareja, le está siendo infiel o ha sido infiel, está siendo o ha sido la pareja de un o una infiel, teme convertirse en cualquiera de los protagonistas o por lo menos conoce a alguien en estas circunstancias. Cualquiera que sea la razón, deseo de todo corazón que salga de ese profundo pozo o pueda ayudar a alguien a salir de él. Mi mejor deseo es que este libro le sea útil.

REFERENCIA BIBLIOGRÁFICA

1. Linquist, L., *Amantes secretos*, Paidós, Barcelona, 2000:13.

1

Manos a la obra

¿QUÉ ES UNA INFIDELIDAD?

*La infidelidad es una de esas cosas que se conocen a distancia
como algo, que de manera afortunada o desafortunada,
sólo le sucede a otros.*

En un programa de comentarios en la televisión, los participantes discutían si besar a una persona diferente a la pareja podía considerarse como "infidelidad" o si era necesario que hubiera más "cosas" para poder hablar de infidelidad. Los participantes nunca se pusieron de acuerdo. La discusión estaba mal planteada de inicio, porque no es un beso o la existencia de otra familia paralela lo que hace la diferencia entre ser infiel o no. La infidelidad no está en lo que alguien "hace" sino en lo que *significa* para su pareja aquello que esa persona "hizo o hace". En ocasiones, un beso es indicio suficiente de deslealtad, según a quién y cómo se bese.

Todos usan el término "infidelidad" para referirse a una "relación amorosa fuera del matrimonio", *relación* que compite o amenaza con la permanencia y la estabilidad del matrimonio pues daña, entre otras cosas, un elemento básico para la supervivencia de la pareja: la confianza. La clave para hablar de infidelidad está en el vínculo que se construye tras bambalinas con esa "otra" persona. Un beso sólo podría ser una manifestación de esa relación.

La infidelidad no incluye de manera exclusiva un escarceo sexual, implica también un *apego afectivo* con la posibilidad o el hecho de que llegue a consumarse en relaciones sexuales. En otras palabras, en una infidelidad quizá haya relaciones sexuales o no, pero siempre hay una relación con mayor o menor grado de intensidad emocional que influye en el vínculo con la pareja.

Para hablar de infidelidad es necesario considerar también el rompimiento de los votos de compromiso y lealtad hacia la pareja original, los cuales se tambalean en el inicio y se colapsan durante la evolución de la nueva relación amorosa. El engaño instrumentado desde el inicio de la aventura es el combustible que consuma la traición y la adhesión a una persona nueva y diferente.

El concepto de infidelidad difiere del de adulterio, con el que casi siempre se hace referencia al acto sexual con una persona fuera del matrimonio. Cuando se habla de infidelidad, no se refiere a una falta a la moral según cierto criterio, o a la comisión de un acto ilegal, según otro. Si no se destruye una promesa o si no hay este acuerdo previo de vínculo amoroso exclusivo, no hay traición. Entonces no sería posible hablar de infidelidad sino de adulterio. Sin embargo, el adulterio se define de manera religiosa o legal y no toma mucho en consideración el daño emocional o afectivo para la pareja que resulta de esa acción.

Con el calificativo de "infidelidad" se hace referencia al rompimiento de un acuerdo relacional, una promesa o un pacto de vida tácito o explícito, importante para la relación en pareja. La infidelidad se vive como una falta de lealtad, como una traición. En este contexto, la infidelidad tiene una connotación ética y requiere de un análisis más amplio que el legal o religioso. No se puede hablar de infidelidad sin meterse en el terreno de los valores ya que su opuesto, la fidelidad, es un valor. Los valores son aquellas ideas y creencias que se incorporan al propio código moral por considerarlas algo valioso y digno de marcar una dirección en las acciones de la vida.

> Los valores personales son algo más que propósitos de intenciones, son aquello que delimita las voluntades, las motivaciones, los intereses y, en definitiva, los designios de la vida de una persona.

Por mucho que se quisiera disimular, los propios actos acabarían dando testimonio de los valores que realmente conducen nuestra vida. De manera inevitable devenimos fieles a nuestro ser y, por tanto, a los valores que hemos asumido como nuestros.[1]

Aquello en lo que se cree y se valora define lo que se es y cómo se es. La fidelidad como valor implica el compromiso atemporal de permanecer motivado, interesado e implicado en una causa, idea, creencia o persona.

La fidelidad empieza por uno mismo y se manifiesta en un esfuerzo de la voluntad para llegar a ser eso que se quiere ser. La fidelidad a uno mismo es un paso previo necesario para conseguir el resto de las fidelidades. La fidelidad a uno mismo sólo se logra cuando hay una conciencia responsable sobre la propia vida. En otras palabras, al librar la batalla entre lo que uno puede ser y lo que uno quisiera llegar a ser. La fidelidad a uno mismo a veces implica la infidelidad a otras cosas y viceversa. Por ejemplo, en ocasiones la fidelidad hacia una promesa significa la infidelidad hacia un deseo. Ser fiel a una idea, una causa, una creencia o un sentimiento se expresa en un comportamiento que se refuerza mediante la voluntad que se alimenta de la libertad y el compromiso. Como corolario, la persona para quien la fidelidad es un valor, tenderá a serlo en los diferentes ámbitos de su comportamiento, con inclusión del afectivo.

Con la fidelidad a la pareja se hace referencia a la conservación en el tiempo del vínculo afectivo de manera estable y exclusiva. No sólo a la declaración explícita de renuncia a relaciones sexuales o de intimidad emocional con otras personas, sino a "la *voluntad de permanecer 'fiel' a un sentimiento,* potenciándolo con dedicación, esfuerzo, ilusión y esperanza".[1]

Es indispensable resaltar la importancia de la libertad que implica una elección y la responsabilidad como habilidad para responder por lo que se elige en torno al valor de la fidelidad. La naturaleza libre del ser humano se palpa en la medida en que la persona elige y hace suyas las opciones a las que se compromete. La libertad de elegir y responder por la elección hace de la fidelidad un valor, si no ésta sería simplemente un designio.

Hágase una última reflexión para redondear estos conceptos un tanto filosóficos. La infidelidad se gesta y perfecciona en un contexto de engaño. Una infidelidad significa *el rompimiento unilateral de un pacto de amor entre dos* y, por supuesto, de las promesas hechas en ese pacto. Se quiebra la confianza en el supuesto acuerdo tácito de exclusividad y continuidad en la pareja. Hay una indiferencia irresponsable a una elección comprometida necesaria para una vida compartida, basada en una serie de promesas y supuestos afectivos mutuos y recíprocos. Por eso si un beso es una infidelidad o no, depende de si ese beso representa una traición.

La infidelidad duele. El engaño y la *traición* son lo que más duele. Duele la traición del que decide romper el pacto de alianza sin el conocimiento y, en muchos casos, sin siquiera las sospechas del otro.

El infiel inicia y vive la relación amorosa a espaldas de la pareja por una obvia razón; si informara sobre sus intenciones reales, la reacción de la pareja podría ser estrepitosa. Imagínese esta escena:

> Cariño, me estoy sintiendo muy atraído(a) por... y me siento realmente enamorado(a). Por el momento sólo voy a divertirme y probar si esta persona puede llegar a ser una mejor pareja para mí. Por lo menos más excitante o divertida que tú. Cuando me sienta seguro(a) hago que lo descubras, para que pueda liberarme de ti, mientras eso sucede o no, voy a seguir aquí contigo disfrutando de la seguridad y aparentando que no hago nada para que no vayas a enfadarte y tomar represalias. Quiero que sigas planchando mis camisas (o conservando mi tren de vida) para que me vean guapo (o atractiva) y guardando las apariencias para que yo no me asuste y vaya a tener que tomar decisiones precipitadas. Eso de las decisiones lo dejo para ti, prefiero que tú seas responsable. Nunca te confesé que no puedes confiar en mis palabras, y que no puedo comprometerme con mis promesas porque todo depende de los deseos que se puedan despertar de repente en mí.

Suena muy cínico, ¿verdad? Pues eso es lo que sucede en una infidelidad. Es el cinismo sin palabras llevado a las acciones. Al menos esto es lo que opinan quienes han vivido la traición de la lealtad en la pareja.

Independientemente del significado formal de la palabra, y de si el artículo que se coloque antes de la palabra "infiel" es masculino o femenino, el hecho es que *en la infidelidad se rompe un pacto implícito o explícito de amor, de exclusividad y de leal-*

tad a los sentimientos que unieron a la pareja y no es una conducta exclusiva de un género en particular. Ese juramento de "prometo amarte y respetarte todos los días de mi vida" se hace añicos. Ese "yo soy tuya y tú eres mío" se convierte en una falacia. Ese contrato de exclusividad e intimidad que le dio vida a la pareja se torna una escalera a la que le faltan peldaños. La consecuente caída al vacío en la desilusión y el desengaño quizá sea muy dolorosa. La traición a la confianza lastima profundamente.

Cuando hay el *acuerdo previo* de poder entablar relaciones íntimas, sexuales o no, con otras parejas, no hay infidelidad. En ese caso, sería innecesario conservar las citas en secreto. Se podría conversar abiertamente con la esposa o el esposo sobre lo divertido que fue estar con "X o Y" en el bar, o lo bien que la pasó el fin de semana en esa playa maravillosa con la persona "Y o Z". No sería indispensable inventar un congreso de la compañía o un curso de capacitación ni ninguna de esas historias tan elaboradas para poder escapar a un "spa" glorioso con esa amiga que es "*tan* comprensiva" o con ese hombre por el que se siente tan "apoyada".

Cuando una pareja acepta la extraconyugalidad erótica o sexual previamente (esto es, *antes* de que suceda), no es posible hablar de infidelidad.[2] En ese caso, se haría referencia a parejas abiertas, relaciones posmodernas, convenios conyugales, comunas o cualquier otra cosa (lo cual no se revisará aquí, ya que hay muchos otros buenos libros que tratan estos asuntos). El "seudoacuerdo" posterior a los hechos sólo habla de maltrato y sometimiento (tampoco se analizará el tema de la violencia, aunque hay mucho de ella en la infidelidad). Aquí se hablará de esas otras relaciones amorosas ocultas con o sin sexo que terminan por romper el alma.

La infidelidad, por tanto, es mucho más que sólo la experiencia sexual o "amorosa" fuera del matrimonio; es buscar otra pareja cuando hay un compromiso libremente aceptado y sustentado en una serie de promesas mutuas previas, habladas o no, que han llevado al menos a uno de los dos a creer en la exclusividad y a confiar en que la pareja se unió por amor recíproco y que por lo menos uno de ellos sigue considerando vigentes los planes de vida y promesas de lealtad que hicieron ambos, con todo lo cual se fragua una dolorosa traición.

En el lenguaje de todos los días, el comportamiento infiel se despliega cuando un miembro de la pareja se siente atraído por una persona diferente a su compañero o compañera, y de esta atracción nace un sentimiento que le lleva a algún tipo de relación que compite, afecta y daña la relación matrimonial. En otras palabras, lleva a un amor paralelo que produce un intenso dolor en quien lo descubre, entendiendo por paralelo algo diferente a recíproco y durante el matrimonio.

Para ahondar un poco más en esta palabra usada para referirse a ese "engaño" tan doloroso, sería bueno echar un vistazo al *Diccionario de la lengua española* de la Real Academia de la Lengua Española.[3] Según éste, "infidelidad" es la "falta de fidelidad; la deslealtad".

La "fidelidad" se refiere a:

1. La lealtad, la observancia de la fe que alguien debe a otra persona.
2. Puntualidad, exactitud en la ejecución de algo (p. ej., fidelidad de un texto).[3]

Una persona fiel es alguien que guarda fe o es constante en sus afectos, en el cumplimiento de sus obligaciones, que no defrauda la confianza depositada en él, y que se apega con exactitud al cumplimiento de los compromisos. Se habla de "constancia en el cariño" cuando se hace referencia a la fidelidad de las mascotas, por ejemplo.

Lo que se dice sobre la lealtad en el diccionario también es muy interesante:

1. Cumplimiento de lo que exigen las leyes de la fidelidad, las del honor y hombría de bien.
2. Amor o gratitud que muestran al hombre algunos animales como el perro o el caballo.
3. Legalidad, verdad, realidad.[3]

Hace más de 270 años se asentó la definición de la palabra para nombrar esa cualidad moral de honestidad. La primera versión del Diccionario (año 1732)[4] dice que fiel es "el que trata verdad y no engaña a otro". En el mundo moderno, esa cualidad de "tratar verdad y no engañar" ha ido perdiendo uso y vigencia día con día hasta llegar a los índices de infidelidad actuales.

Traigo a colación esta antigua definición de "fiel" porque es la que parece haber sobrevivido al paso del tiempo en el corazón de quien experimenta la infidelidad de la pareja y será en ella en la que se apoyará el análisis para tratar el tema de este libro.

Entonces, *infiel* es quien *no dice la verdad* y *engaña* a otro u otra. El engaño se refiere a hacer creer a la esposa o al esposo promesas, sentimientos, afirmaciones, metas, objetivos, hechos e información sobre su vida o sobre sí mismo o sí misma respecto a su pasado, presente o futuro que, de repente, de modo intencional, se vuelven falsos.[5] De ahí el sentimiento de traición que provoca el descubrir una manera de ser y estar en el mundo de la persona elegida como pareja diferente a la que se creía conocer. La sensación se puede ilustrar en esta frase: "Confié en ti creyendo conocerte para embarcarme en la aventura de compartir la vida contigo. Creí que eras lo que no eres. Me engañaste."

Tal vez teniendo como origen esta vieja definición de fidelidad que se mencionó antes, al que le cuentan historias para ocultar una pareja simultánea, se le conoce vulgarmente como la *engañada* o el *engañado* y a quien traiciona el compromiso y la confianza como el o la *infiel*. Por eso se nombran sus protagonistas como "infiel" y "engañada o engañado".

Al tercero emergente que contribuye a formar el triángulo amoroso, se designa de aquí en adelante como "amante". Se supone que la o el amante hace eso: "amar", básicamente porque se asume que aquello que el infiel busca es "que lo amen". Dicho sea de paso, a esta parte del triángulo es a quien le toca el mejor nombre, aunque no siempre le haga honor a ese calificativo.

Por razones de comodidad, desde este momento me referiré a "el" infiel, "la" engañada y la "amante" con la conciencia de que los tres papeles pueden ser indistintos para hombres y mujeres.

En conclusión, la infidelidad es una conducta que por su carácter de deslealtad sólo se espera de algunos hombres y mujeres que no pueden conducirse ni siquiera como buenos perros fieles que pertenecen a un solo amo.

El infiel, cobijado en la complicidad de la muy dispuesta amante que aparece en escena sin muchos escrúpulos, se aventura a espaldas de su pareja a darle forma a una fantasía y a su sueño de amor ideal, sin tomar mucho en cuenta (ninguno de los dos, ni amante ni infiel) los huesos rotos de quien caiga.

En el transcurso de este análisis se irá aclarando la intrincada

dinámica de la infidelidad con la participación de sus tres partes, las emociones que despierta y el profundo sufrimiento que
puede producir esta conducta.

> La infidelidad sigue siendo la principal causa de disolución
> matrimonial ya sea porque el infiel decida terminar
> con el matrimonio o porque su pareja no lo perdone.
> En cualquier caso, la infidelidad siempre genera un rompimiento.

UNA MALA OPCIÓN PARA UNA BUENA CAUSA

> *Una puerta sirve tanto para salir de un lugar*
> *como para entrar en él.*

Para entender los sentimientos que provoca una infidelidad es
necesario darse cuenta de que las reacciones emocionales casi nunca están controladas por la razón y que ésta es más útil para explicar aquello que no nos afecta directamente que aquello de lo que
somos protagonistas.[1]

Es difícil ser objetivo o al menos neutral para explicar la motivación de un comportamiento que despierta tan fuertes reacciones como la infidelidad. Pero hay que intentarlo.

Los seres humanos siempre buscan un bien, pero no siempre eligen correctamente.[6] Todos tenemos el derecho a ser felices y se lucha por serlo, pero no siempre se elige algo que verdaderamente lo logre. A veces, no se descubre que detrás de lo
que parece ser una fuente inagotable de placer está un precio
de sufrimiento muy alto. Si no para el que busca la pareja ideal
(el infiel), sí para la otra parte de la pareja (la engañada), porque como se explicó en párrafos anteriores, la infidelidad se
vive como una gran traición que duele de manera profunda.

La infidelidad se presenta como una atractiva oportunidad
para salir, escapar, aliviar o enmascarar la carga emocional de la
vida cotidiana. Las relaciones extramatrimoniales son, en parte,
el anhelo de encontrar "buenas" relaciones amorosas con la posibilidad de la ganancia agregada de aliviar o escapar de los problemas personales y de la insatisfacción con la pareja.[7]

Muchos terapeutas matrimoniales achacan la infidelidad a la dinámica interna de la pareja. La mayoría de las veces así es. Uno de los indicios científicos en apoyo a esta tendencia que, sin embargo, de ninguna manera justifica el acto, es cuando un matrimonio se encuentra abrumado por una gran cantidad de problemas sin solución y ambos empiezan a contarse la historia de su vida en pareja como un gran fracaso. En estas situaciones, *cualquiera de los dos* está expuesto a tratar de aliviar la carga con otra persona diferente.[8]

> La infidelidad puede ser un síntoma de un matrimonio gastado, no la causa.
> El "desgaste" no quiere decir que el otro cónyuge estaba "defectuoso".

Pero si la vida con la esposa o el marido es insufrible, ¿por qué no terminarla y con las manos desocupadas buscar otra pareja?, ¿por qué tener que engañar a la esposa o al esposo?, ¿por qué seguir con ella o con él, mientras de modo egoísta el infiel valora si esa nueva relación puede complementarle?, ¿por qué construir a espaldas del cónyuge una intimidad y un compromiso con alguien más?, ¿para poder tener lo mejor de dos mundos: una casa estable (aunque aburrida) y una compañía mejor para los buenos momentos?, ¿para sacar un clavo con otro?

Este asunto de la infidelidad también sucede en matrimonios en apariencia buenos, donde no parece haber muchos problemas y ambos cónyuges dan la impresión de llevarse bien. En estos casos, la infidelidad se antoja como una aventura de alto riesgo. Aun así, muchos lo corren. Si el matrimonio es bueno, ¿por qué tirarlo por la borda por una atracción repentina? Si era realmente bueno, ¿cómo se puede arriesgar "todo" por una aventura incierta?

Una infidelidad quizá tenga muchas justificaciones o ninguna. Depende quién hable de ella. Si habla la víctima, dirá que es un gancho al hígado muy bien colocado e inmerecido, que la deja tirada en la lona. Con razón, porque la infidelidad es un golpe bajo muy fuerte. El efecto de la infidelidad es doloroso porque golpea en el centro del alma: en el ego. Nadie tiene derecho a propinarle a otro un golpe inesperado de esa magnitud. Sin embargo, en el caso de la pareja abrumada por el conflicto, la víctima no es tan víctima, el golpe no surge de la nada, no es tan inesperado. Esa persona y el infiel van construyendo el cuadrilátero para que se produzca el *knock out*.

El infiel, por su parte, encuentra mil justificaciones de su comportamiento. Habla, también con razón, de su insatisfacción, de su soledad y de su desgaste. Refiere su "vacío". Sentimientos bien guardados que suelen exteriorizarse sólo cuando la infidelidad explota como una mancha de tinta. Por lo general, habla de ellos para culpar a la pareja. Le dice, y realmente lo cree, que vivía en "desamor". Explicará el vacío que siente como resultado del desamor, el vacío que intentó y probablemente insista en seguir llenando con conquistas amorosas. Conocer los argumentos, la forma de salida que eligió y el remedio que ha utilizado el infiel para llenar el vacío (tipo de infidelidad), le ayudará al lector a descubrir las fallas en la relación de pareja que desencadenó la infidelidad. El desenlace de la sangrienta historia y la solución de la crisis, depende mucho de esto.[9]

Es probable que el infiel argumente que las circunstancias le fueron propicias, que fue algo inesperado o que estaba cansado de ser tan infeliz. Discursos que la mayoría de las veces sirven más para inculpar al cónyuge que como explicación del comportamiento. Ya sea que se coloque la responsabilidad en imponderables externos o en internos, el infiel tampoco es tan inocente ya que finalmente efectuar ese acto de "escapismo" fue su elección.

El tedio que puede surgir de la rutina después de muchos años de matrimonio, considerado por muchos como antecedente para la búsqueda de una pareja diferente, tampoco parece ser una disculpa suficiente. Aunque la mayor incidencia de infidelidad se da en la edad mediana, la infidelidad no es algo que ocurra sólo después de muchos años de matrimonio, ya que hay parejas que son infieles después de la luna de miel.

En realidad, no hay ni víctima ni victimario; ésa sería una construcción muy simple. Lo cierto es que la persona engañada y traicionada se queda con una herida en el alma muy difícil de cerrar, mientras que el infiel se queda, en el mejor de los casos, con arrepentimiento y culpa y, en casi todos los casos, muy satisfecho, con "lindos" recuerdos o con un modelito nuevo para la colección.

Ya sea el caso de una pareja sin puntos de contacto o de una supuestamente bien avenida, ¿por qué herir a alguien de manera voluntaria o involuntaria de modo tan profundo? Debe haber una explicación.

Como se dijo, una infidelidad significa una salida. Es un recurso o una modalidad de *escape*. Para algunos es un intento por recuperar el tiempo perdido sin amor; para otros, constituye un refugio de la soledad, y para otros más es una aventura divertida sin trascendencia aparente. De cualquier manera, es una salida, una solución que muchas veces genera más problemas de los que intenta resolver. Con la intención de encontrar una compensación a la privación sexual o emocional (real o imaginaria) en el matrimonio por este camino, el infiel puede terminar viéndose envuelto en otra relación igual o más demandante, igual o más insatisfactoria y además con un "muerto" en el hogar: la pareja con una puñalada en la espalda. Esto quizá origine mucha culpa en el transgresor, culpa que por cierto es real, una culpa difícil de resarcir y de superar. Ésta es una de las razones por las que el infiel puede llegar a considerar que con la infidelidad cayó en un hoyo profundo y negro.

Por cierto, en muchas ocasiones el infiel no siente culpa alguna, sobre todo cuando la infidelidad tiene un fondo narcisista y cuando ya no hay o nunca hubo un vínculo afectivo importante con la pareja. Algunas veces la infidelidad tiene la función de fabricar y conservar una *identidad alterna* (la ilusión de ser alguien diferente a quien en realidad se es) y un mundo privado independiente de la vida en pareja. Para sentirse, por ejemplo, más joven, más deseable, más simpático, de mucho mundo, apreciado, más sensual o más libre. Este cambio de "disfraz" estimula la "aventura" que de ninguna manera es inocua. La infidelidad no sólo impide que el individuo y la pareja que forma, enfrente y solucione sus problemas, además los agrava. Otras veces, el escape se produce porque el infiel necesita la fuerza de afuera y la seguridad en otro para atreverse a cambiar sus circunstancias y, por alguna razón, al mismo tiempo necesita hacerlo a espaldas de su pareja.

En otras ocasiones, el infiel no lo planea, ni siquiera sabe cómo sucedió, pero ocurrió. Sin embargo, la infidelidad nunca es un accidente, es el síntoma de un *problema de pareja o personal, o ambas cosas,* que posibilita la incursión gradual en un terreno de fantasía mediante una serie de *decisiones irresponsables por parte del infiel.* El enamoramiento en secreto siempre cumple con una función, no es tan fortuito, puro y celestial.

> La infidelidad nunca es un "accidente" ni una "trampa" del destino.

Todos tenemos la necesidad y el derecho de amar y sentirnos amados, aunque sólo sea por unas pocas horas. El anhelo de saberse querido y pertenecer es una necesidad primaria.[10] La infidelidad es como un sueño hecho realidad a la satisfacción de ese derecho y de esa necesidad. La simple posibilidad de amor incondicional es muy tentadora como para resistirse, ya sea por una sola noche, o por 20 años, pasando por toda la gama intermedia. De lo que no se debería tener la necesidad ni el derecho es de buscar la felicidad poniendo en riesgo la integridad de alguien más: la de la pareja. Si se está seguro de que el amor se gastó de modo irremediable o de que nunca existió, ¿por qué no ser honesto con uno mismo y con los demás?

La respuesta tal vez está en que a los infieles les resulta difícil ser honestos. Esta salida para resolver su vida se convierte en un patrón de conducta en todos los ámbitos. Por todas partes, con todas las personas, y en diferentes modalidades, practica el engaño, incluido el de él mismo. El que engaña ve una amenaza de la que sólo se puede defender mintiendo. Las mentiras le proporcionan soluciones, le ayudan a crear un mundo de fantasía menos comprometedor y menos amenazante. Lo grave de esta estrategia es que las mentiras confunden a la pareja y terminan por drenarla. Al final, las mentiras y los sentimientos encubiertos imposibilitan al infiel saber qué quiere, cómo conseguirlo y le impiden construir una relación de intimidad verdadera. Aunque la vida amorosa con la amante sea de muchos años, es un amor que no ha pasado la prueba de la vida cotidiana y que se ha protegido en la oscuridad de la ambivalencia del infiel.

Todos anhelamos ser amados, admirados, aceptados y deseados. Cuando se es niño, ese amor y la admiración se recibe (por lo menos eso dicen los libros) de los padres. Cuando se crece, se espera recibir amor, aceptación y admiración de la pareja. Pocas veces se piensa en proporcionarlo, siempre en recibirlo. Se busca pareja para sentirse amado, importante y admirado. Esa sed insaciable de amor quizá orille a buscar una y otra pareja (además de la que se tiene de fijo). Se sigue en la búsqueda del amor incondicional ideal porque se tiene hambre de sentirse amado, aceptado y deseado sin condiciones, todo lo cual se piensa hará finalmente saborear la felicidad.

Hay la creencia de que alguien más tiene la obligación de dar esa felicidad. Si la pareja actual no lo logra, el sujeto se siente muy insatisfecho y vacío y con el derecho de buscar sentirse bien con otra persona. En el caso del infiel, la búsqueda se lleva a cabo a espaldas de la pareja que espera en el hogar, para obtener lo mismo que el infiel está buscando fuera: aceptación, admiración y afecto. Es posible decir que la insatisfacción con la pareja tal vez conduzca al infiel a involucrarse de modo sentimental de manera paralela con otra persona, pero también se puede decir que es un estilo muy suyo el de solucionar la insatisfacción mutua de forma unilateral al girar la cara hacia otras personas que representen nuevas posibilidades. Es verdad que nadie que esté satisfecho puede salir a buscar una pizza, pero también es cierto que hay comedores y amantes compulsivos.

Las personas siempre buscamos cómo ser más felices, cómo obtener más placer, cómo sentirnos más plenas, cómo darle un sentido a la vida en un mundo que parece cada vez más caótico y frustrante. En la búsqueda del placer, la felicidad y la plenitud a veces uno se mete en terrenos escabrosos. La infidelidad es uno de ellos.

El amor extraconyugal parece ser una alternativa muy emocionante y gratificante y una buena opción para sentirse acompañado, admirado y amado.[11] Sin embargo, no todo lo que reluce es oro porque lo que parece ser una fuente de satisfacción, poco a poco se va tornando en una fuente de angustia y dolor. En su inicio la aventura resulta emocionante, ya después deja de serlo cuando pasa de lo ideal y de la fantasía a los hechos de la vida cotidiana. El hecho de vivir la aventura en secreto es parte del encanto y de la angustia. Poder acceder a lo prohibido hace "agua la boca", pero esa misma agua ahoga, porque genera mucha culpa e insatisfacción.

La autoestima de los infieles se eleva como espuma. Pero es igual de inestable y efímera como la espuma. La felicidad que se busca o que se encuentra puede tener un precio muy alto: en la pareja, el dolor, el rompimiento, la inestabilidad y la confusión; en el infiel, el remordimiento y la culpa por el dolor causado y por la *transgresión de los propios valores,* lo cual se vuelve un *auto-engaño.*

Todos tenemos derecho a encontrar el amor, a recibirlo y a darlo. Cuando ese amor verdadero aparece, uno tiene que vivirlo. El amor sigue siendo asunto de dos; en estos casos, la esposa o el esposo terminará siendo desechado. Los dos nuevos "amantes", en el amplio sentido, necesitan ser sólo dos para recibir y dar, para comprometerse y entregarse el uno al otro. Con el propósito de dejar la angustia de tener que vivir a escondidas, lo que se desea es vivir de manera abierta. En una relación estrecha de dos, no caben tres. Ellos sí romperán el triángulo y es muy probable que la pareja original salga despedida. A pesar de la profunda herida de perder a un cónyuge, en muchas ocasiones alguien con quien se estuvo por años, es un hecho doloroso que la esposa o el esposo tendrá que aceptar tarde o temprano y dejar el terreno libre.

Hay casos en que ese amor infiel se convierte en amor verdadero, si es que la infidelidad puede llevar al amor verdadero. El amante cree que la persona casada que se ha convertido en el "amor de su vida", le está siendo infiel al cónyuge por necesidad, no cree que ése pueda ser su estilo de autosatisfacción o de solución de sus problemas. El amante puede tener la expectativa de que la relación que empezó a escondidas, en algún momento podrá salir a la luz como un amor público y legítimo, algo que sucede pocas veces. En general, el amante tiene una función: ser el rescatador de esa alma deseosa e insatisfecha. Él también puede terminar sintiéndose estafado y traicionado, y el infiel, doblemente desleal.

Felizmente para algunos y tristemente para otros, la mayoría de las infidelidades no constituyen el amor verdadero. La construcción de la torre no parte de buenos cimientos, sino que parte de ilusiones, fantasías e idealizaciones y se tambaleará si es que algún día se da el paso de la muerte: de la fantasía a la vida cotidiana, lo cual ocurre muy rara vez.[7]

No todos los casos de infidelidad se encuentran con una pareja mejor que la que se está desechando de manera implícita o explícita. Otras veces sí. Con mucha frecuencia, ese otro amor "aparece" porque se vive en una relación gastada por las excesivas faltas de respeto, cuidado, honestidad, responsabilidad, compromiso e intimidad. El amor sí se acaba (o nunca lo hubo). Hay que conservar vivo el amor y esa es responsabilidad de *dos*. Con uno que no esté interesado o que "no sepa cómo hacerlo", el amor se esfuma. La infidelidad indica que se disiparon, o provoca que se disipen, elementos importantes en la pareja. Tal es el caso cuando se ha perdido la habilidad de *generar* y *nutrir la intimidad* o de poder *solucionar problemas* sin perder la autoestima,[12] sin lesionarse mutuamente.

Éste, además de ser un problema que apareció en la pareja, también se gestó dentro del infiel. La vida en pareja no sólo origina el problema, también lo padece, porque la infidelidad afecta a la pareja y la destruye. Es una salida elegida por el infiel y en este caso también sería interesante descubrir por qué el infiel opta por traicionar, por qué en ese momento y de esa manera.

Una infidelidad puede ser un intento por resolver un problema, tanto personal como dentro de la pareja. Un intento muy malo, por cierto.

En este análisis no es posible pasar por alto la influencia de la moda como un promotor de la infidelidad. Esta sociedad es una con doble moral. Por un lado, la monogamia es la modalidad aceptada de formar una pareja pero, por otro lado, se alienta el éxito con el sexo opuesto como un modo de valoraciones interna y externa. En este contexto, una de las principales motivaciones para ser infiel simplemente es rendirse a la tentación de relacionarse con alguien nuevo y diferente, ni mejor, ni peor que la pareja, sólo distinto.

REFERENCIAS BIBLIOGRÁFICAS

1. Corbella, R. J., *Infidelidades, desamor y desengaño*, Folio, Barcelona, 2000.
2. Manrique, R., "Conyugal y extraconyugal", en *Nuevas geografías amorosas*, Fundamentos, Madrid, 2001.
3. Real Academia de la Lengua Española, *Diccionario de la lengua española*, 22a. ed., 2001, <http://buscon.rae.es/diccionario/cabecera.htm>.
4. Real Academia de la Lengua Española. En línea. Nuevo Tesoro Lexicográfico de la Lengua Española. *Real Academia de la Lengua Española*, <http://buscon.rae.es/ntlle/SrvltGUILoginNtlle>.

5. Forward, S., *When your lover is a Liar*, Harper-Collins Publishers, Nueva York, 1999.
6. Savater, F., *Ética para Amador*, Ariel, Barcelona, 1991.
7. Linquist, L., *Amantes secretos*, Paidós, Barcelona, 2000.
8. Gottman, M. J., N. Silver, "Siete reglas de oro para vivir en pareja", en *Un estudio exhaustivo sobre las relaciones y la convivencia*, Debolsillo, México, 2004.
9. Subotnik, R., G. G. Harris, "Surviving infidelity", en *Making decisions, recovering from the pain*, Avon, Adams Media Corporation, Massachusetts, 1999.
10. Masllow, A. H., *Farther reaches of human nature*, Penguin Group, Nueva York, 1971.
11. Brandt, E. J., *50-mile rule: your guide to infidelity and extramarital etiquette*, Ten Speed Press, Berkeley, CA, 2002.
12. Brown, E. M., *Patterns of infidelity and their treatment*, Brunner Mazel, Levittown, PA, 1991.

2

Una tragedia griega en seis actos

LA CRISIS DE LA INFIDELIDAD

Escenografía y ambientación

*Para crear el ambiente propicio y seguro de una infidelidad,
atrévase a decir mentiras, primero al espejo
y después a diestra y siniestra.*

Todos han visto en las ferias a esos estafadores que hacen apuestas escondiendo una bolita debajo de tres pequeños cuencos. Ganar la apuesta de encontrar debajo de cuál cuenco quedó la bolita parece fácil y el secreto para ganar la apuesta podría ser sólo cuestión de poner mucha atención. Pero el experto manipulador de la bolita y de los cuencos siempre engaña al ingenuo. Algo semejante sucede con la infidelidad. ¿A quién le es infiel el infiel? ¿Al cónyuge, a la amante, a él mismo? ¿Lo sabrá? ¿Podrá saber el infiel dónde quedó la bolita después de tantas mentiras a diestra y siniestra? ¿Podrá saber cuáles son sus verdaderos anhelos y sentimientos? ¿Será el amante quien tiene el control? ¿Será éste quien disfruta de la "verdadera" identidad del infiel?

Un elemento indispensable para la infidelidad es el engaño, particularmente a la pareja. El engaño constituye uno de los componentes que más lastiman. La consigna del infiel es conservar el "amor" en secreto, a cualquier precio (sobre todo en su inicio), ya sea que haya tenido vida sólo por una noche o que tenga una duración de muchos años. Para preservar el secreto las mentiras son indispensables. El infiel se las ingenia para mentir, y el cónyuge para creerle.

El infiel cree que tiene derecho a divertirse, satisfacer sus impulsos y realizarse, y no le preocupa tejer toda una complicada red de mentiras para conseguirlo. Red que tarde o temprano le atrapa a él mismo. El infiel cree que de verdad "engaña" a su pareja y que con eso protege su libertad, dignidad, integridad, imagen y sus derechos.[1] El autor conoce a alguien que asegura haber tenido varios "amoríos" y que la cónyuge jamás supo nada y que éstos no afectaron en nada su matrimonio. ¿Será así? Aunque no haya sabido "nada", ¿habrá tenido consecuencias en su vida matrimonial? Él dice que "ella nunca lo supo" y que "es como si no hubiera existido", las cuales son declaraciones que ilustran el despliegue de mentiras y la negación con las que vive el infiel. Por éste y otros comentarios parecidos que el autor ha escuchado muchas veces, se cree que el primer engañado es el infiel mismo[2] y después "sus mujeres" (o "sus hombres").

Pregúntese: ¿Podrá el ingenuo apostador seguir confiando en el timador después de varias estafas? Muchas veces sí. El engañado sigue confiando, necesita creer, transcurre algún tiempo antes de que se rompa la negación y se descubra y confronte el engaño.

La mayor ofensa de saberse engañado en la infidelidad, además del tema de los encuentros sexuales a escondidas con otra persona, los cuales por sí solos no son tan devastadores, es el supuesto lazo afectivo y emocional previo o posterior a las relaciones sexuales que se va construyendo a espaldas del cónyuge con base en engaños. Lo que más lastima en la infidelidad abarca todo el teatro de mentiras y de falsedad que se monta para iniciar y alimentar otra relación paralela. Las mentiras llevan al rompimiento de la confianza y la seguridad, y constituyen una de las razones de peso para no poder perdonar el "error" de la "aventura" extraconyugal. En estos casos, la grieta que se abre es tan profunda que la pareja puede terminar separada definitivamente.

La pareja recibe una herida de muerte al descubrir las mentiras que hace falta elucubrar para esconder la traición. La consecuencia: la pérdida de la confianza. Esta última es una de las primeras losas que se desploman con la infidelidad. La confianza es un elemento indispensable y vital en la vida de una pareja, sin ella está condenada a muerte.

La fractura de la confianza no es el único problema. Alguien que sueña o disfruta de modo constante con otro nuevo amor, ¿podrá dedicar todas sus energías a hacer que funcione bien el que tiene en el hogar? La falta de energía vital en la pareja es uno de los indicios para sospechar que hay una infidelidad. Es evidente que la energía utilizada o desahogada con el amante se echa de menos en casa. Para tratar de conservar la estabilidad y, sobre todo, el drama del engaño, el infiel termina, a pesar suyo, invirtiendo mucha energía al pelear en dos frentes. Tal vez también por eso al amante se le conoce coloquialmente como "el segundo frente".

"Maricela estaba segura de que su marido no tenía la menor sospecha de la relación amorosa que vivía con su entrenador del gimnasio desde hacía 12 años." Suena increíble que en tantos años el esposo no tuviera "sospechas". ¿Será que el cónyuge nunca lo supo o será que jamás quiso o nunca se atrevió a saberlo? A veces, el engañado y la infiel se confabulan de modo inconsciente para preservar la infidelidad como amortiguador de un matrimonio conflictivo.

Los infieles creen que ellos son los únicos que saben la verdad y que podrán tener control sobre sus mentiras. No saben que las verdades salen a flote tarde o temprano, como cadáveres que tiran al río para que nadie los encuentre y al cabo de unos días el despojo flota en la superficie. Lo que sí se puede hacer es ignorar el cadáver, como lo hacen las personas que tranquilamente se bañan en el río Ganges en la India, mientras cerca de ellos pueden pasar los restos de algún monje fallecido recientemente.

El infiel cree que nadie en su hogar conoce lo bien que se la pasa con la grata compañía de esa "amiga" o ese "amigo", cuando se dirige a esos cansados viajes de congreso, en el arduo trabajo de la oficina, en esas aburridas reuniones de "trabajo", en las tediosas cenas de negocios o visitando clientes difíciles. Llega el momento en que la esposa o el esposo sí saben, pero optan por mentir también.

El infiel engaña a su pareja y se engaña a sí mismo porque se embarca en una aventura de la que desconoce el precio final. Aunque la función de la infidelidad pueda ser el facilitar la salida de un matrimonio insatisfactorio, muchas veces el infiel ni siquiera percibe lo que tendrá que pagar por la "aventura" o no le importa. Como cuando al que ingiere tanto alcohol en un restaurante le traen la cuenta y está demasiado borracho para revisarla. El infiel se embriaga tanto con la magia de la aventura que no se pregunta el costo final, tanto para él como para su pareja y para quienes le rodean.

El infiel no sólo traiciona a su pareja, también lo hace a sus propias creencias y valores morales, lo cual genera por su propia traición (infidelidad a sí mismo) una crisis interna a la vez que una crisis matrimonial. Esta traición doble (o triple, cuando al final traiciona también al amante) es la que produce después una culpa terrible en el infiel.

El infiel y el amante son dos personas que coinciden en sus propias crisis existenciales o matrimoniales. El infiel imagina que esa persona tan dulce, buena, divertida, comprensiva, cariñosa (la o el amante) llenará el gran hueco de su alma, fácil y rápidamente. Piensa que un amante le quitará el sentimiento de soledad y aislamiento. Por su parte, la o el amante cree que rescatará a esa pobre alma en pena con sus maravillosos dotes y que cuando sea así, la bruja de mujer o el ogro de marido se perderán de ese ser maravilloso e incomprendido y que él o ella será quien gane. Las infidelidades no son tan románticas y simples. De hecho son mucho más complicadas, aunque en la fantasía todo parezca fácil y posible.

La insatisfacción matrimonial no es responsabilidad únicamente de uno de los dos cónyuges. Por otro lado están, como se ha mencionado, los propios antecedentes y los rasgos de personalidad del infiel. Por eso algunos dicen que la infidelidad no se busca, sino que se encuentra. La infidelidad no es una historia de amor entre dos que se eligen, sino entre dos que se tropiezan. La tentación del rescate o de la aventura es grande y se ve inofensiva y "rentable" como para negarse a ella.

Muchas veces, los conflictos en la pareja se perciben desde una posición egoísta de "sálvese quien pueda". Esta sociedad es una que fomenta la individualidad, el derecho "personal" a vivir bien. Por lo menos durante un tiempo, que puede ser variable, la infidelidad se vive como una afortunada solución de una situación que se percibe como difícil o insoportable, pero que por diferentes razones (hijos, seguridad económica, comodidad, religión, y otras) no se puede o no se quiere terminar. Esta "afortunada solución" casi nunca es tan fácil, ni tan rápida, ni tan afortunada.

En cualquier caso, el secreto actúa como un afrodisiaco entre los amantes. El infiel y el amante se convierten en cómplices de una traición, y se ríen dentro del armario o encima de la cama de su habilidad para engañar. Cuando una infidelidad se abre, éste es el primer encanto que se rompe. Por eso es recomendable, por varias razones, no dejarla en secreto (véase cap. 4).

La infidelidad se parece bastante a la adicción a las drogas. Ambos (infiel y adicto) tratan de crear una realidad alterna donde ésta (la realidad) se perciba menos amenazante. Los adictos necesitan disipar la tensión en un estado alterado de conciencia. Creen que pueden usar la droga sin correr peligro alguno y sin perder el control, y cuando sí lo pierden quizá se vean envueltos en líos bastante grandes, pues aumenta la dependencia y se pasan por alto los riesgos, con tal de seguir teniendo acceso a la droga (o la fantasía) productora de la sensación de bienestar. Aunque de vez en cuando ambos, adicto e infiel, tengan ratos de lucidez e intenten liberarse de ella (de la droga o del amante), se les olvida en cuanto lo ven. Cuando quieren dejar la droga o al amante o los amantes, no pueden. Necesitan una gran fuerza de voluntad y, en la mayoría de los casos, una buena ayuda profesional de fuera para dejarla. Muchos nunca lo logran.

LOS PROTAGONISTAS

> *Nunca falta un roto para un descosido.*
>
> Refrán popular

Para que haya una infidelidad, se necesita una pareja mal avenida, un tercero dispuesto a participar de la fantasía y a precipitar una crisis, y la mano del diablo.

Los problemas en la pareja pueden ser sexuales, económicos, de salud, emocionales o por la globalización del mundo. Quizá surgieron por inmadurez de un miembro o de ambos, por los hijos, por la suegra o de la nada. Los conflictos tal vez sean muy añejos o recientes. El matrimonio quizá sea muy joven o con muchos años de duración (cuando el matrimonio es de muchos años, el infiel es el varón porque las mujeres mayores no tienen tanta aceptación en el mercado de la infidelidad). La infidelidad puede surgir en aniversarios matrimoniales nones o pares. Tal vez la pareja tenga un año de estar casada, siete, catorce, veintiuno, veintiocho, treinta y cinco o cuarenta y dos, no importa.

La esposa del infiel quizá sea muy guapa o muy fea, no hay diferencia. El marido de la infiel puede ser muy simpático o muy repugnante.

El infiel tal vez sea el varón (estadísticamente más frecuente) o la mujer (a punto ya de emparejarse con los varones). El infiel puede ser joven o viejo (como se mencionó, no es habitual que una mujer mayor encuentre un amante). Quizá sea una persona muy exitosa o fracasada, o un alto ejecutivo en finanzas, un afamado médico, una secretaria común y corriente, un connotado abogado, un vendedor de naranjas en el mercado, de bolsos o de cosméticos de puerta en puerta, o una dedicada ama de casa. Tal vez se trate de una persona muy extrovertida o muy tímida, o quizá viva en un pueblo o en una gran ciudad, o ser atractiva o repelente. Da lo mismo.

El amante puede ser una persona del mismo estrato socioeconómico o de otro totalmente opuesto. Su nivel cultural o de educación académica tampoco es trascendente. A veces las diferencias parecen ser más la regla que la excepción. La y el amante suelen ser de un estatus socioeconómico y cultural más bajo. Pueden compartir aficiones con el infiel o ser éstas muy disímbolas. A él le puede gustar ir de cacería y a ella hacer galletas (en este caso no dirán que son incompatibles, dirán que son complementarios, lo opuesto de lo que pasa con los cónyuges). La amante (o el amante) puede ser soltera o casada (si es así, formarán un triangulo doble), viuda o divorciada y el amante igual, soltero, casado, viudo o divorciado, estudiante de ingeniería o el novio de la hija. El tercero puede estar viviendo su primer "noviazgo" o tener un amplio "currículo".

Los participantes de la aventura (el infiel y la amante) pueden tener edades muy parecidas o muy disímbolas. El varón tal vez podría ser el padre de la amante, o el amante el hijo de la señora. De hecho esta combinación es bastante frecuente, en especial la del varón con una mujer más joven. Quizá por el atractivo agregado que puede tener alguien "muy interesante" y de "mucho mundo" para quien necesita de un padre que la mantenga, la "oriente" y eduque o para quien precisa de una madre que lo cuide. Los amantes también pueden tener edades muy parecidas. La amistad entre pares así como la de los disparatados puede traspasar el umbral de la amistad para entrar en el salón de la infidelidad sin ningún desasosiego.

El problema de la infidelidad no es algo exclusivo de cierta clase social, ocupación o edad. La infidelidad puede ocurrir en el seno de cualquier hogar, no sólo en los casos en que la pareja es promiscua o rica o poderosa.
Ningún matrimonio es inmune.

La infidelidad quizá dure unas pocas horas o muchos años. Esta situación oculta tal vez tenga una duración muy variable, desde "una cana al aire" o relaciones pasajeras hasta relaciones estables y duraderas de uno o muchos años. Puede ser la primera vez que sucede una infidelidad o algo que ha ocurrido con varias personas diferentes o muchas veces durante el matrimonio. La infidelidad quizá aparezca en una etapa crítica del matrimonio o puede ser la causa de la crisis en él.

El grado de relación previa con el amante tal vez sea variable. Desde un encuentro fortuito con un compañero de trabajo, una paciente, un amigo cercano o incluso un pariente. La relación puede ser virtual (un amigo de Internet) o real (una persona de carne y hueso). El vínculo puede ser sólo emocional o emocional y físico. Quizá únicamente signifique relaciones sexuales placenteras, o sólo un "enamoramiento", o ambos.

La infidelidad es un problema de pareja cultivado en la mala dinámica de la relación o en las fallas de personalidad de uno o de ambos y tiene como función evitar la intimidad o el conflicto, o ambos, o servir como un pase de salida del matrimonio, entre otras.

LA HISTORIA

Que el cuento sea corto no quiere
decir que no pueda ser muy intenso.

El final del "secreto" de la infidelidad es trágico. Desencadena una crisis donde uno o todos pueden resultar lesionados. No obstante, como en las clásicas tragedias griegas, en el fondo pueden dejar una gran enseñanza.

Inspirada en el trabajo sobre infidelidad de Emily Brown,[3] pienso que la historia de amor y traición de una infidelidad se puede describir como una obra de teatro en seis actos: Ella les llama "las etapas de la infidelidad".

El inicio y el desenlace parecen cortos, pero esto no sucede así en todos los casos. Puede pasar mucho tiempo de una etapa a otra o simplemente terminarse la obra en el segundo acto.

Primero. Empiezan a crearse las circunstancias adecuadas. Inhabilidad para tener intimidad y tolerar la cercanía. Conflictos sin resolver. Crisis, insatisfacción, resentimientos, diferencias, distancia y los problemas sin solución empiezan a acumularse. Hay reclamos, pleitos y reproches constantes, a veces provocados de manera inconsciente para que se vaya dando la justificación. Las personas empiezan a sentirse ahogadas, incomprendidas y solas. Se va abriendo la grieta.

Segundo. Aparece en la escena alguien que representa una tabla de salvación. El flechazo. Empieza la construcción de una relación a escondidas y las mentiras a diestra y siniestra. El esposo niega el romance y la esposa ignora las señales. Ella ve y oye lo que necesita ver y oír: que "no es cierto". Él hace lo que le da la gana, ella espera o viceversa. El amor prohibido puede profundizarse, crecer y prolongarse. Inicia la lenta caída al precipicio.

Tercero. El descubrimiento de la infidelidad. Éste es el momento más crítico. Cambia el concepto que se tenía de sí mismo y de la pareja. Cambia la percepción del matrimonio, su pasado, presente y futuro. Explota una bomba y son varios los que pueden resultar heridos. Para bien o para mal, *la vida de la pareja jamás volverá a ser lo que era*. El porrazo con el fondo del pozo deja a algunos inconscientes y a muchos mal heridos. En realidad, es un choque que puede llevar al engañado a ser destructivo, incluso consigo mismo y al infiel, en el mejor de los casos, a una profunda culpa.

Cuarto. La crisis en el matrimonio. Todo se derrumba. La infidelidad se magnifica como la causa principal de la crisis y se puede perder la perspectiva para valorar otros *problemas en la pareja y en la personalidad del infiel* que son *la verdadera causa*. La infidelidad es sólo el síntoma. El miembro engañado se obsesiona con la infidelidad. El miembro infiel se siente atrapado. Esta crisis puede ser una buena oportunidad para la pareja de sacar y solucionar los problemas de fondo o puede significar la separación y el rompimiento. Uno puede intentar salir del hoyo después de recuperar la conciencia, o bien, quizá del hoyo sólo salga un divorcio. Depende de lo alto de la caída, la forma de caer y del tiempo que haya pasado en el pozo. En otras palabras, de la calidad de la relación, de los recursos internos de la pareja, de la personalidad del infiel y del tipo de infidelidad.

Quinto. Si la pareja puede ver una oportunidad de reconstruir su relación matrimonial, empezará un largo y difícil periodo de curación mutua. Necesitan recuperarse a sí mismos, ya sea que lo hagan de manera conjunta o por separado y, de ser posible, trabajar en reactivar y recuperar su relación. Es importante poder descubrir las causas subyacentes a la infidelidad para encontrarles solución y no quedarse atorados en un laberinto de fantasías, culpas, ataques y de explicaciones sin fin. Las tareas de esta etapa implican remodelar la casa, tapar los pozos o demoler esa casa e ir a una nueva. En ese caso, la pareja se romperá definitivamente. En cualquiera de los casos: la reconstrucción de la relación de pareja o la separación irrevocable, la vida continúa. Si se hace lo correcto, se verá que, aunque es una experiencia muy dolorosa, "de los limones se puede hacer limonada".

Sexto. Después de un largo proceso, es probable que se llegue al perdón, y ambos, ya sea juntos o separados, podrán finalmente soltar las amarras para liberarse de esa dolorosa experiencia y dejarla atrás. Permitir que ese barco lleno de arpones se lo lleve la corriente y con eso quedar listos para empezar a escribir una historia diferente en el libro de la vida.

Pueden pasar meses o años en el primer acto (crisis de la pareja). Y lo mismo en el segundo (flirteo e infidelidad). Tal vez transcurran días, meses o años y no necesariamente pasar al tercero (descubrimiento de la infidelidad). Hace falta mucho valor para vivir todos los actos (del tercero en adelante). A veces es posible elegir entre pasar de un acto a otro o quedarse en uno solo. La mayoría de las parejas se queda atorada en el cuarto acto (rompimiento de la relación de pareja) y la historia nunca llega a un desenlace (sexto acto). Otras veces no es factible elegir y los miembros de la pareja se ven empujados de una escena a otra. En el caso de poder elegir, hay quien prefiere quedarse en el segundo acto (vivir con la infidelidad) porque le aterra lo que pueda suceder si confronta a la pareja con la verdad. Cuando esto pasa, quizá lo que empezó como una aventura se convierta en un modo de vida. Cuando se avanza a la confrontación de la verdad, se rompe el secreto; esto por lo menos ya es un alivio, una prueba de no estar perdiendo la cordura pensando y sintiendo "cosas" que no ocurren. Con el descubrimiento, se desencadena una tormenta parecida más a un huracán que a una lluvia tropical. Puede ser que poco o nada se salve. En caso de que la pareja sobreviva, el proceso de reconstrucción necesita una buena estrategia, tiempo, esfuerzo y una gran dosis de buena voluntad por parte de ambos. Recuérdese que cuando uno no quiere bailar, dos no pueden. Con el deseo de uno solo por recuperar a su pareja, por muy profundo que sea, *no* es suficiente. Pero si los dos quieren, podrán reparar su relación. Aun así, con la voluntad de los dos, es muy duro y doloroso y se necesita ser paciente y tenaz, pero se puede lograr. Hay parejas que lo logran.

Después de una infidelidad, las cosas para la pareja jamás volverán a ser iguales. Pueden ser mejores, o peores, pero nunca volverán a ser lo que eran antes.

REFERENCIAS BIBLIOGRÁFICAS

1. Forward, S., *When your lover is a Liar*, Harper-Collins Publishers, Nueva York, 1999.
2. Hein, H., *Sexual detours. The startling truth behind love, lust and infidelity*, St. Martin's Press, Nueva York, 2001.
3. Brown, E. M., *Patterns of infidelity and their treatment*, Brunner Mazel, Berkeley, CA, 1991.

3

El terreno

¿CÓMO PUDO SUCEDER ESTO?

No hace falta que brille la luna, ni tampoco una estrella fugaz,
pues con sólo decir que me quieres, te amaré más y más.

Canción popular

Se decía en el capítulo 1 que la infidelidad significa el rompimiento de un pacto de amor. Hablar del amor en la pareja es importante y el eje de donde parte este libro.

"Amor" es una palabra muy amplia. Disertar sobre el amor, su naturaleza y su poder, puede ser apasionante. El amor recíproco, el amor incomprendido, el amor reprimido, el amor filial, el amor fraterno, el amor erótico, el amor "por conveniencia", el amor anhelado y buscado insaciablemente. El amor súbitamente encontrado, el amor traicionado. El amor estable y maduro. El amor de mis amores. Ese espacio vital de dos, donde no caben tres.

Se decía también que de alguna manera una infidelidad es un intento por resolver un problema. Un intento de solución a algo que pasa dentro de la persona, que no puede ser solucionado o satisfecho con su pareja. No porque la pareja sea incapaz de dar,

43

sino porque en la dinámica de la relación de pareja está sucediendo algo o falta algo significativo, o porque la persona "se tropezó" con una buena oportunidad para vivir una apasionada aventura. La crisis en la pareja inició con seguridad mucho antes de que apareciera la infidelidad,[1] pero ésta hace que la crisis explote.

Una de las preguntas que más atormenta con el descubrimiento de la infidelidad es: ¿Por qué? ¿Por qué esto y por qué ahora? A pesar de todas las hipótesis que se puedan hacer al respecto, la respuesta simple y llana es porque el infiel tomó esa decisión. Intentar descifrar por qué lo hizo es equivalente a tratar de salir de un inmenso laberinto y esa indagación, además de infructuosa, puede resultar muy desgastante. Es más recomendable dirigir la energía a esclarecer "cómo" sucedió, a dilucidar qué ocurrió entre los miembros de la pareja, qué le pasó al que está siendo o fue infiel y de qué color y sabor es la infidelidad.

Al revisar este capítulo, se recomienda que trate de hacer un autoexamen sobre los elementos presentes y ausentes en su relación de pareja. No para aumentar la culpa, el rencor o el resentimiento, sino para comprender las características de su relación de pareja. Desde su inicio hasta el momento actual. Sus particulares estilos de relacionarse y las necesidades satisfechas e insatisfechas. En pocas palabras, la historia de la vida de cada uno y la que resultó de vivir juntos. No sucumba a la tentación de enumerar las fallas de su pareja, reflexione sobre las fallas del "equipo" y si usted es uno de esos seres maravillosos que hay por el mundo, reconozca primero sus propios errores. Haga conciencia de las circunstancias. Reflexione sobre esos elementos que se fueron perdiendo o sobre aquellos que nunca se lograron.

ABRIENDO LA GRIETA

La infidelidad no la buscas, la encuentras.

Antes de que se abra el profundo pozo de la infidelidad, aparece una pequeña grieta que crece hasta llegar a ser insalvable. La grieta se empieza a abrir poco a poco y lentamente o de manera súbita y rápida. La grieta pudo haber empezado como producto de un problema no resuelto en la historia de uno o ambos cónyuges o como producto de la dinámica de la relación. Tal vez sea un vacío personal que ya existía previamente y que en la intimidad de la pareja se torna insoportable.

La vida en pareja enfrenta a cada quien con la propia habilidad para compartir y con nuestras carencias y limitaciones. Al unirse la pareja, cada uno por su lado, de modo consciente o inconsciente, piensa que el otro llenará todos los "huecos", los conocidos y los desconocidos. Cuando esto no sucede, se empiezan a acumular los resentimientos. Estos últimos carcomen y abren grandes hendeduras.

Se necesita abrir un espacio en la pareja para que quepa un tercero.

Cuando se abre una grieta, suele "aparecer un voluntario o voluntaria" para llenarla o por lo menos para que quien siente que se caerá por ella, tenga la ilusión de haberse puesto un paracaídas. Ese "alguien" (la o el amante) empieza "intuitivamente" a satisfacer las necesidades que percibe insatisfechas. Algo muy habitual es empezar con halagos (admiración) y "detalles" afectuosos. Tan simples como: "Qué bien te ves con esa camisa", "Sólo hablo para ver cómo te fue en tu clase de inglés", etcétera.

Todos tienen la necesidad de *sentirse queridos* y ante el hambre, cualquier aperitivo hace salivar. El tercero, que llega a convertirse en algún momento en amante, suele empezar por prodigar halagos y buenos "detalles" para convertirse rápidamente en una fuente de consuelo y placer. Puede ser que ese placer sea algo de una sola noche o que la relación empiece a crecer y se le vayan añadiendo ingredientes para hacer el vínculo cada vez más fuerte. Mientras más fuerte, más riesgoso para la relación conyugal.

El infiel suele sentirse "vacío" e insatisfecho. "Enamorarse" quizá sea un silenciador de ese vacío. No es obligación de la pareja llenar el "vacío" del otro, ésa es una tarea personal de la que cada uno es responsable. Responsable de poder identificar sus carencias personales y de tratar de satisfacerlas, y responsable de encontrar el significado de su propia vida. Hay muchas necesidades que se logran llenar con la vida en pareja, siempre y cuando *ambos* sean capaces de identificarlas y reconocerlas, de pedir y dar de manera recíproca, aunque tener una pareja no es el único camino para considerar que la vida vale la pena.

Todos tenemos *necesidades emocionales insatisfechas* y la expectativa de que la pareja será quien las satisfaga. En una pareja bien avenida, ambos encuentran un medio para satisfacer sus propias necesidades y las del otro. Los requerimientos emocionales son iguales a las necesidades físicas. No por haber comido hoy, ya no se necesita comer mañana. La necesidad de afecto, por ejemplo, es constante. No por haberse sentido querido ayer, ya no necesitará sentirlo hoy. Estos requerimientos siempre están presentes. El grado de satisfacción en la pareja se evalúa por el grado de satisfacción de estas necesidades emocionales *mutuas* de afecto y aceptación, entre otras cosas.

Aunque cada persona puede tener sus particulares necesidades, en general todos compartimos muchas de ellas. Por eso se consideran básicas. Ser apreciado, ser admirado y la sensación de pertenecer, así como tener satisfacción sexual, sentirse apoyado y acompañado, compartir y sentirse seguro son algunos de los requerimientos que todos tenemos en menor o mayor grado. Estas necesidades son iguales para varones y mujeres, aunque puede haber diferencias en la prioridad de algunas. Por ejemplo, la necesidad de satisfacción sexual suele estar en primer lugar para los varones, mientras que para las mujeres el requerimiento de compartir sentimientos quizá ocupe el número uno.[2]

La idea de que la función de la mujer es satisfacer a su hombre es bastante caduca. La contraparte más reciente de que es el varón el que debe satisfacer a su mujer, es igual de equivocada. Ambos necesitan satisfacerse el uno al otro. Ambos necesitan también sentirse plenos en lo personal. A veces, por más que una persona haga para colmar a su pareja, ésta parece vivir eternamente hambrienta, deseosa de tener aún más y sintiendo ese "vacío" que decide llenar a través de hacerse con otra pareja más. Quien se siente vacío, no sólo requiere que lo llenen, también tiene la incapacidad de dar.

NECESIDADES EMOCIONALES EN LA PAREJA[2]

Seguridad
Afecto
Pertenencia
Apertura
Intimidad

Atracción
Satisfacción sexual
Diversión
Admiración
Conversación

Como en un juego de billar, cuando se llena una necesidad, en un efecto de carambola también se satisfacen otros requerimientos. Sucede igual con la insatisfacción. Cuando hay una necesidad insatisfecha, su efecto se observa también en otras áreas de la vida.

CON	SE OBTIENE
Compromiso	pertenencia, seguridad
Afecto	pertenencia, apertura, pasión
Conversación	conocimiento, intimidad, aceptación
Honestidad	seguridad, apertura
Atractivo físico	satisfacción sexual, aceptación
Pasión	satisfacción sexual, intimidad
Intimidad	seguridad, satisfacción sexual, pertenencia
Satisfacción sexual	aceptación, afecto, cuidado
Apoyo financiero	cuidado, seguridad
Admiración	afecto, seguridad, pertenencia, intimidad
Apoyo doméstico	afecto, cuidado
Diversión	pertenencia, afecto, aceptación

Las grietas también se abren con las expectativas no cumplidas, con el tedio de la rutina, con la incapacidad para llegar a acuerdos, con el aburrimiento, con las diferencias de desarrollo en la pareja, con la falta de actividades divertidas en común, con la sobrecarga de obligaciones, con la intolerancia, con la acumulación de malos entendidos y resentimientos, con el exceso de peleas destructivas, con el silencio, la ignorancia y la distancia, con las mentiras, con las promesas rotas, con la inhabilidad para compartir los verdaderos sentimientos, con el exceso de trabajo, por la falta de sostén y apoyo, por los requerimientos excesivos y por la incapacidad para tener apertura y ser capaz de comunicar de manera clara y directa.

Las infidelidades tal vez sean el reflejo de cómo nos aislamos nosotros mismos de nuestra pareja. El deseo de aislamiento puede surgir de las expectativas insatisfechas que se tienen de la pareja y que quizá se expresen como resentimientos no hablados, enojo y desesperación.[3] Todos estos sentimientos encubiertos pueden provocar una desilusión que se achaca a los defectos de la pareja y no a la propia incapacidad para aceptar y conectar con el otro. Este deseo de aislarse también puede ser una coraza de protección para no exponerse y arriesgar cuando la vida está llena de incertidumbre e inseguridad personal.

Una pareja que ha ido acumulando resentimiento con pleitos sin solución, donde la negatividad, las críticas y las ofensas los han llevado a sentirse abrumados y han recurrido al aislamiento del uno con el otro, está en riesgo de que uno o ambos se "involucren" con una tercera persona. Un alto grado de insatisfacción y la disposición a la gratificación personal desligada de la vida en compañía quizá propicien el cruce de la brecha con cualquier persona cercana y se embarquen en una infidelidad.

Todo lo que está vivo cambia y la vida en pareja no es una excepción. La vida de la pareja es dinámica y ese mismo movimiento obliga a ambos a trabajar en el acoplamiento continuo. Acoplamiento que no siempre se logra o que aunque se haya logrado por un tiempo, no tiene permanencia garantizada. "El amor es una planta que hay que regar todos los días." Las buenas amistades y las buenas relaciones se fomentan. Lo único que viene con garantía son los aparatos eléctricos y, aun así, a veces fallan y hay que repararlos.

Cuando estos cuarteamientos se multiplican o se profundizan, el caldo de cultivo está listo. Un cónyuge o los dos cónyuges se encuentran listos para darle la espalda al otro. La posibilidad de ser infiel crece.

Quizá uno de los cartuchos de dinamita que puede abrir las grietas más profundas en una relación es la deshonestidad (las mentiras). Cuando un miembro de la pareja no es honesto y sincero con el otro, la situación se vuelve confusa. Los secretos y las mentiras pueden provocar mucha desorientación y resentimiento en quien las recibe. Las mentiras impiden el reconocimiento del error, la obligada disculpa y la aceptación del desagravio. Esto por sí solo puede romper una relación. Una vez que la relación se deteriora lo suficiente, el mentiroso se quejará de eso mismo que ha provocado y se lamentará de sentirse solo, aislado y sin la confianza de la pareja.[4] Para solucionar su malestar, buscará una relación nueva, donde pueda seguir engañando y autoengañándose para evitar su propia confrontación. El infiel tiende a vivir en relaciones rotas que le posibiliten su constante búsqueda y reafirmación. Las mentiras le ayudan tanto como le perjudican.

Cuando se habla de mentiras no se trata de esos casos en los que no se dice toda la verdad o en los que la verdad se oculta para proteger. Se habla de la información que se omite cuando es necesaria o de la que se inventa para manipular. Se habla de las mentiras que dotan al mentiroso de un poder extra sobre su pareja al poseer el control de la información y mantener al otro desinformado, confundido y desorientado. Esta desigualdad en el poder desequilibra las relaciones. Ninguna sociedad puede funcionar bien y menos una matrimonial con este ejercicio de poder sobre el otro miembro.

Por encima de todo, las mentiras dañan la relación porque el esfuerzo deliberado para desorientar y engañar a la pareja con mentiras lastima y desencanta de manera profunda.

El matrimonio no necesita ser de modo obligado un infierno para llevar a uno de sus miembros a la infidelidad, ni perfecto para evitarla.[5] No hay matrimonio perfecto. Sin embargo, aun con las imperfecciones, hay matrimonios que nunca viven la experiencia de la infidelidad y otros aparentemente buenos en los que alguien de la pareja puede embarcarse en aventuras amorosas. Es cierto que cuando ocurre una infidelidad, quizá haya un alto grado de insatisfacción (por lo general en ambos); y el que la lleva a cabo (el infiel) es el menos capaz de enfrentar y encontrar otra salida menos dañina a esa insatisfacción. Lo que no es cierto es que el miembro que permanece fiel sea el culpable de la infidelidad del otro por su descuido, indiferencia, incapacidad para solucionar los problemas o cualquier otra razón que se le endose. Aunque ambos fabrican el malestar, la infidelidad siempre *es responsabilidad del que la comete*. Nadie puede hacer nada para forzar a otro a coquetear e involucrarse de manera afectiva o sexual, o ambas, con otra persona.[6] Ésa es siempre la elección y, por tanto, la responsabilidad del que la toma.

La infidelidad es un problema de dos, donde uno decide escapar por esa puerta.

Casi siempre es el otro quien resulta culpable de todos los problemas. Regularmente se le atribuye al cónyuge el conflicto o la ansiedad de la que se desea escapar en la infidelidad ("soy infeliz por su culpa"). Se le atribuye la responsabilidad de lo que ocurre, razón por la cual también la solución se centra en el nuevo "prospecto" sexual o afectivo (amante), quien representa un pase de salida hacia la revaloración personal.

La razón de esta inculpación es simple. Por fortuna, la esposa o el marido se convierten en alguien sobre quien poner todos los anhelos, los sueños y todas las expectativas de recibir aprecio. Por desgracia, esto significa que ella o él se vuelve el responsable de la tarea imposible de satisfacerlas. Nadie puede llevar a cabo tal tarea. Nadie puede satisfacer todas nuestras añoranzas y curar todas las heridas de las propias carencias. Como se decía antes, ésa es responsabilidad de cada uno, no de la pareja. Cuando se deposita en esta última toda la responsabilidad de la felicidad propia, se espera que sea ella quien haga todo el trabajo y fácilmente puede llegar a sentirse abrumada.

Al depositar en la pareja la tarea de crecer y completarse, tal vez ella llegue a representar eso que se quiere alcanzar, pero a la vez se convierte en el recordatorio de lo que se carece. Si falta honestidad, puede relacionarse con alguien muy honesto; a la larga, tal vez se le odiará por ser "demasiado" directo y brusco, porque cada vez que es sincero, nos recuerda la incapacidad propia para serlo y terminaremos aborreciendo su honestidad. Lo que de entrada puede parecer admirable, a la larga quizá llegue a ser repugnante. Cuántas veces hemos oído: "Cuando la conocí era una mujer libre y despreocupada, pero ahora no tolero su desorden." "Cuando éramos novios, me encantaba que a él le gustara hacer mucho deporte, pero ya no aguanto su exceso de disciplina, es demasiado rígido." Las dos caras de la misma moneda. Las propias incapacidades reflejadas en un espejo.

Aquí no se hará un tratado exhaustivo sobre los posibles problemas en una pareja, sobre cómo surgen y cómo se solucionan.[7] Sólo se enfocará a uno de ellos: la infidelidad. El propósito es señalar que por esos cuarteamientos se abre un espacio, donde de repente cabe otro. Cuando en esa grieta entra un amante, hace una especie de cuña, y puede terminar de romper a la pareja o puede actuar como una fuerte llamada de atención para arreglar *esas otras cosas* que son las que *verdaderamente* llevaron a la pareja a cavar ese hoyo y a pasar por el infierno de la infidelidad: *las asignaturas pendientes en el desarrollo personal y los problemas de relación con la pareja.*

Si la o el amante termina por romper el vínculo conyugal o si la pareja se fortalece después de una infidelidad depende de muchos factores que se irán revisando. Hasta aquí baste con llamar la atención hacia esas cosas que han sucedido de manera cotidiana dentro de la pareja, que terminan por lesionar las buenas intenciones con las que se unieron y por permitir que en el espacio de dos se meta un tercero.

El problema de la pareja no se resuelve al involucrar a un tercero, por el contrario, lo agrava y la hiere de muerte.

REFERENCIAS BIBLIOGRÁFICAS

1. Brown, E. M., *Affaires. A guide to working through the repercussions of infidelity*, Jossey-Bass, San Francisco, CA, 1999:56.
2. Harley, W. F., Ch. J. Harley, *Surviving an affair*, Baker Publishing Group, Ada, Michigan, 1998.
3. Hein, H., *Sexual detours. The startling truth behind love, lust and infidelity*, St. Martin's Press, Nueva York, 2001.
4. Forward, S., *When your lover is a Liar*, Harper-Collins Publishers, Nueva York, 1999.
5. Brown, E. M., *Patterns of infidelity and their treatment*, Brunner Mazel, Levittown, PA, 1991.
6. Abrahams, J. S., *After the affair*, Harper Collins Publishers, Nueva York, 1997.
7. Höfner, E., *Instrucciones para estropear el matrimonio*, Gedisa, Barcelona, 1994.

4

En caída al precipicio

LA SOSPECHA DE LA INFIDELIDAD

Aquí parece que hay gato encerrado.
Algo no me huele bien.

Cuando usted pensaba que eso de los amores traicionados sólo era el tema de una canción o una película y que únicamente le sucedía a otros, y lo había considerado como un hecho improbable, de repente no sólo empieza a considerarlo probable sino real; es como si se abriera un gran hoyo en el suelo. Todas las referencias en las que basaba la definición y el rumbo de la vida se desdibujan. Es como si una gran mancha de tinta hubiera caído sobre el mapa que había trazado de su historia y ahora ya no supiera ni de dónde viene, ni dónde está, ni hacia qué lugar puede dirigirse como antes creía saberlo.

De pronto la vida entre ustedes dos parece haber cambiado totalmente, en apariencia se deterioró mucho sin una razón interna evidente. Si tiene esta sensación, levante las antenas. Hay que poner atención porque algo pasa. De repente puede empezar a poner atención a los detalles, a atar cabos y a sospechar.

CREO "QUE ME ESTÁN PONIENDO EL CUERNO"

Dios mío, no permitas que mi marido me ponga cuernos
y si me los pone, haz que no me dé cuenta,
si me doy cuenta haz que no me duela
y si me va a doler,
por favor que no sea mucho.
Dios mío, ¿dónde estás?,
¿por qué ignoraste mi súplica?

Todo empieza porque ahora hay ciertas cosas que ha empezado a percibir; "algo" diferente en la actitud y el comportamiento usual de su pareja. Al principio, no puede darle nombre a ese "algo", y aunque la palabra "engaño" ronda como un fantasma, no se atreve ni a pensarlo. Pero, poco a poco o de manera súbita, comienza a surgir la duda y, con ella, el temor de que posiblemente está teniendo una socia o un socio inesperado en su matrimonio. Entonces, la negra noche empieza a tender su manto. Surge el pánico de ser sustituido, desechado y, finalmente, abandonado.

Sólo pensar que tal vez haya "alguien más" produce taquicardia y se hace un nudo en el estómago. Aquí se enfrenta a la primera disyuntiva. ¿Qué hacer con esto que estoy pensando y sintiendo?

En este momento, se requiere efectuar algunas observaciones. Es importante que no tome cualquier mínimo indicio como una señal de infidelidad. Hay que discernir entre vivir atormentado por los celos y la duda o la certeza de que algo real está pasando. Se verá que una infidelidad tiene muchas señales claras. Sin embargo, no siempre hay posibilidad de tener "pruebas" aunque las sospechas sean muy fuertes.

De inicio, empezará a sentir que su pareja parece estar alejada o ser indiferente y que las discusiones aumentan de frecuencia y tono. La intuición le dice que podría haber "algo". Es muy probable que primero de modo indirecto y después directo pregunte a su pareja si hay alguien más. Cien por ciento de las veces recibirá la respuesta obvia: ¡No! Digo obvia, porque alguien que ha estado mintiendo sobre algo tan importante es casi imposible que opte en esta ocasión por decir la verdad. Y usted lo creerá. Necesita creerlo. Pero hay algo interno que le grita que la respuesta es: ¡Sí!, que en efecto existe alguien más. Hay quien prefiere sostenerse de esta nueva mentira. Es probable que en su fuero interno "sepa" que alguien está ocupando su lugar y esta verdad aterra. A veces el miedo impide insistir en conocer la verdad, pero también habrá quien no se conforme con esa respuesta negativa que contradice sus percepciones y busca la verdad. Encontrarla se vuelve prioritario. Elegir este camino, lo mantiene en estado de alerta e hipersensible a los detalles que antes parecían intrascendentes. Empezará a poner atención, a investigar y a "tropezarse" con "evidencias". Puede ser que las evidencias hayan sido dejadas ahí, sin querer o queriendo.

Cuando las señales se vuelven evidencia, con la consecuente confrontación con la pareja, se desencadena una avalancha de emociones que hacen pensar que se está perdiendo la cordura. A pesar de lo fuerte que resulta esta experiencia, es mejor tener la certeza de lo que realmente sucede, que vivir eternamente con la duda y la desconfianza. ¿Usted qué opina?

Para el infiel también se desestabiliza el terreno. En él se desata una lluvia de pensamientos y sentimientos ambivalentes, por un lado es un alivio, pero por otro una tortura. Para el que está viviendo la aventura amorosa o tiene un amante de larga duración, el destape de la infidelidad provoca una crisis, de diferente sabor pero que también cimbra su estabilidad. Las circunstancias pueden orillarlo a tomar ciertas decisiones difíciles que había estado posponiendo. En el amante, también puede haber repercusiones en el desenlace de esta historia "secreta" de amor que ha aceptado vivir con su pareja. Tal vez signifique el final súbito de una relación que sonaba muy prometedora.

Es importante, a pesar del caos y la confusión, que trate de considerar los pasos a dar, ya que de ellos puede depender su felicidad futura. Tanto si es la víctima de la infidelidad como si es el que está siendo infiel.

Considérense las circunstancias desde la perspectiva del miembro que ha permanecido fiel y la gran herida narcisista que resulta de ser el engañado; una profunda puñalada al ego por la espalda. Cuando surgen las primeras sospechas serias, se siente algo muy parecido a lo que todos conocemos como celos. Es importante aclarar que ese sentimiento que llamamos "celos" puede ser muy tramposo. Es importante diferenciar entre sentir celos infundados o hallar verdaderas señales de alarma. Considero im-

portante establecer algunas diferencias entre los celos con fundamento y sin fundamento. Los que alertan y los que atormentan.

CELOS SANOS Y CELOS ENFERMOS

Si cree que su pareja puede estar siendo infiel, lo más probable es que sea cierto. Confíe en sus percepciones. Pero *tenga
cuidado*, vale la pena que se conteste algunas preguntas antes
de hacer cualquier movimiento o tomar alguna decisión.

¿En qué basa sus sospechas? Todos podemos sentir celos. Los
celos son una combinación de varias emociones primarias que
al mezclarse producen esa sensación de "celos" que todos hemos sentido por una u otra razón. Los celos se componen de una
parte de enojo, otra de tristeza y otra de miedo. Enojo por la traición a un pacto de exclusividad y por ser sustituido o desechado,
tristeza por la desilusión de no ser únicos y especiales, y miedo
de perder a la pareja y a ser abandonado.

Los celos pueden ser sanos, adecuados y aun necesarios. Nos
mantienen con los ojos abiertos a la posibilidad de la pérdida y
quizá constituyan una defensa (alerta) ante la amenaza del abandono.[1] Cuando se dan en una pareja bien avenida, pueden acer-
car el uno al otro. En este caso, los celos sólo son una manera de
conservar la atención y el cuidado de la pareja. Cualquiera de los
dos puede sentir que su pareja se aleja demasiado aunque sea
de modo momentáneo, por ejemplo, en una fiesta cuando nuestra pareja está "muy entretenida" platicando con alguien y los
celos nos hacen llamar su atención con cualquier sutil disculpa o
hacen que "circunstancialmente" nos agreguemos a la plática.
La pareja sana quizá presente este tipo de celos leves de manera constante y el efecto que producen es la reafirmación del lazo
invisible que la une, creando un ambiente de pertenencia, seguridad y confianza. Estos celos son muy manejables y no provocan
malestar.

Los celos sanos pueden ser una expresión de amor.[2]

Las personas que no tienen algún temor de perder a la pareja, deducen que es nula la posibilidad del abandono y no sienten absolutamente nada de celos. Tal vez sea que tengan muy

devaluada a su pareja o que se sobrevaloran a ellos mismos. La conciencia de que en esta vida, para bien o para mal, nada es para siempre, dota a las relaciones de una cierta dosis de celos. La confianza ilimitada quizá signifique apatía, descuido virtual o real de la pareja y no tener la dedicación para estar el uno para el otro. Cero celos hablan de indiferencia.

100% de confianza = Indiferencia

Algunas creencias: "Pase lo que pase, siempre estará aquí para mí"
"Tiene que aceptar todo lo que yo haga"
"Conquistar a estas alturas es ridículo"
"¿Quién podría fijarse en él (o ella)?"
"Nadie puede remplazarme"
"Estamos casados hasta que la muerte nos separe"
"No puede ser infiel"

Hay otra clase de celos. Los celos recalcitrantes que pueden llegar hasta los celos enfermos (celotipia). En este estado de celos patológicos, todo puede ser un indicio de engaño o mentira y una señal de peligro. Hay personas inseguras de sí mismas que quisieran controlar por completo la vida de sus parejas, incluso las fantasías, los pensamientos y aun los recuerdos de otros novios o novias, o relaciones pasadas. A veces estos celos no se superan ni con explicaciones, ni con juramentos, ni con los años de matrimonio.

0% de confianza = Celotipia (celos patológicos)

Este tipo de celos pueden estar relacionados con una baja autoestima. Cuando una persona se siente poco valiosa, suele crear un vínculo de dependencia, forzando incluso a su pareja a perder la confianza en sí misma para equilibrar la relación. Cuando se llega a tomar como verdad la suposición de que se está en competencia con alguien más, por sus talentos y gracia envidiable, y con quien seguramente (sólo en sus pensamientos) estará en desventaja; el miedo al abandono y la dependencia pueden alcanzar grados de desesperación y angustia insoportables.

Las crisis de celos que culminan en agresiones físicas serían el extremo más peligroso de la desconfianza. La confianza es un ingrediente básico en todas las parejas y cuando los celos llegan a estos extremos, la vida para ambos se torna imposible, en especial para el miembro que sufre el acoso constante de la pareja celosa.

En estos casos extremos, donde lo que hay no son simples celos sino violencia disfrazada de celos, la pareja necesita urgentemente pedir ayuda para detener el acoso y el maltrato. Éste es un problema grave y delicado que merece atención especial. En las relaciones donde hay este tipo de celos, también puede haber un interjuego donde la pareja celada disfruta de manera inconsciente de la "necesidad" que tiene de pertenecer a alguien en cuerpo y alma, y del aparente cuidado que recibe.[2] Aunque tal vez haya parejas que toleran este tipo de relación, en la mayoría de los casos este continuo celar y restringir a la pareja para aliviar el miedo al abandono, tarde o temprano llega a lesionar a la persona que los padece y a la relación.

Hay otro tipo de celos que quizá encajen en alguna de las categorías anteriores, pero que en realidad son diferentes. Por ejemplo, cuando una persona que ha tenido una infidelidad, cae en la cuenta y se asusta de las consecuencias que puede tener esta conducta, y por el miedo a que le hagan lo mismo que hace, se dedica a ver "moros con tranchete" por todos lados para adelantarse (gracias a su experiencia en este tipo de cuestiones) y entonces se lanza al ataque para detener "el engaño" a tiempo. Aunque no haya señales reales, es probable que sufra crisis de celos porque "el león cree que todos son de su misma condición".

También, después de la crisis inicial del descubrimiento de la infidelidad, ya sea que los dos decidan trabajar en la recuperación del vínculo o que la pareja se haya separado, es posible que el miedo, el enojo y la tristeza no se hayan disipado, aun con el paso del tiempo, que el miedo al abandono y la soledad siga disparando celos más o menos intensos y que éstos sigan presentándose con cierta frecuencia. Es importante aceptar, entender y aligerar este tipo de celos, pero por el momento "son harina de otro costal" y se tratarán en detalle en "Detener las obsesiones" en el capítulo 8. A este tipo de celos les llamo: celos posimpacto.

Ser honesto con uno mismo. Esto que siente ahora, ¿es lo mismo que ha sentido siempre? ¿Nunca ha habido ni siquiera indicios de algo? ¿Está su pareja cansada de su acoso? Si la respuesta a estas preguntas es sí, con seguridad su problema es otro (celos extremos) y no el de infidelidad. En ese caso, quizá la ayuda que necesite sea diferente a la que puede brindarle este libro. Si la respuesta es no, continúe.

Si está teniendo una sensación de miedo mayor y diferente a cualquier sentimiento de celos que hubiera podido tener hasta hoy y últimamente sospecha (o tiene la certeza) de que están pasando ciertas cosas "raras" que antes *no* sucedían y cree que "esas cosas" podrían atribuirse a la intromisión de otra persona en su vida de pareja, puede ser que sus celos sean fundados y que realmente le están "pintando el cuerno".

TIPOS DE CELOS ENFERMOS

- **Celos escolares.** No soporta que tenga más amigos. Quiere 100% de exclusividad. Se ofende si alguien más se entera de algo primero que él. Siente celos de mamá, papá, hermanos o primos.
- **Celos de quinceañera.** Siempre pendiente de a quién mira, con quién habla y con quién se relaciona. Coraje porque en la fiesta saludó a una amiga de la universidad.
- **Celos de asesor de imagen.** Se refleja en frases como: "No quiero que te peines así." "Te prohíbo que uses esa falda." "No mires de esa manera a la gente." "No te rías así." "Haces que todos te miren." "Con ese color te ves provocativa."
- **Celos de telenovela.** La vecina dice que le parece que se podría llevar un desengaño porque su pareja es demasiado amable igual que alguien que ella conoció en su pueblo y terminó con un amante. Un amigo dijo que si a él le dijeran eso mismo, no lo creería ni de chiste y, por si acaso, hay que ir planeando la mejor venganza para que aprenda.
- **Celos en espejo.** Está haciendo lo mismo por lo que mi prima empezó a sospechar. Seguro es igual que su padre. Todos los hombres (las mujeres) son iguales. Yo sé muy bien cuando alguien está haciendo lo que no debe (yo mismo o yo misma lo he hecho).
- **Celos de detective.** Acoso constante con preguntas como: ¿De dónde vienes? ¿Qué es esto que estaba en tu bolsa? ¿Por qué tardaste hoy cinco minutos más? ¿A quién le quieres gustar tanto? ¿De quién es ese cabello? ¿Dónde estabas el jueves pasado a las 6:30? No me checa.
- **Celos de pandillero.** Siempre hay una explicación después de la paliza: "Y la próxima vez te va a ir peor." "Esto te pasó para que no vuelvas a provocarme." "¿No te lo esperabas, verdad? Con esto vas a aprender a no burlarte de mí." "Perdí el control por tu culpa."

- **Celos de judicial.** ¿A quién crees que le vas a ver la cara de idiota? No puedes salir sola, llévate a los niños. Colocar grabadoras en los teléfonos, por si acaso. Hacer interrogaciones hasta que surja la más leve contradicción. Poner a un primo a seguir a la esposa o el esposo. "No lo niegues, mi abuela te vio."

CELOS "POSIMPACTO"

Después de haber confirmado una infidelidad real:

Celos reverberantes:

"Ésa es voz de mujer, tengo que oír qué dice."
"¿Por qué tanta familiaridad?"
"¿Por qué si estás donde dices, no oigo ningún ruido?"
No poder dejar de revisar las cuentas del banco, los recibos del teléfono o su cartera. "No creo que todo haya terminado."
Siente taquicardia sólo de pensar si irá a desayunar con sus amigas como dijo o con "él"
"Todas las clientas son amantes en potencia."
"Seguro le sigue viendo, aunque lo niegue."
"Le noto diferente de ayer."
"Dice que me quiere mucho, seguro le dice lo mismo a…"
"¿Qué irá a suceder con esta nueva amiga?"
"Me asusta que vaya al gimnasio."

Cualquiera que haya sido su reacción continúe. Tal vez no sepa cómo responder en este momento. Conocer lo que sucede precisamente cuando hay una infidelidad, puede servirle de prevención, tanto si la persona con quien vive está pensando en vivir una "aventurilla", o si su pareja en efecto le está siendo infiel. Al conocer los indicios de una infidelidad, podrá entender mejor lo que sucede, está por suceder o le está sucediendo a usted o a alguien más.

Los celos que importan en este momento son los que se sienten como consecuencia de esas *sospechas fundadas*. Más que celos, son señales de alerta. De repente han ocurrido *cambios radicales* en el comportamiento de la pareja y eso le hace pensar que tal vez hay "gato encerrado" y que lo más seguro es que el nombre del "gato" sea "infidelidad".

SEÑALES DE LA INFIDELIDAD

Cuando se encienda el rojo, haga un alto total.

¿Qué pasa cuando se han puesto tantas mentiras sobre el estante que éste ya no resiste la carga? La respuesta es clara: las mentiras terminan por caer por su propio peso. El infiel siempre tiene que recurrir a este recurso: mentir. Conservar el *affaire* en secreto le da seguridad. Todas estas aventuras empiezan así, una oportunidad que se aprovecha, que crece y es mejor disfrutarla y protegerla con las mentiras, para ver "qué pasa" antes de tomar ninguna decisión. Nadie arriesga todo lo que tiene por una simple aventura. Cuando la aventura empieza a tener estabilidad y se convierte en una hazaña, llega el momento en que el infiel se relaja y se vuelve descuidado o cínico. Entonces ya no se preocupa tanto por guardar las apariencias y es cuando éstas empiezan a convertirse en un cúmulo de indicios y rastros. Atrévase a verlos. De preferencia antes de que lo aplasten.

El infiel siempre trata de guardar su secreto a piedra y lodo. Le asustan las posibles consecuencias de sus actos. No se atreve a poner la cara de frente a la crisis, por eso miente y lo hace bien. Pero dicen los detectives forenses que los delincuentes siempre dejan algún rastro detrás de ellos, aunque sólo sea un pelo y eso es lo que pasa con los infieles, de manera consciente o inconsciente dejan evidencias. A veces un solo cabello es suficiente para que la esposa saque las antenas y se pregunte: ¿de quién será? Otras veces son necesarias otras cosas un poco más grandes, como condones que nunca ha usado con su pareja. Hay casos, sin embargo, en los que aunque las señales sean grandes y evidentes, se pasan por alto; porque aunque la verdad nos hace libres, ésta puede ser aplastante y muy amenazante, y de modo consciente o inconsciente se prefiere ignorarla.

La sensación de "celos" también puede ser una señal subliminal de una o muchas mentiras. Éstas producen un sentimiento de coraje, como pasa casi siempre, pero además hay una profunda sensación (más bien certeza) de pérdida, acompañada de desilusión, miedo, coraje, culpa y tristeza.

Utilice su cuerpo para reconocer las señales de la infidelidad. No hay ninguna pauta que por sí sola defina si una persona está siendo infiel o no, pero todas las personas que han vivido el engaño de su pareja saben que hay datos claros y que *se sienten en todo el cuerpo*. Puede haber taquicardia, sudor de manos, "mariposas en el estómago", tensión muscular, y otros. Se siente mucho miedo, vulnerabilidad, confusión, gran vacío y sensación de ir en caída hacia un pozo sin fondo. Si pone atención y confía en sus sensaciones y percepciones, irá "atando cabos" y descubrirá la verdad.

La idea no es que usted se convierta en un detective profesional ni de que le carcoman los celos porque ha notado algunas cosas sospechosas en su pareja, ni que deje de dormir pensando qué hará el día que esto suceda. Quizá nunca ocurra. Pero si usted empieza a notar "cosas", no piense que se está volviendo loco o loca, tal vez sean señales de que su pareja está viviendo un romance extraconyugal, o sea, que le está siendo infiel y le aconsejo que se prepare para el impacto.

La incertidumbre se desencadena porque empieza a detectar *muchas* cosas raras o no habituales, que no son ninguna bobada y que llegan a formar un patrón de conducta diferente. Estas tonterías "pequeñas e insignificantes", como seguramente le dirá su pareja, son sólo algunas de las muchas cosas que pueden suceder. Su propio juicio y su sentido común son el mejor termómetro. Se supone, de entrada, que conoce a la persona con quien vive y puede decir si está sucediendo algo importante en ella, diferente a lo que conocía hasta entonces. Para cada quien las pistas suelen ser diferentes, pero en general éstas son algunas de las cosas que las personas dicen que observaron desde el principio.

Digamos que usted empieza a darse cuenta de que su esposo o su esposa:

- Se arregla mucho más que antes para salir.
- Cambia totalmente su forma de vestir, de hablar o de conducirse.
- Mejora su aspecto radicalmente sin razones "aparentes" (reducción de peso, nuevo maquillaje, nuevo guardarropa).
- La hora de llegada se retrasa con mucha frecuencia hasta que eso se convierte en su rutina habitual.
- Surgen compromisos inesperados y le gusta salir sin usted.
- Busca excusas para no estar con usted.
- Hay más trabajo del habitual y ahora le gusta o tiene que quedarse a terminarlo.
- Siempre está muy ocupado u ocupada.

- Le surge un interés apasionado por alguna actividad nueva, en la que usted, ni puede ni le invitan a participar.
- Usted nunca sabe a dónde va su pareja ni con quién; su vida se vuelve un misterio.
- Está distante y con la mente en otro lado.
- Ya no participa en actividades familiares o ha perdido interés en ellas.
- Muchas cosas le desesperan e irritan.
- Le compara con otra persona.
- Habla con mucho entusiasmo sobre una amistad nueva.
- Ve fotografías de su esposo o esposa con una persona desconocida para usted en actitud muy "amigable".
- Habla de lo bien que se lleva y de cuánto le comprende y lo bien que conecta con otra persona.
- Coquetea y establece contacto visual con otras u otros delante de usted.
- Hace bromas "seductoras" a otras u otros delante de usted.
- Toca o abraza con frecuencia a una persona en particular.
- Le pesca besando o abrazando a "una amiga o un amigo" que hizo últimamente.
- Su amigo o amiga le acompaña a muchos lugares o se le "encuentra" en todas partes.
- Frases, como "no exageres, sólo somos amigos", suelen ser una explicación del cariño "fraternal" que siente por esa persona.
- De manera coincidente, siempre están juntos.
- Hay objetos "desconocidos" en su automóvil, en su oficina, en su portafolio, en su bolsa.
- Huele a un perfume que no es el suyo.
- Hay marcas de lápiz labial en su ropa.
- Aparecen en su bolsa condones que ustedes no utilizan (pídale a Dios que ojalá ellos sí los usen porque el síndrome de inmunodeficiencia adquirida [sida] y el virus del papiloma humano son una amenaza real).
- Descubre notas de pago y facturas de cenas o vacaciones para dos a las que usted no fue.
- Encuentra facturas de flores, perfumes o regalos que usted no recibió.
- Hay llamadas telefónicas que se suspenden de manera súbita cuando usted aparece en escena.

- Recibe llamadas por teléfono anónimas o de la persona con quien está viviendo la aventura.
- Tiene mucho cuidado con todos sus objetos personales, como teléfono, agenda, computadora y usted tiene prohibido tocarlos, aunque sólo sea para cambiarlos de lugar.
- Hay pleitos y discusiones continuos entre ustedes por cualquier cosa.
- Algunas o muchas noches no viene a dormir y usted no tiene seguridad acerca del lugar donde pasó la noche.
- Las preguntas de tipo "personal" están prohibidas. Muchas de sus explicaciones (o todas) resultan ser mentiras.
- Tiene una vida "privada" vedada para usted.
- Los temas de interés empiezan a cambiar en las conversaciones de sobremesa. Su pareja se vuelve de "criterio amplio". Está muy de acuerdo con que "fulanito" haya decidido reconstruir su vida con esa mujer 25 años menor que él.
- Su esposa(o) admira a la amiga que tuvo el valor de divorciarse para casarse con ese otro hombre tan guapo, caballeroso y divertido.
- Ya no está de acuerdo en ese anticuado concepto de tener una pareja para toda la vida.
- Está convencido(a) de que el amor se desgasta y que no hay nada mejor como un amor nuevo para volver a sentirse vivo(a).

Además de estas luces rojas con las que se ha ido "tropezando", se despertará en usted una compulsión por averiguar qué está pasando. Escudriñará y caerá en un estado de hipervigilancia. Hay personas que toleran muy bien la incertidumbre. Negar y pasar por alto una serie de señales de precaución es peligroso y, respecto a la infidelidad, es una actitud que además de difícil, implica la negación de uno mismo. Pero prepárese para lo que puede encontrar, con seguridad la confirmación de sus sospechas.

Los infieles a veces se convierten en adolescentes y empiezan a entusiasmarse mucho con "recaditos" amorosos y frases como: "Baila como si nadie te viera", "hoy es el principio del resto de mi vida", etc. Puede ser que usted empiece a encontrar esas ridiculeces por su casa o en su correo electrónico. Empiezan a interesarse en libros de autoayuda y crecimiento personal que "alguien" les regaló. Cambian su manera de pensar y hablar usando expresiones totalmente nuevas para usted buscando "ser" una nueva persona.

Por ejemplo, una amiga muy cercana, al indagar respecto a la prueba de sus sospechas, se encontró unas cartas de amor muy apasionadas y reveladoras en la computadora portátil de su esposo y no pudo quedar la menor duda del romance que existía entre él y su amante. Ése fue el inicio del fin.

Algunas veces los infieles (los hombres) sienten culpa previa a ser descubiertos (menos mal) y entonces empiezan a hacerle repentinos y costosos regalos a su pareja. Sospeche, a veces los regalos solamente son para disipar la culpa. Tal vez en la joyería envolvieron dos cajitas y usted sólo recibió una de ellas: la pequeña. Un buen día, sin que sea su cumpleaños, le regala una camisa totalmente diferente a las que acostumbra usar, tal vez porque estaban a dos por una en la tienda, y con el tiempo descubre que la otra fue al armario de alguien más. Le manda flores, le invita a cenar a un restaurante, y luego no hay tema de conversación, pero la invita. Supe de una mujer a la que le regalaron una casa nueva; ella estaba feliz, pero a las dos semanas de que se mudaron, el marido le explicó que ésa era su "indemnización"; él se iba a vivir a otra casa (mejor) con otra pareja que tenía desde hacía algunos años. Lo increíble es que ella nunca sospechó nada (según ella) hasta ese día. No sospeche cada vez que le dan un buen regalo, pero hay de regalos a regalos y de circunstancias a circunstancias.

También existe la posibilidad de que alguien cercano o no, le proporcione información sobre el *affaire*. Muchas veces es necesario oírla, otras sólo son chismes mal intencionados. Después de leer algunas de las posibles señales antes mencionadas, verifique si la advertencia de ese "alguien más" coincide con lo que usted observa y vive con su pareja. No se deje influir por los chismes, pero tampoco los pase totalmente por alto.

Recuerde que un solo acontecimiento no es razón suficiente para sospechar, sino dos, tres, muchos. Es la acumulación y la coincidencia de varias cosas que suceden de manera simultánea o progresiva a lo que hay que poner atención.

Es un hecho que pese a lo bien guardado del secreto, la pareja "presiente" y "siente" o "sabe" que su compañero o compañera ya no "es" la misma persona que era o no "hace" las mismas cosas que hacía y la sombra de alguien más empieza a colarse hasta su habitación como un fantasma. De ahí en adelante, empezará por "hacer novenas" y rezarle al santo más milagroso y dedicado a las causas desesperadas que conozca o inventará uno nuevo para pedirle que lo que usted está sospechando no sea verdad. Pero parece que ningún ser celestial puede oír sus súplicas y tras las sospechas y las confirmaciones aparece esa "otra" o ese "otro" de carne y hueso, y bastante "viva" o "vivo" por cierto. Cuando esto pasa, se precipitará en su mente una avalancha de conjeturas y emociones: miedo, rabia, culpa, decepción y tristeza, entre otras. Es como si el mundo empezara a desmoronarse encima de su cabeza.

Estos "detalles" son únicamente ejemplos; hay quien dice que ciertas cosas son más significativas que otras o que hay una serie de indicios irrefutables,[3] sin embargo, la mejor señal son esas *cosas* que usted *siente, oye* o *ve*.

En este estado, uno quisiera que todo eso no fuera cierto; que sólo fueran temores. El mecanismo de la negación en plena acción: "No puede ser cierto", "Estoy viendo moros con tranchete" (como le dice él o ella), "Tal vez estoy exagerando", "Una golondrina no hace un verano", y otras frases. Pero sea valiente. Corrobore o deseche las hipótesis.

Realmente: una golondrina no hace un verano; muchas, sí.

Todos esos detalles que usted ha ido notando no significan nada por sí solos. Ningún hecho aislado es motivo suficiente para pensar en una "aventura amorosa". *La coincidencia* y *la acumulación* de varios acontecimientos son los que empiezan a despertar sospechas. Cuando la infidelidad es real, muchos de estos "detalles" suceden juntos y casi de modo repentino. Son cosas que antes eran inusuales y "de pronto" *se vuelven rutinarias*. Con el tiempo, las sospechas se ven confirmadas porque los "focos rojos" suelen ser claros y muchas veces abrumadores. Casi siempre son tantos detalles y algunos tan obvios, que sólo pasan inadvertidos si usted no quiere darse cuenta de ellos o decide pasarlos por alto. Hay personas que descubren una "aventura" con un solo cabello que encuentren en la solapa. Otras, aun después de ver al esposo o esposa besándose con otra persona, piensan que tal vez exageran en su juicio o que tienen que soportarlo. Hay personas que después de conocer la infidelidad del cónyuge de 10 o más años de duración, afirman no haber tenido ninguna duda de su fidelidad antes. Otras, lo detectan de inmediato, aunque tal vez no lleguen a confirmarlo hasta muchos años después, cuando la pareja finalmente lo admite. Tarde o temprano, la "aventura amorosa" se descubre pese a la intención del infiel de conservarla en secreto. Termina por flotar en la superficie como los muertos en un río.

Se sentirá perdido o perdida, confundido o confundida; querrá creer en las explicaciones, negaciones y disculpas que le den, pero en el fondo de su alma, sabrá que son mentiras. Tal vez empiece a sentir paranoia y comenzará a revisar y hurgar en lugares donde pueda descubrir la verdad. Cuentas de tarjetas de crédito, recibos del teléfono, agendas, bolsas, carteras, cajones, portafolios, papeles, etc. Quizá decida seguir los pasos y el itinerario de su pareja, que pague a un detective o que usted mismo se convierta en uno. Puede ser que descubra la verdad. Prepárese para saber qué hará con la evidencia una vez que la posea. Cuando únicamente hay sospechas, se siente miedo y coraje; pero cuando las sospechas se confirman, quizá sienta pánico, odio y desorientación; verdaderamente sentirá que le "movieron el tapete" y caerá. Tenga lista una red de apoyo. Piense lo que puede hacer y a quién recurrir para conseguir orientación y consuelo una vez que confirme sus sospechas. Un trapecista no puede arriesgarse a hacer un salto desde las alturas sin una red debajo de él que lo proteja de la caída en caso de que ocurra. Usted también necesitará esa red, sólo que formada por personas. Usted requerirá la red más que el trapecista, porque usted puede estar seguro o segura de que caerá.

Cree una red de apoyo formada por buenos amigos y, si le es posible, por buenos profesionales.

A pesar de todo lo que pueda haber pensado, visto y oído, quizá le quede una mínima esperanza de que esté alucinando y todo haya sido un mal sueño. En el fondo, sabe que no lo es.

Si es una persona valiente y honesta consigo misma, sabrá que el enfrentamiento con la cruda verdad duele, pero que vivir con mentiras, incertidumbre y deslealtad duele más. *La verdad libera.* Aunque hay verdades que lastiman de manera profunda, es mejor una vida de verdad que una vida de mentiras. Una relación saturada de falsedades, por ambas partes, es hueca. Aunque en apariencia todo se mantiene estable, las personas que viven así se sienten muy infelices.[4]

Si ha notado varias de estas pautas que se han nombrado, entonces ahora conoce la verdad: sí, le están siendo infiel.

Entonces, aquí no acabará la indagación **porque** quizá le interese descubrir con quién le engañan. Permítame advertirle que el descubrimiento de la identidad de la o el amante le cause un infarto. Puede ser alguien que usted ya conocía: un vecino o vecina, un amigo o una amiga, un pariente, un compañero o una compañera de trabajo o de deporte, un o una cliente, una persona de una clase social totalmente diferente (por lo general, más baja). Puede ser cualquiera y se sorprenderá al conocer su identidad.

Como método para sacar a la superficie problemas emocionales, la infidelidad es uno de los más dolorosos y difíciles. Sin embargo, funciona.
Una infidelidad logra atraer la atención de la pareja.[5]

Bueno, ahora ya lo sabe. No hay dudas. ¿Qué hará con esa información que ha ido obteniendo?

Es muy probable que de aquí en adelante necesite una caja de pañuelos para poder seguir leyendo. No se preocupe por las lágrimas, finalmente son agua y sirven para limpiar. Enfrentar el dolor es un paso hacia la salida.

¿ME LO TRAGO O LO ESCUPO?

¿Cuánta verdad es capaz de soportar un hombre?

FEDERICO NIETZSCHE

En primer lugar, en este apartado se analiza la situación de la *revelación del hallazgo de la infidelidad* a la pareja infiel. Tendrá que tomar la decisión de lo que llevará a cabo con los indicios o las pruebas que ha descubierto. Decidir si se tragará todo lo que ha pensado, visto y oído, o si lo escupirá y confrontará a su pareja con ello.

Cuando se descubre que la pareja en verdad está siendo infiel, el choque es muy grande, y en ese estado es fácil reaccionar de modo impulsivo o caer en el otro extremo y sentirse paralizado. Puede ser que no le quepa la menor duda de que enfrentará a su pareja respecto a las mentiras o que se cuestione si sería mejor hacer de cuenta que usted no sabe nada.

Una opción es que se lo guarde y no diga ni haga nada. Muchas parejas optan por no hablar de la recién descubierta infidelidad, y prefieren negar que ésta sea un problema grave, con frecuencia por miedo al rompimiento o la inestabilidad que puede tener la confrontación con la verdad en su vida social, familiar y conyugal. Hay quienes optan por buscar la reconquista en silencio (por lo general las mujeres). Creen que si ponen todo su empeño y despliegan todas sus dotes de seducción, reconquistarán a la pareja y terminarán ganándole la partida a la amante sin tener que pasar por un enfrentamiento peligroso.

Muchos prefieren vivir con ese "secreto a voces", pretendiendo que si no le dan importancia o minimizan el asunto, éste morirá por sí solo. Deciden pensar que la infidelidad es algo muy normal y no pasa nada. A veces así es, las "aventuras" terminan solas. Pero tenga cuidado porque otras veces lo que termina es el matrimonio.

Puede decidir poner en un archivo muerto todo lo que ha descubierto e intentar olvidarlo (lo cual no es posible) o simplemente pretender por el momento que no sabe nada para capitalizar la información en el futuro como chantaje o a modo de venganza. Cosa nada aconsejable, porque a corto o largo plazo, eso le hará más infeliz de lo que es ahora.

Nadie sabe mejor lo que puede aplicar para sus circunstancias especiales que el que está dentro de ellas. Por supuesto, usted hará lo que pueda y lo que su mente y corazón le pidan, pero no hay mucho caso en descubrir una verdad y luego seguir aliándose con el "secreto" y con la mentira de que no pasa nada para cuidar su matrimonio, cuando lo que está protegiendo en realidad es la infidelidad. Un día puede lamentarlo. Un ingrediente importante para la aventura amorosa es la complicidad romántica que se crea entre amante e infiel al conservar la relación en el terreno de lo oculto y prohibido. Encanto que se rompe cuando la esposa o el marido lo "descubren" y el infiel se ve obligado a cuestionarse sobre su implicación y compromiso con la amante por un lado y su pareja por el otro, al presentarse el riesgo real de la ruptura matrimonial. El descubrimiento temprano puede permitir recuperar un matrimonio.

El riesgo de confrontar al infiel y que le digan adiós es real. De ser así, es muy probable que eso mismo le hubieran dicho tarde o temprano. Hay personas que esperan que su pareja las descubra para poder dejar el matrimonio. El matrimonio ya se hallaba roto, la decisión de abandonarlo ya estaba tomada, la confrontación sólo precipita la partida del infiel que ya estaba planeada. En estos casos, me pregunto: ¿qué será mejor, acelerar la partida de alguien que ya tiene otra pareja con la que está planeando vivir en el futuro cercano o aguantar todo el tiempo que pueda viviendo en el infierno?

Otra opción es que se resigne, que lo minimice, y "perdone"; que le asuste decirlo o que encima de todo le castiguen por "dudar". Valore sus circunstancias, porque si descubre una infidelidad y la minimiza o se la calla, tenga la certeza de que descubrirá muchas más. Si perdona sin que ni siquiera le pidan una disculpa, estará afianzando las bases para ser maltratado o maltratada y si a pesar de las pruebas le "castigan" por dudar, está sufriendo un tipo de violencia doméstica. Valore con cuidado la posibilidad de violencia si enfrenta a su pareja con sus descubrimientos y protéjase. No para obviar lo que conoce, pero sí para lo que decida hacer con lo que ha descubierto.

El desenlace de la confrontación depende mucho de los cimientos de la relación de pareja, el modo en que se han relacionado hasta hoy, la etapa del matrimonio en que ocurre la infidelidad, el tipo de infidelidad, el tiempo de duración y de su propio estilo para enfrentar y solucionar problemas.

Lo más seguro es que no pueda guardar ese "hallazgo" y que, además, le falte una pieza muy importante del rompecabezas que ha venido armando: la confesión de su pareja. En ese caso, irá por ella, "escupirá" todo lo que ha averiguado y la confrontará. Lo hará porque con seguridad piensa que necesita oír la confirmación de la boca de su pareja, debido a que ésta le permitirá poner el problema sobre la mesa y le confirmará que no está loco o loca.

Lo más probable es que su cónyuge insista de manera tenaz en negarlo. Pero también es posible que se sienta abrumado o abrumada por el peso del secreto o que las pruebas recopiladas sean contundentes y no le quede más remedio que admitirlo. La mayoría de los infieles no lo acepta con facilidad. La variabilidad de la respuesta es muy grande. Hay personas que admiten su infidelidad a pesar de no haber pruebas y otras que la van a negar siempre, a pesar de ser evidencias fuertes y claras.

La negación de la infidelidad tiene sus excepciones; también ocurre el caso contrario: cuando el infiel es quien da el primer paso y decide hacer la revelación de la infidelidad al miembro de la pareja que ha permanecido fiel. Quizá usted no sea el primero en confrontar sus dudas (o certezas), sino que su pareja sepa que usted ya sabe de la infidelidad, y se adelante y admita esta última. Esto es frecuente en las infidelidades que se usan como boletos de salida de la relación. Puede ocurrir que sin que sospeche o sepa nada, le tiren ese balde de agua helada de manera repentina.

En una sociedad donde el macho es privilegiado, hay varones que "reconocen y confiesan" de manera abierta sus infidelidades, con una buena dosis de cinismo. Al admitir sin problemas el "desliz", intentan tener el control de las consecuencias. Reconocen la infidelidad como una "debilidad" y argumentan que ésta no es importante porque no pone en peligro el vínculo conyugal. Para que esta maniobra funcione, hace falta la contraparte de la mujer abnegada que tolera y consiente.

Cuando la pareja puede reconocer y admitir su infidelidad, tal vez ambos puedan identificar y arreglar los problemas de fondo que les llevaron a vivirla. Sin eso es muy difícil solucionar un problema, porque es como "bordar en el aire". Se torna imposible hablar de algo que no existe (cuando el infiel insiste en negarlo). De cualquier manera, lo admita o no, la puñalada está dada. Es mejor enfrentar el conflicto que evitarlo y dejarlo guardado por años hasta que se pudra en una relación superficial o llena de resentimientos, que finalmente se disuelva o que se convierta para siempre en una tortura.

Muchos terapeutas matrimoniales aconsejan, de modo erróneo, enterrar el pasado y evitar discutir los detalles de la infidelidad, aun cuando haya sido descubierta, a pesar de la evidencia a favor de hacer lo contrario. Otros, la mayoría, consideran que cuando se guarda un secreto de esta magnitud, la vida de la pareja no puede de ninguna manera ser buena. Yo estoy de acuerdo. Discutir abiertamente la traición (si usted la descubrió) es esencial para poder solucionar los problemas de fondo que tienen como pareja. Esto, además, le permite al infiel enfrentar los problemas personales que le llevaron a optar por la alternativa de buscar uno o varios amantes y traicionar la confianza de su pareja.

Vivir con un descubrimiento así entre pecho y espalda, y guardarlo puede ser muy dañino para usted. De cualquier manera, le enseñe o no las pruebas a su pareja, usted sabe de ese "amor" prohibido y lo más seguro es que no pueda seguir tratando a su pareja como si no supiera nada. Si usted miente y su pareja también, su relación será una mentira.[4]

Conocer el desarrollo de la infidelidad y poder establecer el significado para ambos esposos pueden hacer la diferencia entre romper el vínculo matrimonial o la posibilidad de hacerlo mucho más fuerte de lo que era. En cualquier caso, se atreva usted a discutirlo o no, haya una confesión de la infidelidad o no, su cónyuge lo admita o no, le tengo una mala noticia: la relación con su pareja, tal como usted la conocía o se la imaginaba, *está rota*. Se rompió con la infidelidad, *no* con la confrontación; ésta sólo sea quizá un catalizador de la crisis. La crisis tal vez constituya la gran oportunidad para arreglar lo que se encuentra mal.[6]

CONFESAR LA INFIDELIDAD

¿Es aconsejable confesar una infidelidad a una pareja que aunque pueda tener sospechas nunca ha preguntado o confrontado con pruebas? Las infidelidades llegan a convertirse en una carga moral abrumadora, ya sea porque el secreto pesa, porque la confesión se percibe como una conducta evidente que puede propiciar la solución de los problemas de la pareja o porque la infidelidad se interpreta como una falta que la pareja debería conocer.

Hay ciertos casos en los que *no* es aconsejable la revelación de la infidelidad a la pareja que ha permanecido fiel. Uno de estos casos es cuando hay violencia intrafamiliar o el peligro de desatarla. Si usted ha cometido una infidelidad y cree que confesarla a su pareja puede significar un reinicio de "borrón y cuenta nueva" o simplemente "limpiar" su conciencia, considere que *puede ser peligroso* cuando hay una amenaza real de violencia física; sobre todo en el caso de la infidelidad de las mujeres. Pese a lo importante que es deshacerse de las mentiras, la seguridad y la integridad personal deben ser siempre prioritarias.[7]

Cuando la pareja sufre una enfermedad crónica, incapacitante o terminal, tampoco es aconsejable hacer la confesión de una infidelidad. Conocer esa verdad puede herir de manera profunda a una persona que ya tiene suficiente sufrimiento en sus circunstancias.

Tampoco es muy recomendable "desenterrar a los muertos", es decir, hablar de infidelidades terminadas hace muchos años sólo para descargar la conciencia.[8]

En estas circunstancias, cuando el o la cónyuge no lo sabe, es importante que considere que su pareja puede tener una reacción intensa y que una revelación de esta naturaleza *no* debe llevarse a cabo a la ligera o de modo impulsivo. Destapar la infidelidad es un episodio traumático que puede reverberar por meses o incluso años. Considere las consecuencias reales de rompimiento definitivo, y valórelas. Si de todas maneras decide hacerlo, lo más aconsejable es que primero pida ayuda a un profesional experto en relaciones de pareja que le ayude a descubrir y entender el significado de su infidelidad, a enfrentar y de ser posible a solucionar los problemas que hay debajo de lo sucedido y que en su momento les pueda ayudar a *ambos* a hablarlo y digerirlo.

REFERENCIAS BIBLIOGRÁFICAS

1. Pittman III, F. S., Pittman T. W., "Crisis of infidelity", en Jacobson N. S. y A. S. Gurman (eds.), *Clinical handbook of couple therapy*, The Guilford Press, Londres, 1995:299.
2. Caratozzolo, D., *Parejas en crisis*, Homo sapiens, Buenos Aires, 2002.
3. Raymond, G., *Infieles: 180 signos reveladores de la infidelidad de la pareja*, Amat, Madrid, 2004.
4. Kirshenbaum, M., *Ni contigo, ni sin ti*, Kairós, Barcelona, 1998.
5. Brown, E. M., *Affaires. A guide to working through the repercussions of infidelity*, Jossey-Bass, San Francisco, CA, 1999.
6. Hein, H., *Sexual detours. The startling truth behind love, lust and infidelity*, St. Martin's Press, Nueva York, 2001.
7. Brown, E. M., *Patterns of infidelity and their treatment*, Brunner Mazel, Levittown, PA, 1991.
8. Subotnik, R. y Harris G. G., *Surviving infidelity. Making decisions, recovering from the pain*, Adams Media Corporation, Avon, Massachusetts, 1999.

5

S.O.S. desde el fondo del pozo

EL CHOQUE DEL ENGAÑO

¡Oh Dios!, ¡es cierto!

No podía creer lo que estaba viendo y oyendo,
la vida se detuvo de repente,
todo cambió de significado. Nada, ni yo mismo,
volvió jamás a ser lo que era.

Quedaba una tenue esperanza de que esas cosas no fueran más que incidentes sin mucha importancia. Ahora no hay duda, es verdad. Al llegar a este punto, ya pasó por las sospechas, ya encontró suficientes pruebas, confrontó a su pareja y ella lo admitió. Casi siempre porque no le quedó otra salida. Ya tiene todo el rompecabezas armado.

Todo lo mal que se ha sentido durante el proceso (taquicardia y un nudo en el estómago) no tiene nada que ver con lo que está por venir. La crisis verdadera se desata a partir de este momento. La crisis alcanza a todos los involucrados de manera directa en la infidelidad y, por desgracia, también a todos en la familia, con inclusión de los hijos. En este capítulo, se revisan los efectos de la traición y de la infidelidad. Se analizan tanto la crisis de la persona engañada, como la del infiel. Lo que pasa con los hijos y lo que se puede hacer con ellos, se trata en el capítulo 12.

Una vez que la "aventura" se descubre y se confirma, ya sea porque la pareja confiese la existencia de la aventura amorosa o porque las pruebas se hagan tan evidentes que no quede lugar a dudas del engaño, el golpe se podría comparar de manera metafórica con ser embestido por un tren de frente o con el impacto de un rayo directamente en la coronilla.

Hay personas que describen esta crisis como la erupción súbita de un volcán a mitad de la casa. En cuestión de segundos, cambia todo el panorama de vida conocido hasta entonces. De modo literal, se mueve el tapete y la caída es brutal. Para bien o para mal, ya nada volverá a ser igual.

COMO UN PAÑUELO DESECHABLE TIRADO A LA BASURA

Sentí que todos estos años de matrimonio había vivido engañada.
Todo lo que habíamos vivido y construido fue una gran mentira.
No pude con el engaño y la terrible desilusión.

Aunque cada quien ve el mundo con sus propios ojos y siente con su propia piel, la reacción de las personas al descubrir la infidelidad de su pareja es muy similar. Janis Abrahams[1] la describe de modo muy acertado como la sensación de "estar siendo aplastado por una avalancha de pérdidas". En cuestión de segundos, las sospechas iniciales se convierten en verdades aplastantes, una montaña de emociones se desgaja y cubre todo de polvo. Hay cierta inclinación a pensar que esto tan dramático y agudo sólo les sucede a las mujeres, pero no es así, a los varones les pasa exactamente lo mismo. He visto muchos hombres luchar contra esta misma avalancha y sentirse igual de desconsolados, vulnerables y miserables después de comprobar la infidelidad de su mujer.

Si usted es el infiel y aún no lo han descubierto, es probable que piense que todo lo que sigue a continuación es una tremenda exageración. Si ya lo descubrieron, y su pareja ya pasó o está pasando por todas estas sensaciones y pérdidas, quizá de todos modos haya pensado o piense que su pareja está exagerando la nota y actúa una opereta sólo para hacerlo sentir más culpable.

Si a usted le engañaron, agradecerá mucho leer todo esto. Pensará que por lo menos alguien lo entiende y que no es un ser en extremo débil y tonto por no evitar el pasar por todo esto. Se sentirá aliviado de saber que no es un caso único e infrecuente, que esto le pasa a más de uno, que es capaz de enfrentar la verdad sobre la infidelidad. A pesar de ser un gran golpe, no se está volviendo loco.

Si usted no ha vivido en ninguna de estas dos posiciones (infiel o engañado), pero intenta ayudar a alguien en estas circunstancias, también puede ser muy útil esta información con el propósito de conocer el efecto de la infidelidad en *close-up* (toma de cerca).

La vivencia de la infidelidad provoca en el miembro engañado los mismos síntomas del síndrome de estrés postraumático descrito en el DSM-IV.[2]

Este trastorno por ansiedad ocurre cuando la persona ha estado expuesta a un acontecimiento traumático, en el que han existido amenazas a su integridad física que le obligan a reaccionar con horror.

La ansiedad intensa y sus estragos son similares a los que padecen las personas después de sufrir un secuestro, vivir una guerra o un desastre natural como un huracán o un terremoto. La experiencia es, en pocas palabras, igual de traumática y resulta igual de devastadora.

El síndrome de estrés postraumático se describe con los siguientes síntomas:

1. Recuerdos recurrentes e intrusivos del acontecimiento, que producen malestar y en los que se incluyen imágenes, pensamientos o percepciones. *No puede quitar de su cabeza lo que vio, oyó, descubrió o le confesaron.*
2. Sueños de carácter recurrente sobre el acontecimiento que produce malestar. *Pesadillas y sueños sobre situaciones humillantes o vergonzosas, de pérdida o de abandono.*
3. El individuo tiene la sensación y "actúa como si"* el acontecimiento traumático estuviera ocurriendo (se revive la experiencia). *Vuelve a tener las mismas sensaciones del engaño y ve la amenaza de vivir lo mismo con el menor estímulo.*

---

* En psicología, se utiliza esta frase ("actúa como si") para describir una conducta que se lleva a cabo sin la presencia del estímulo real que la causa.

4. Malestar psicológico intenso al exponerse a estímulos internos o externos que simbolizan o recuerdan un aspecto del acontecimiento traumático. *Experimentar miedo, angustia, ganas de llorar, coraje, vergüenza ante cosas que antes no le provocaban eso. Por ejemplo, ante mujeres más jóvenes con las que ni siquiera tiene relación, cuando la amante del marido era una mujer mucho más joven.*

5. Respuestas fisiológicas al exponerse a estímulos internos o externos que simbolizan o recuerdan un aspecto del acontecimiento traumático (la infidelidad). *No poder escuchar canciones o ver películas, colores, nombres o lugares sin tener taquicardia, sentir dolor de estómago o quedarse esa noche sin poder dormir o comer.*

Como consecuencia de lo anterior, la persona puede presentar uno o más de los siguientes síntomas:

1. Dificultad para conciliar o conservar el sueño (insomnio).
2. Irritabilidad o crisis de ira.
3. Dificultades para concentrarse.
4. Confusión.
5. Desorientación.
6. Taquicardia.
7. Hipervigilancia.
8. Respuestas exageradas de sobresalto a estímulos cotidianos.
9. Alteraciones en la ingesta alimentaria (comer de menos o de más).

Además, quizá la persona haga esfuerzos para:

1. Evitar pensamientos, sentimientos o conversaciones sobre el suceso.
2. Evadir actividades, lugares o personas que motivan recuerdos de la infidelidad, *lo cual puede llevarle a aislarse o limitarse.*

También puede suceder lo contrario, que no le sea posible dejar de pensar, relacionar o hablar del acontecimiento.

Todo lo anterior ocurre de manera *involuntaria.* La persona que lo padece no hace nada para sentirse así, ni puede evitar sentirlo. Estos síntomas no se presentan por debilidad o poco carácter. Detenerlos tampoco depende de su empeño y voluntad.

Anímicamente suceden muchas cosas, igual que en las guerras y los desastres. De entrada, la visión de la vida, de la persona con la que está viviendo y de uno mismo se rompe en pedazos. Todo lo que usted creía que no le podría pasar, ahora es una realidad. Pese a lo mucho que se repita a sí mismo "no puede ser", la evidencia es que no sólo *puede*, sino que *está* siendo.

En el instante de confirmar la sospecha, la vida se detiene. Como cuando alguien recibe un balazo. Se desata una reacción en cadena de emociones mezcladas, incredulidad, ira, tristeza, desilusión, miedo, incertidumbre, confusión y desorientación en el tiempo y el espacio. Ya no hay referencias en el tiempo, se pierde el significado del pasado, del presente y del futuro. El presente es insoportable, el pasado falso y el porvenir se esfuma. Esta sensación por sí misma es suficiente para desatar una terrible crisis.

El pasado parece un sueño irreal, una gran mentira. Lo que antes parecía estable y verdadero se ha perdido. Todo lo que ha vivido con esa persona hasta este momento parece un espejismo. Su pareja se comporta y hace lo que a usted ni siquiera le había pasado por la cabeza como posibilidad. Ha hecho algo de lo que le creía incapaz. En este momento, le parece una perfecta desconocida.

Todos los valores que usted creía que compartía con su cónyuge, en especial el de la fidelidad, se nulifican y junto con ellos, los votos y las promesas que usted creía cimentaban su relación o su matrimonio.

Las creencias sobre usted mismo y su pareja se hacen añicos, así como todas sus ilusiones. La creencia de haber tenido o tener un lugar y un significado especial para su pareja se desmorona. La intimidad que han compartido y que usted pensaba que constituía un fuerte vínculo entre ambos, ya no es de su exclusividad, ahora constituye sólo una metáfora sin sentido.

Hay una profunda sensación de miedo y angustia. El futuro se perfila de modo automático como totalmente incierto y amenazante. Cualquier indicio de certeza en la vida y en usted mismo se destruye. Se esfuma la poca o mucha noción de justicia y bondad que usted creía que había en el mundo. Hay una profunda sensación de soledad. Existe un fuerte sentimiento de haber sido abandonado por todos, incluso por Dios.

Se dan muchos bandazos; ocurren momentos donde la rabia parece infundir mucha entereza y seguridad, y al minuto siguiente toda esa aparente fuerza se derrumba en un mar de lágrimas y desasosiego. Hay tal confusión de sentimientos que se tiene la sensación de estar volviéndose loco y tal vez actúe como uno. Nunca ha vivido nada parecido y a pesar de desearlo, no puede evitar tener todas estas sensaciones. No es cuestión de inmadurez o de ser emocionalmente inestable. Esta reacción es *perfectamente normal* cuando se vive una experiencia traumática aguda. Ésta lo es.

La persona se siente perdida y desamparada, sin respuestas, sin rumbo y con la cabeza dando vueltas a una serie de interrogantes: ¿Cómo pudiste hacerme esto? ¿Por qué con ella o él? No creo merecérmelo. ¿Qué le deberé a la vida, que me lo cobra de esta manera? ¿Por qué en este momento? ¿Qué se supone que debo hacer ahora? ¿Cómo será mi vida de aquí en adelante? Todo y todos son falsos. Mi vida se ha derrumbado.

Una amiga con la que tuve la oportunidad de conversar acerca de esto, me decía cuando comprobó la infidelidad del esposo: "Siento que me precipito al fondo de un abismo y no tengo de dónde sostenerme." Perdió 10 kg de peso en un mes. El timbre del teléfono le producía intensos sobresaltos. No podía dormir. Se despertaba a medianoche llorando y dándole vueltas en la cabeza todas las conversaciones que recordaba haber tenido con su esposo, desde la primera, el día que se conocieron, hasta la última, cuando él se fue. Lloraba con cada fotografía que veía en el hogar. Se perdía en las calles. No podía concentrarse en el trabajo. Cayó en una depresión aguda.

Hay una despersonalización y devaluación profundas. Se deja de ser una persona para convertirse en un objeto desechable. Por eso muchas personas, para describir la sensación de abandono, fracaso, devaluación y despersonalización, dicen sentirse como un "vil chicle masticado pegado al suelo" o como un pañuelo desechable que en una acción totalmente despreocupada e intrascendente, se tira a la basura después de ser utilizado. Con la mayor soltura, sin titubear, sin siquiera apreciar su existencia.

El panorama se ve tan negro y desesperanzado que se pierde el sentido de propósito y dirección en la vida, por lo que se puede presentar ideación suicida, fantasear con la idea de morirse. Literalmente se pierde el sentido de la vida. Se desafía la validez de estar en este mundo.

Se presenta un profundo daño en el respeto a uno mismo ocasionado, en primer lugar, por las indagaciones que jamás hubiera hecho en otras circunstancias. Escudriñar en el último rincón o espiar hasta descubrir la verdad. Lo que implica la transgresión a los valores personales. En segundo lugar, al hacer cosas a veces absurdas o humillantes para intentar recuperar a la pareja; someterse a una cirugía plástica riesgosa, comprar ropa interior audaz, consultar a una bruja, empezar a tomar Viagra sin desearlo, ponerse de rodillas para suplicar, etcétera.

Se alteran las funciones cognitivas, se viven fantasías de catástrofe, el pensamiento se obnubila, no se puede pensar con claridad. Puede ser que se desoriente y se pierda en los lugares y zonas bien conocidas (calles familiares). Cuesta trabajo concentrarse aun en tareas simples. Uno se siente abrumado por imágenes e ideas sobre vivencias y recuerdos con la pareja y con fantasías e imágenes recurrentes respecto a la persona con quien se ha cometido la infidelidad. No hay referentes, se pierde el rumbo y el propósito de la vida.

En este estado no se pueden tomar decisiones.
Así que antes de decidir qué es lo siguiente por hacer, tómese un tiempo, si puede, y posponga las decisiones hasta que su cabeza pueda dejar de girar.

Janis Abrahams,[1] considera que el miembro "engañado" experimenta nueve tipos de pérdidas que podrían resumirse en una: la pérdida del sí mismo (*self*). Lo que se siente perdido puede ser:

1. La identidad (¿quién soy?).
2. El sentido de ser especial (básico para la autoestima).
3. El respeto por sí mismo al pasar por encima de sus valores básicos en un intento por recuperar a la pareja.
4. El respeto por sí mismo al haber fracasado en reconocer las equivocaciones (culpa).
5. El control sobre sus pensamientos y acciones (obsesiones).
6. El sentido básico de orden y justicia en el mundo.
7. La fe religiosa.

8. La conexión con los otros (pérdida de la confianza).
9. El sentido de propósito y dirección en la vida (aun la voluntad de vivir) (el sentido de la vida).

LA RESPUESTA DEL CUERPO

Me sentía débil, cansado y seguro de que
me iba a dar un infarto o a terminar loco.
Tal vez por eso mi úlcera no podía cicatrizar.

No sólo hay un fuerte efecto psicológico, el sistema nervioso también recibe un choque que se refleja en su funcionamiento y en muchas otras funciones del cuerpo.

La gran cantidad de pérdidas y la amenaza a la integridad de la vida tal como la conocía hasta ese momento, al propio sentido de identidad y a la incertidumbre sobre el presente y el futuro, producen tanto miedo que termina por convertirse en pánico no controlable.

Como un mecanismo de defensa ante el peligro y *para asegurar la supervivencia*, el miedo hace que el organismo reciba señales de alerta y se empiecen a segregar al sistema nervioso simpático una gran cantidad de adrenalina y otras hormonas relacionadas con el estrés. Ésta es una respuesta automática de alerta al peligro de las más primitivas del sistema nervioso. Esto prepara al organismo (de los animales y de los seres humanos) para responder ante un estímulo de peligro.

Normalmente este estado de tensión se reduce una vez que se identifica la amenaza y el individuo se pone a salvo. Al menos eso es lo que ocurre con los animales en su hábitat natural. Con los seres humanos pasa algo diferente; esta situación de amenaza, al ser real o imaginaria, se puede conservar por periodos demasiado prolongados, lo cual ocasiona un estado de ansiedad y agitación crónica. Este estado prolongado de miedo se manifiesta como exceso de adrenalina en el sistema nervioso.

Esta respuesta del organismo, como se decía, alerta respecto al peligro y prepara para la huida o la defensa ante un estímulo amenazante. Para ello es necesario que los músculos reciban un aporte mayor de sangre (para poder correr o pelear), para lo cual el corazón necesita palpitar más rápido, bombear más sangre (efecto de la adrenalina). Cuando esta acción se lleva a cabo, y el organismo recupera su sentido de estar a salvo (seguridad), el animal y también los seres humanos regresan de modo natural a su estado de relajación. Pero ¿qué pasa cuando se echa a andar todo este sistema y no hay ninguna acción que se pueda ejecutar para volver a sentirse a salvo? Se instala un estado de estrés constante.

En el caso de una persona sujeta a estrés constante, bajo estado de amenaza de la "seguridad" y sin la posibilidad clara de solución (confusión mental), la descarga de adrenalina sostenida se expresa en agitación constante y ansiedad. Situación que causa síntomas físicos, como taquicardia, sudación, alteraciones alimentarias (p. ej., no poder comer o hacerlo en exceso), dificultad para conciliar el sueño o para mantenerlo, por la propia intranquilidad y por las pesadillas recurrentes; la aterradora sensación de que "algo malo" sucederá (angustia).

La liberación sostenida de adrenalina, provocada por el estrés, explica la supuesta "fuerza" al inicio de la crisis y el colapso posterior. Al poco tiempo de permanecer en estas condiciones, la persona terminará exhausta y con la posibilidad de enfermar.

El organismo tiene sus sistemas de protección. Al cabo de un tiempo, que puede ser variable, se empiezan a liberar hacia el sistema nervioso opioides endógenos, sustancias similares a la morfina. Esto debilita la percepción del dolor y proporciona un "escudo de protección" ante el estrés emocional extremo. Ahora, sucede algo muy diferente con el sistema nervioso. El organismo entra en una especie de hibernación. El espectro de sentimientos y sensaciones se estrecha. Se pierde el interés en cosas que poco antes parecían interesantes. Hay problemas para concentrarse y terminará replegándose sobre sí mismo, aislándose. Algo muy parecido a una depresión endógena.[1]

> Una reacción muy frecuente en esta turbulencia mental es que usted trate de obtener información y se embarque en fuertes confrontaciones con su pareja sobre los detalles de la infidelidad.

La infidelidad se convierte en el foco de todo lo que sucede y su vida parece girar sólo alrededor de este suceso. Los cuestionamientos que usted necesita hacer para dar forma a lo que pasó, se convierten en sesiones muy dolorosas para los miembros de la pareja, y mientras más rápido pueda pasar de analizar los detalles de la infidelidad a entender lo que sucedía entre usted y su pareja antes del *affaire*, más rápido saldrá de ese estado de crisis.

Ante estas circunstancias, si considera que no puede salir de este laberinto con sus propios pies, es muy recomendable que busque la ayuda de un profesional. Los amigos y los parientes muchas veces sólo "echan más leña al fuego", o no entienden, o quizá a pesar de sus buenas intenciones, no estén capacitados para ayudarle.

Si no le es posible acudir a un especialista, intente cuidar de usted mismo, poniendo primero especial atención en su bienestar físico. Permita que su cuerpo pueda recuperar sus funciones normales. Relájese, nútrase y descanse. Después de normalizarse físicamente, podrá encargarse mejor de su bienestar emocional.

Es muy importante que en esos momentos pueda contar con una red de apoyo, formada por personas que le quieran y estén dispuestas a ayudarle y por un buen profesional de la salud. El capítulo 8 puede resultarle útil para ayudarle a diseñar un plan de recuperación de fuerzas.

Tenga la certeza de que *la situación mejorará*. Independientemente del desenlace, nadie puede vivir en ese remolino por demasiado tiempo. El cuerpo y la mente le pedirán un reposo.

Ojalá todo lo explicado hasta aquí le sirva para entender lo que está viviendo, le reconfirme que no es una persona que se está volviendo loca, sino que ha sido objeto de una experiencia traumática aguda. Tal vez también le sirva para entender la reacción de su pareja (si usted ha sido el infiel). Ella no está actuando o ha actuado de esa manera para hacerlo sentir culpable, para desempeñar el papel de víctima, para chantajearle con objeto de que regrese o para que se confirme a sí mismo la hipótesis de que realmente su pareja es o era (como quizá piense o pensó) una persona trastornada, exagerada y sin control de sus emociones, y que le justifique la decisión de buscarse otra pareja. Si usted estuviera "del otro lado del mostrador" (en sus zapatos), probablemente le estaría sucediendo lo mismo.

Hasta aquí se ha descrito la reacción del miembro de la pareja que ha sufrido el engaño y que se ve enfrentado a la crisis desencadenada por la confirmación del hecho. Pasar por todo eso es muy doloroso, pero a partir de aquí sólo le queda el camino de buscar una vida mejor.

Su relación tal como estaba, con un tercero metido en su cama, estaba rota. Usted vivía en el engaño, no únicamente de su pareja, sino en el pensamiento engañoso de que iban a poder seguir así hasta el fin de los tiempos. Una relación en la cual se hizo una grieta en donde cupo un tercero o tercera, no puede ser buena, cualquiera que haya sido la causa. Esta crisis representa la oportunidad para que usted (la engañada o el engañado) redefina el rumbo de su vida y para que cure esa y otras heridas de la vida.

Todo final siempre abre la puerta a un nuevo inicio. Dirija sus fuerzas a definirlo. Ya sea con su pareja o sin ella.

En el siguiente inciso, se revisa la crisis por la que de manera simultánea está pasando o pasará el infiel. Conocerla le ayudará, aunque también le dolerá. Usted está ahora con llagas en el alma y todo le producirá dolor. Al infiel le servirá para dejar de vivir tras un biombo de mentiras, que con seguridad le ha sido útil para autoengañarse, evitar el conflicto y la intimidad a través de minimizar los problemas o ignorarlos, así como para crear distancias con la pareja. Todo esto que en apariencia le ha servido de protección, también a la vez ha sido un obstáculo que le ha impedido conocerse a sí mismo.

Conocer la reacción del otro, les ayudará a ambos a comprenderse y facilitará el planteamiento de la solución de la crisis.

Entender estas reacciones les ayudará a ambos a poder transitar hacia la salida de la crisis, ya sea que los dos decidan reparar y reconstruir su relación de pareja o que opten por terminarla.

LA REACCIÓN DEL INFIEL

No sé si estoy de pie o de cabeza

Todo se salió de control, me siento entre la espada y la pared. No sé si este lío tendrá solución.

Una vez que la "aventura amorosa" se ha puesto sobre la mesa y ha dejado de ser un secreto para la pareja, el miembro que ha sido infiel enfrentará también su propio infierno. Sin embargo,

[…] no importa cuán mal se sienta, el efecto de su infidelidad nunca será tan estremecedor, desorientador y profundo para usted, como lo es para la persona que ha engañado.[1]

Esto se debe a varias razones. En primer lugar, su autoestima no ha sido dañada, todo lo contrario, la experiencia de la "conquista" le ha validado. Se siente deseado o deseada por dos personas, mientras que su pareja, por ninguna. En segundo lugar, esta relación amorosa puede ser que le haya aportado un sentido nuevo sobre el control que tiene de su vida, dándole la sensación de tener más poder y opciones de las que sentía tener antes. Su pareja en cambio, se siente desechada, abandonada, decepcionada y amenazada por un futuro incierto.

A pesar de que su pareja puede estar sufriendo una serie de pérdidas muy diferentes y mucho más devastadoras y significativas que usted, con seguridad usted estará viviendo su propio conflicto. *No espere* que su cónyuge le entienda, ella no está en condiciones de sentir empatía por su caso. El requerimiento de comprensión por lo que usted está pasando, sólo aumentará su dolor.

Que su "aventura" haya sido descubierta quizá le quite un gran peso de encima. Ahora, eso que era un secreto ha dejado de serlo. La energía invertida en esconder esa relación ya no será necesaria. Tal vez se desencadenen una serie de sentimientos contradictorios o ambivalentes que le impidan sentirse aliviado o aliviada. De hecho, sentirá mucha confusión.

Para empezar, le costará un poco de trabajo asimilar el profundo dolor que experimentará su pareja. Usted ha elaborado un conjunto de racionalizaciones para permitirse la indulgencia de buscar satisfacción en otra persona y separarse afectivamente de su cónyuge.

Ahora que se ha desencadenado esta crisis, el enojo que antes sentía con su cónyuge y la distancia emocional necesaria que construyó para involucrarse con otra persona tal vez se conviertan en remordimiento y en compasión al descubrir el profundo dolor que ha causado. Catalogar las reacciones y la crisis de su pareja como "exageradas" quizá en este momento únicamente le sirva para acallar sus culpas.

Tal vez piense que vale la pena darle otra oportunidad a su relación, pero habrá momentos en que dudará si esa es una buena opción o habría sido mejor aprovechar la coyuntura y haberse alejado definitivamente.

Si su intención es reparar la relación con su pareja, tendrá que deshacerse del amante. En caso de haber terminado con la aventura, también puede sentirse mal por el daño que el rompimiento pueda causarle a esa persona, sobre todo si hubo promesas o se sembraron expectativas acerca del futuro de esa relación. Es posible que también se vea en la obligación de seguir mintiendo sobre lo sucedido con esa persona y declarar que esa relación ha terminado por sentirse bajo presión, para solamente seguir igual de atrapado o atrapada que antes.

También puede experimentar mucha tristeza por haber cumplido con su deber (continuar en el matrimonio), a costa de sacrificar una relación amorosa que se perfilaba muy alentadora o que le brindaba la oportunidad de sentirse en renovación y participando de la vida.

Tal vez sienta que ha traicionado a dos personas, a un buen amigo o buena amiga y a su cónyuge, y quizá se sienta despreciable por eso y nuevamente le tiente buscar la manera de sentirse mejor, sin saber hacia qué lugar voltear, si hacia la pareja o nuevamente hacia la otra persona que parecía comprenderle tan bien.

En esta turbulencia de sentimientos ambivalentes, se sentirá contra la pared y echará mano de diferentes recursos para defenderse de su incómoda posición.

A continuación, se analizan más las distintas posturas que es probable que tome en esta crisis y cómo sus modos de defensa pueden llegar a agudizarla. Por otro lado, si comprende sus reacciones podrá entender que ninguno de los dos se halla en una buena posición. La intención es ayudarle a reflexionar y a transitar por la crisis lo más rápido y mejor posible.

¡NO, NO Y NO!, BUENO... SÍ

El principal mecanismo de defensa de alguien infiel es la negación. Tanto de lo que sucede en sus relaciones (minimizar o hacer de cuenta que no pasa nada) como de lo que hace en su vida (ocultar su responsabilidad en una maraña de mentiras).

Admitir la infidelidad requiere una buena dosis de valor. Conozco a un sujeto al que su esposa confrontó varias veces respecto a una infidelidad; él, por supuesto, lo negó con firmeza, e incluso se separaron porque la mujer estaba segura de que su marido estaba involucrado con otra mujer. Él siguió negándolo; regresó a su hogar, con su esposa, jurando ante todas las vírgenes ser fiel, y un año después de la separación y de regreso a casa con su mujer, aún seguía viendo y soñando con la amante. ¿Cínico? No, atrapado en sus miedos y su confusión, y muy cobijado en este mecanismo de la negación.

Cuando el miembro de la pareja que está teniendo o ha tenido la "aventura" es incapaz o simplemente *no desea o no se atreve* a admitir y discutir el tema de su infidelidad, ya sea que haya terminado o que aún esté vigente, lo más probable es que no se encuentre muy seguro de si continúa comprometido con el matrimonio o con la o el amante. Insistir en negarla le impide poner las cartas sobre la mesa y le protege de tener que tomar una decisión. Si estuviera decidido a dejar a su esposa, muy probablemente usaría la "técnica de la confesión" para concluir el matrimonio. Si estuviera decidido a dejar a la amante, estaría dispuesto a luchar para recuperar a su esposa. Evadir la responsabilidad y seguir encubriendo una infidelidad es una señal de confusión. A pesar de la gran probabilidad de que ya le hayan descubierto, dar este primer paso de reconocer la infidelidad y admitirla, cuesta.

Cuando la infidelidad cumple la función de *romper* el matrimonio, la "confesión" es más fácil, a veces es voluntaria, sin ninguna presión del cónyuge. Cuando la infidelidad sirve para *conservar* el matrimonio, la confesión es más difícil. Aplazar el reconocimiento y la aceptación de la conducta infiel permite evitar y aplazar el juicio y, muy probablemente, la condena por la traición. El infiel hará todo lo posible por proteger su situación.

Con la infidelidad en curso, quizá aún no tenga la certeza o simplemente no desee terminar el matrimonio. Tal vez ésta no sea la primera vez que su pareja le confronta con las sospechas sobre otra relación, y negarlo ha surtido efecto: las aguas se han calmado en apariencia y prefiere seguir negándola para continuar teniendo "control" de la situación. Puede tolerar que haya dudas, pero nunca una confirmación; eso le orillaría a una decisión para la que no está listo: dejar el matrimonio o dejar a la amante.

Tal vez ya le ha pasado por la cabeza la cuestión de cuánto tiempo podrá vivir con la mentira a cuestas, pero prefiere seguir con el ocultamiento porque así se siente más cómodo. Quizá haya decidido que la infidelidad se quedara en secreto para siempre. La negación le ha protegido hasta hoy, ¿por qué entonces no usar esta misma táctica a perpetuidad?

Tal vez el remordimiento por el lío en que se ha convertido la "aventura" no le deja dormir y haya decidido terminar con la amante, retomar su vida familiar donde la dejó y olvidarse del asunto como si no hubiera ocurrido y punto. Pensar que todo el embrollo será parte del pasado y nadie sabrá nunca nada. Pero las cosas no son tan fáciles; la amante realmente era apasionante y pocos días después de haber cortado la relación quizá piense en llamarla o tal vez sea ella quien le llame. Entonces, se encontrará nuevamente confundido. Pensará que aún puede manejar las cosas y así reanude el romance. Esto puede suceder incluso mucho tiempo después de haber decidido y terminado el *affaire*. Conservar la infidelidad en la oscuridad le permite mantenerla como un apartado privado y, de alguna manera, aún vivo. Hay "aventuras" que se prolongan por años con este ir y venir. No hay determinación para tomar una postura con ninguna de las dos personas y las dos terminan viviendo con un compromiso *light* utilitario.

En lo que respecta a la relación conyugal, es muy probable que en estas circunstancias, ésta se deteriore cada vez más, causando más confusión. Es muy difícil preservar una relación de intimidad verdadera con un "as" de ese tamaño escondido en la manga, sea el "as" la esposa o la amante. A pesar de su negación tenaz, es muy difícil en una relación de cercanía, que la pareja no llegue a enterarse de la presencia de otra persona al mismo nivel o mayor de intimidad, a menos que no quiera o no le convenga. Es equivalente a que la amante no supiera que está relacionándose con un hombre casado después de varios encuentros cercanos.

La negación sirve para ocultar pero no para anular.
El que se siente engañado acumula evidencias precisamente para desmentir al infiel.
Si quiere concluir con el "espionaje", hay que terminar con la negación.

La negación le ha servido hasta hoy para no tener que enfrentar un rompimiento con sus consiguientes pérdidas. Posiblemente la soledad o la merma de lo que cada una de las dos personas aporta. En caso de querer conservar su matrimonio, la negación también le ha impedido actuar de manera responsable y solucionar sus problemas personales o la insatisfacción que pueda estar viviendo con su pareja. El secreto de la infidelidad también le impedirá tener una verdadera intimidad con la pareja que quiere conservar.

A pesar de las evidencias, el infiel lo niega, lo niega y lo niega. Esta negación lo ha escudado tras un muro infranqueable. Insistir en negarlo sólo agravará las cosas, porque el infiel sabe que su pareja sabe, pero como lo niega, están impedidos para hablar de ello. Ese tapón de la negación para detener la verdad también les impide enfrentar la verdad de su relación y, lo que es más grave, al infiel mismo le evita encarar su propia verdad.

Dicen que los secretos carcomen; si usted es el infiel, le dejo a su consideración que valore la vida dentro de la armadura que tendrá que fabricar para evitar que sus verdaderos sentimientos o emociones afloren a la superficie, y el lastre que esa armadura representa para que pueda construir relaciones íntimas satisfactorias.

Con seguridad usted estaba dispuesto a negar la "aventura" a pesar de todo. Pero a pesar de sus esfuerzos y sus bien planeadas mentiras, las circunstancias le han tendido una trampa. Los rastros que de modo consciente o inconsciente ha ido dejando ya fueron descubiertos. Quizá su pareja ya encontró la prueba incuestionable y ante la que ya es imposible seguir mintiéndole. Lo atrapó. Con ella se rompió el mecanismo de negación. Finalmente, ha tenido que reconocerlo y no le ha quedado más remedio que decir: sí, es verdad.

Al abrirse la infidelidad, ya no tendrá que invertir energía para conservar el secreto. De momento se sentirá aliviado. ¡Al fin! Se ha quitado ese gran peso de encima, pero aquí no termina todo, sólo empieza el principio del desenlace.

La confrontación con la verdad le causará una incómoda sensación de sentirse descubierto y vulnerable. Recuerde que la red de mentiras la fabricó para su protección y descubrir la infidelidad implica perder esa protección. Sin protección, con la sensación de haber perdido el control y estar en manos de la "inquisición" y a su merced, el infiel instrumentará una nueva defensa.

TÚ TIENES LA CULPA

El infiel tiene el hábito de ocultar y mentir para protegerse. Sentirse descubierto de repente es aterrador. Con la admisión de la infidelidad, se desencadena una secuencia muy difícil de preguntas y reproches: ¿Cómo pudiste hacerme esto? ¡Nunca me imaginé que pudieras ser capaz de algo así!, ¿por qué?, ¿por qué ahora?, ¿por qué con ella o él? Muchos "porqués" que le obligan a hurgar en su conciencia.

Un mecanismo de defensa muy utilizado en estos casos, además de la negación, es revertir los papeles. Ahora, intentará ser la víctima y le "endosará" a su pareja la responsabilidad de sus actos. Esta defensa le permitirá tratar de montar otro tipo de protección: culpar al otro en defensa de su inocencia. Al aparecer en escena una "papa caliente" de esta magnitud, es probable que se incline por construir todo un argumento para responsabilizar a su pareja de su "desliz" y hacerle creer que *todo ha sucedido por su culpa.*

Sentirse vulnerable y contra la pared es una de las razones que le incitarán a seguir defendiéndose y ocultándose para eludir la responsabilidad. Esta contraacusación le libera de la carga moral de la traición. Aunque le puede aportar un alivio momentáneo, esta nueva "estrategia" (hacer que sea otro el que cargue con su conciencia) es una jugada sucia. Es sucia dado que el que ha permanecido fiel ya siente suficiente culpa para cargar ahora también con la del infiel. Entre otras cosas porque el que sufre una herida, se siente culpable de ella. Piensa que si hubiera hecho o si no hubiera hecho tal o cual cosa, no habría provocado la ofensa.[3]

La responsabilidad se puede endosar de manera súbita o de un modo muy sutil. Si puede sentir algo de empatía por el dolor y la crisis que está enfrentando su pareja, será sutil. Si su intención, ahora que la infidelidad ha salido al aire, es terminar el matrimonio, quizá sea sutil o no, pero no le preocupará mucho evitar hacer más daño. Hay quien lo único que tiene en mente es terminar el trámite lo más rápido posible.

Es difícil que la confrontación no termine en una de las peores peleas que hayan tenido. Si la intención es seguir en el matrimonio, las acusaciones a la pareja no arreglarán las cosas, las empeorarán. Si la intención es terminar, es innecesario culpar al otro por el rompimiento.

Quedarse atorado en el punto de las inculpaciones mutuas puede llevar al matrimonio a terminar en divorcio y, tal vez, no sea eso lo que quiera obtener. Es más aconsejable que cada uno pueda reconocer su propia responsabilidad respecto a lo que pudo haber sucedido en su relación de pareja que abrió el espacio para un tercero. Aprovechar para seguir criticándose, juzgándose y descalificándose mutuamente en este momento de crisis sólo servirá para lastimarse más y alejar al uno del otro para siempre.

También es muy probable que *la crisis* le haya puesto ante una decisión que quizá no quiera tomar o por lo menos no en ese momento. De cualquier manera, intentará defenderse, es muy natural. Nadie quiere estar sentado en el banquillo de los acusados, condenado a muerte y sin tener siquiera la oportunidad de defenderse. Pero si su intención es recuperar a su cónyuge, echar la culpa de lo sucedido y en particular de su decisión de buscar otra pareja paralela para compensar sus carencias sólo abrirá más la herida. Tenga en cuenta que por mucho que haya sufrido o esté sufriendo, la decisión de engañar y mentir ha sido suya.

Con la intención de no ser el único acusado en el juicio, dirá cosas como: "Me hiciste sentir muy solo", "Tú perdiste todo el interés en mí", "Dejaste de ser cariñosa o cariñoso conmigo", "Rechazabas siempre mis intentos de tener relaciones sexuales", "La vida contigo se volvió monótona", etc. Cosas que pueden ser muy reales, pero que quizá también surgieron o empeoraron con el hecho de que el infiel haya dirigido sus energías a rescatarse a sí mismo en los brazos de otra persona. Con estas respuestas, sobre todo lo malo que su pareja hizo, la estará inculpando de lo sucedido sin asumir su responsabilidad en la insatisfacción de *ambos*. Con seguridad no era el único que la estaba pasando mal, pero sí fue el único que decidió utilizar el engaño para remediar sus males.

No cargue a otros culpas que le corresponden. Tal vez tuvo muchos problemas o ninguno con la pareja, pero la decisión de un remedio unilateral a través de un amante es del infiel totalmente.

Si considera la posibilidad de reparar el daño y continuar con su cónyuge, intente ser honesto u honesta aunque responder a las preguntas duela. Trate de conservar la calma y correr el riesgo de hablar de sus *verdaderos* sentimientos más que de deshacerse de la culpa.

PERDÓNAME, JAMÁS VOLVERÁ A SUCEDER

La primera reacción del infiel es decir que no hay nada, negar todo. Con lo cual, hará que su pareja dude de sus propias percepciones. La segunda, cuando se rompe la barrera de la negación, será decir que no tiene ninguna responsabilidad de lo sucedido, le adjudicará a la pareja sus culpas, con lo cual aumentará tremendamente la culpa que de por sí siente el cónyuge. La tercera reacción es la de pedir perdón.

Pedir perdón quizá sea una súplica sincera para saberse eximido de la obligación moral de responder por sus elecciones. En una situación tan grave como la traición, el "perdóname" es una condición necesaria pero insuficiente para arreglar el problema. Para solucionar este último, se requerirá de mucho más que pedir perdón, recibirlo y cerrar el expediente.

En los casos en que la infidelidad se lleva a cabo considerando la relación matrimonial como algo terminado, si es que aparece la palabra "perdón", sólo será como un acto de simple educación y buenos modales, totalmente superficial para la cantidad de platos rotos que provoca la conducta infiel y totalmente fuera de lugar. Lo que en sí mismo parece un acto de humildad y de conciencia, también puede ser únicamente una fórmula hueca para dar por terminado el asunto.

En otras ocasiones, se usa la fórmula de "perdóname, jamás lo volveré a hacer", sólo como una manera de buscar protección y con la intención de detener o minimizar las consecuencias de la traición y poder seguir con la vida tal cual.

La mayoría de los infieles es reincidente porque no trabaja para eliminar su tendencia al engaño y a las mentiras, ni los problemas de personalidad que pudiera haber de fondo. En la negación y la inculpación, hay una gran resistencia a enfrentar el propio dolor, y pedir perdón es un modo de intentar que la infidelidad pase al archivo muerto lo más rápido posible.

Ojalá que, cuando se le pidiera a la parte ofendida el tan añorado perdón, esta petición estuviera respaldada por el análisis de conciencia y la verdadera intención de no volver a hacer sufrir a otra persona de la misma manera y por causas idénticas. No como se usa muchas veces, como un silenciador de la culpa y la vergüenza de la infidelidad.

¿Cuántas veces o de qué modo es necesario que el infiel pida perdón para obtenerlo? Pensará que si su pareja no lo perdona de inmediato es porque tiene la intención de torturarlo con la infidelidad, porque no le parece mucho pedir que le perdonen lo sucedido y continuar como si nada hubiera pasado. Deshágase de esa idea. Perdonar una infidelidad es muy difícil, y creer en que jamás volverá a suceder, lo es más. Recuerde que la confianza está totalmente destrozada. Si tiene la verdadera intención de que le perdonen y que crean en sus promesas, tendrá que trabajar en recuperar la confianza.

No acepte que además le exijan el perdón, así no funciona. Si de verdad le interesa ser perdonado, el infiel tendría que trabajar más en sus propósitos que en sus peticiones.

¿SUBO O BAJO?

De aquí en adelante se sentirá en una montaña rusa y no sabrá si seguir en ella o bajarse y caminar a la salida de la casa. No sabrá si empacar sus cosas de inmediato o esperar. De pronto lo han enfrentado con una decisión que pensaba tomar (si es que algún día la necesitaba), cuando estuviera listo. Tal vez había fantaseado con irse, tal vez pensaba que sólo era una aventura divertida que no representaba ningún peligro y pensaba seguir en su hogar. Quizá lo que buscaba era la salida del matrimonio. Tal vez quería de manera inconsciente que su pareja se fijara y validara su profundo malestar. Es difícil saber lo que buscaba, tal vez ni el mismo infiel lo sepa. De cualquier modo sentirá que da tumbos en ambas direcciones: la de irse y la de quedarse. Habrá días que se sienta contento de haber decidido quedarse y otros que se sienta muy arrepentido de haberlo hecho. Lo mismo le sucedería si en vez de quedarse se hubiera ido de su casa.

Todo este dolor, las preguntas y los reclamos que está presenciando le hacen sentir muy confundido, o muy avergonzado o muy culpable o muy inepto o todo junto. Le cuesta trabajo admitir sus propias fallas y contener a su cónyuge, por lo que la situación se va tornando muy complicada. Si encima de todo lo que vive en el hogar, la amante que no está en crisis, porque no se ha llevado ningún golpe todavía, sigue siendo muy amable y comprensiva, su malestar y confusión crecerán.

Aun cuando la decisión de quedarse en casa esté tomada, es muy probable que por un tiempo le revolotee en la cabeza la duda de si eso habrá sido lo mejor. Tendrá muchos sentimientos ambivalentes. Culpa por lo que hizo, coraje por el desenlace, impotencia por la pérdida de control, miedo por las consecuencias que pueda haber para usted o para el o la amante, o para ambos, tristeza por el rompimiento con una persona con la que había pasado buenos momentos y dudas sobre el resultado final. Para agravar su situación, además es probable que se sienta contra la pared a merced de los altibajos emocionales de su cónyuge.

Si decide irse, tal vez tenga los mismos sentimientos y pase por momentos en que no esté seguro si ésa habrá sido la mejor decisión.

Tal vez no tenga ninguno de los sentimientos anteriores y se sienta feliz y liberado. La emoción de la vida que ha imaginado que le espera no le permite ver todos los vidrios que ha tenido que romper para salir cuando pudo salir por la puerta.

TAMPOCO MATÉ A UN CRISTIANO

Las cosas en casa se han puesto muy difíciles para el infiel. Se siente mal; la pareja, peor. Muchas veces no sabe ni qué decir ni cómo actuar. No puede concentrarse en el trabajo, no puede dormir profundamente; es como si la vida fuera a un paso muy lento. La salida se ve lejos y no entiende muy bien si lo van a perdonar, por qué no lo perdonan y punto. Ya reconoció todos sus pecados, ya pidió perdón mil veces, ya ha tratado de ser amable y compasivo, pero no entiende cómo, algo que él no ve tan grave, pudo llevar las cosas a este punto. Si estuviera "del otro lado de la mesa", entendería el porqué. Finalmente, es probable que, incluso siga en casa y crea que eso le debería dar muchos puntos a su favor, pero la crisis no acaba de solucionarse.

En su perspectiva, el crimen que cometió sólo fue un accidente del destino o un "ligero desliz". No tendría que pagar sus culpas eternamente. Mientras el tiempo pasa entre la calma y la tormenta, con su acostumbrado estilo de negar y minimizar, se repetirá a sí mismo mentalmente para reconfortarse o le espetará a su cónyuge, quizá con la buena intención de hacerla reaccionar aunque depositando en ella la responsabilidad de sus actos, que no mató a ningún cristiano para merecer tal castigo, y tiene razón, no mató a un cristiano, pero casi.

Se sentiría menos culpable si lo perdonaran. Pero perdonar, no sólo consiste en decir: "te perdono". Para el que perdona, éste es un proceso que tarda a veces muchos años y que otras veces no se logra nunca. El perdón no es algo que se otorga. El perdón es una actitud de aceptación para el que lleva a cabo todo el proceso de curación: el ofendido. No libera al perdonado, libera al perdonador. El proceso del perdón requiere reconocer el daño en toda su magnitud. Pasar por el enojo, por el dolor, por la tristeza (depresión) y por la culpa de lo sucedido, entre otras cosas. Recorrer este camino lleva tiempo y necesita esfuerzo.

Aunque ya le hayan dicho que lo perdonan, tal vez la situación no parece indicarlo, porque el asunto ya debería de haberse olvidado y cualquier detalle desemboca en el mismo asunto: la infidelidad.

A estas alturas, le molesta tener que estar pasando por su propia crisis a solas y en secreto. Todo lo que quiere es que lo perdonen y que las cosas en la pareja sean mejores. Nadie puede saber si lo serán o no. La única posibilidad radica en si *ambos* son capaces de digerir lo que sucedió a través de muchas, muchas pláticas al respecto, de que cada uno de los dos se haga cargo de sus fallas, haga algo para resarcir el daño causado y se esfuerce por eliminar las fuentes de insatisfacción.

Lo deseable es que finalmente se llegue a un punto de integración y aceptación de lo sucedido como cosas de la vida y como una consecuencia de los problemas en la pareja. En ese punto, ya se puede hablar de perdón y para quien logra llegar ahí, es el momento de la liberación del ofensor y del daño.[4] Cuando la herida cicatriza, el coraje se disipa, la culpa se disuelve y la tristeza se supera. Pero este proceso lleva tiempo y esfuerzo. Las lágrimas salen muchas veces antes de lograrlo. Aunque se consiga el perdón, la cicatriz permanece y, a veces, duele. No crea que obtener el perdón es como eliminar una parte que no le gusta de la película de su vida.

La persona infiel también necesitará perdonarse a sí misma. Perdonar a su pareja, perdonar todo lo que le duela de esta situación. Tendrá que pasar por el mismo proceso con el propósito de que su propio perdón sea el que le libere.

La crisis del que ha sido infiel tiene sus propias aristas: gastar
sus energías en negar, minimizar, ocultar y culpabilizar al otro;
sentirse en un torbellino de dudas y confusión; percibirse indigno,
culpable, castigado y desarmado.

Mientras más rápido pueda decidir qué es lo que quiere hacer, será mejor. Su montaña rusa se irá suavizando con subidas
y bajadas menos pronunciadas. Lo importante es que *no* base su
decisión en lo que está ocurriendo en este momento. Infiel y fiel
están en crisis, lo más seguro es que ninguno de los dos pueda
dar su mejor cara en este instante.

Éste es un momento muy crítico; tal vez si esta ambivalencia
se agudiza, decida irse. Trate de aclarar dentro de usted mismo
si se va porque es la salida más fácil para terminar la crisis, porque no ha podido dejar a la amante y eso le alimenta la ambivalencia o si se marcha porque no le ve posibilidades a su vida
con su pareja. Si ha decidido quedarse en el matrimonio, también
asegúrese de que no se queda sólo para aliviar sus remordimientos, por compasión o para cumplir con su deber. Si decide quedarse, hágalo porque aún *le encuentra posibilidades de gozo a
su vida juntos.*

Si lo que desea es salvar su matrimonio, conserve la cabeza
fría y tenga en mente que todo lo que haga o diga en este momento puede ser crucial.

Una buena noticia es que las crisis no duran para siempre.
Cuando las cosas llegan a su momento más álgido, no hay más
remedio que el siguiente estadio sea más relajado. Respire hondo y profundo y tenga paciencia. Ese momento llegará.

REFERENCIAS BIBLIOGRÁFICAS

1. Abrahams, S. J., *After the affair,* Harper-Collins Publishers, Nueva York, 1997.
2. DSM-IV-TR, *Diagnostic and statistical manual of mental disorders,* American Psychiatric Publishing, Revised, Arlington, VA, 2000.
3. Kubler, R. E., *Sobre la muerte y los moribundos,* Nuevas Ediciones de Bolsillo, Barcelona, 2003.
4. Simon, S., *Saber perdonar,* Atlántida, Buenos Aires, 1990.

6

Diferentes
tipos de pozos

IDENTIFICACIÓN DE LA INFIDELIDAD

Infidelidad a la carta

*Puede haber tantas variaciones sobre las historias de las infidelidades
como decoraciones de los cuartos de hotel
y menús de los restaurantes donde éstas se llevan a cabo.*

Las infidelidades pueden ser de muchos colores y sabores. Conocer el color y el sabor de la infidelidad en que está involucrada su pareja le ayudará para entender la magnitud de la crisis. Descubrir el tipo de infidelidad en que está viviendo o vivió su pareja le puede ayudar a tomar una decisión sobre el probable futuro de su matrimonio.[1]

El abanico de posibilidades puede ser desde la actuación de un problema en la pareja, hasta un trastorno en la personalidad del infiel. Quizá signifique el rompimiento definitivo con el cónyuge o tal vez marque el punto de partida hacia un mayor crecimiento, comprensión y compromiso. Hay infidelidades que son una llamada de auxilio y otras que son una puerta de salida del matrimonio.

Una primera diferenciación es que no se requiere hablar de

sexo extramatrimonial para hablar de infidelidad. *La infidelidad es cualquier unión emocional romántica o sexual secreta que viola el compromiso previo de exclusividad y lealtad con la esposa o el esposo.* De hecho, los lazos emocionales *secretos* fuera del matrimonio pueden ser tan desleales como las relaciones sexuales con otra persona diferente a la pareja. Casi siempre lo uno es primero que lo otro. Cuando se combina el sexo con la implicación emocional, como sucede casi siempre, las consecuencias pueden ser fatales para el matrimonio.

> Las relaciones extramatrimoniales más devastadoras suelen involucrar el corazón, la mente y el cuerpo, tienden a ser emotivas, afectivas y físicas.

La gente se confía de más, al pensar de manera equivocada que una infidelidad no es tal si no hay contacto sexual o viceversa. Si sólo hubo contacto sexual y ningún apego afectivo, no consideran esa conducta como infiel porque creen que no pone en peligro sus lazos matrimoniales. Por otro lado, tampoco suelen considerar como infidelidad una relación de tipo afectivo profundo en la que no hubo relaciones sexuales porque no hubo "intimidad".

En la práctica, ambas modalidades se consideran infidelidades. Hoy día, como ya se ha mencionado, una infidelidad no tiene que tener el componente sexual para ser considerada como tal. Muchas infidelidades, como las "aventuras" que se generan por Internet, son básicamente emocionales. En el extremo opuesto, estarían las infidelidades únicamente sexuales representativas de los adictos al sexo. No se puede decir si una es más peligrosa que la otra para la supervivencia de la pareja; ambas modalidades de infidelidad significan un escape y constituyen un alto riesgo. Que la relación no tenga ambos elementos (emocional y sexual) no quiere decir por eso que sea inocua y que para ser una infidelidad real deba tener ambos componentes.

Un mito muy difundido es que los varones suelen buscar más satisfacción sexual y las mujeres más satisfacción emocional. La verdad es que al final ambos suelen encontrar las dos cosas; afecto y sexo.

Se tiene la creencia generalizada de que una infidelidad masculina es menos peligrosa para la estabilidad del matrimonio que la infidelidad femenina, lo cual es una idea errónea. En los tiempos que corren, se sabe que ambos, varón y mujer, pueden terminar en un divorcio por infidelidad.

Hoy día, más mujeres se involucran sexualmente y más varones emocionalmente. Más de lo que lo hacían en generaciones pasadas. Las infidelidades de hoy suelen ser más intensas que aquellas que vivieron las generaciones pasadas. Las infidelidades conocidas desde tiempos ancestrales no solían poner en riesgo al matrimonio original; hoy, la cosa es distinta. Cambiar de pareja no sólo es socialmente permitido sino que, en ocasiones, puede ser además, envidiable.

Todas las infidelidades tienen un ciclo de vida común. Empiezan como cualquier otra relación. Primero hay un periodo de amistad y conocimiento mutuo, considerado como la fase de "luna de miel". Después hay una fase de transición en la que se sientan las reglas y las expectativas de la relación. La relación puede después evolucionar a una fase de mantenimiento en la que las relaciones se vuelven estables y duraderas.[2] Mientras más estables y duraderas, más enraizadas.

Otro criterio para catalogar las infidelidades puede ser de acuerdo a intención, frecuencia, duración e inversión emocional.

Para identificar el tipo de infidelidad en la que está o estuvo involucrada su pareja, le sugiero observe sus patrones de conducta y si le es posible conozca la historia y el desenlace de la misma. Esto *no* quiere decir que tenga que conocer *todos* los detalles, únicamente los criterios mencionados anteriormente (intención, frecuencia, duración e inversión emocional).

De acuerdo a la inversión emocional que el miembro infiel tiene con el o la amante, y la consecuente duración, los *affaires* pueden describirse en un continuo.[1] Al inicio de esa línea continua quizá se encuentren las "aventuras casuales", lo que se conoce como "una cana al aire" en las que no hay mucha implicación emocional, y son de corta duración; a veces tienen vida por una noche solamente. En el medio pueden hallarse las aventuras románticas ("contigo hasta el fin del mundo"), con un alto grado de conexión emocional y sexual, y de mediana duración. En el otro extremo, los amores de larga duración; estas relaciones pueden durar años, a veces toda la vida del matrimonio y, aunque no necesariamente siempre, muchas veces terminan literalmente en dos casas simultáneas.

No todas las aventuras terminan como empiezan. Una *cana al aire* se puede convertir en un romance que puede llegar a ser amor a largo plazo al intensificarse el afecto o la funcionalidad de la relación de los amantes.

En otro apartado tal vez se hallen las relaciones poco duraderas, superficiales y muy frecuentes de los catalogados como adictos al sexo.

Saber en qué parte del continuo está la infidelidad de su pareja le puede ayudar a contestar una de las preguntas centrales: ¿Hasta qué punto llega el compromiso y el apego con esa otra persona con quien está viviendo la infidelidad? o, ¿cuáles son las posibilidades de que el matrimonio se termine? o, ¿es posible continuar juntos y reconstruir la relación?

Recuerde que las respuestas a estas preguntas *no* sólo dependen de las intenciones o el deseo que tenga usted de recuperar a su pareja. También dependen de las intenciones del infiel.

Para tener una idea de la magnitud de la amenaza para el matrimonio y de las posibilidades de recuperación y *antes* de tomar cualquier decisión, es importante primero conocer en qué clase de infidelidad está involucrada la pareja y comprender cómo llegó y cuánto tiempo lleva ahí.

Es más probable detener una conducta infiel cuando es la primera vez que sucede que cuando es la tercera, cuarta, etc. Las posibilidades también son mejores cuando es de corta duración.

SÓLO SOMOS AMIGOS

No exageres, sólo somos amigos (por ahora).

"Dios los hace y ellos se juntan." Se dan las circunstancias adecuadas y de repente... cruzaron la frontera. ¿Cómo empezó todo esto?

Se puede intuir o presentir que el esposo o la esposa tal vez se está acercando peligrosamente a alguien. Casi de la nada, surge un personaje "interesante" y sin muchas explicaciones claras, ocupa tiempo y entusiasmo del cónyuge. Ese alguien empieza a cobrar importancia con el tiempo. Comienzan a construirse los puentes.

El infiel tiene una consigna de fábrica: negarlo todo, suavizar las sospechas, ocultar el romance a costa de cualquier cosa. Cuando empiezan las quejas, los reclamos o las indirectas, una de las excusas más frecuentes es: "Estás exagerando, sólo somos amigos." Con recelo, se le cree. Aunque parezca que son "demasiado" amigos. Porque hay la necesidad de creerlo. Pero, ¿cómo sucedió?, ¿qué hizo el puente para pasar de ser sólo amigos a ser amantes?

Es un hecho que muchos *affaires* empiezan como una "inofensiva" amistad. La amistad crece hasta que se convierte en una buena "alternativa", la cual muchos varones y mujeres toman.

Muchas personas en buenos matrimonios, varones y mujeres que dicen estar felizmente casados cruzan de manera "involuntaria" la sutil línea entre el amor platónico y el amor romántico. Hay fundamentos para preocuparse cuando la pareja asegura: "sólo somos amigos". Hay una voz interior que dice: cuidado, ahí puede haber "gato encerrado".

Hoy día, con la incorporación cada vez mayor de las mujeres a la fuerza productiva (de dinero), el trabajo se perfila como uno de los campos más fértiles para las infidelidades, tanto para varones como para mujeres.[3] Por una razón de bastante peso, para la infidelidad, es necesaria la convivencia. Muchas personas pasan más tiempo en su trabajo que en su hogar y, en ocasiones, desarrollan relaciones de más intimidad en su trabajo que con su pareja y comparten más actividades de esparcimiento con los compañeros de trabajo que con su esposa o esposo. Si a esto se añade la insatisfacción matrimonial, sólo falta "la mano del diablo" para que se produzca el chispazo.

El lugar de trabajo se ha convertido en una zona peligrosa de oportunidad para la atracción romántica. Muchas infidelidades empiezan en este escenario y suelen iniciarse como una amistad entre iguales. Mucha gente, que verdaderamente principia con una relación de compañerismo solamente, como colegas amigables o como una relación de trabajo amistosa, poco a poco se desliza por la resbalosa pendiente de la infidelidad. Programar un proyecto, escribir una conferencia o dirigir un seminario es mucho más estimulante (en sentidos intelectual y sexual) que una tarde viendo juntos la televisión, hablando de los problemas de las cuentas pendientes o revisando los informes escolares de los hijos.[2]

Hay casos en que la insatisfacción matrimonial no es tan aguda, pero la seducción de la tercera parte es fuerte y la oportunidad de vivir una "aventurilla" sin mayor trascendencia puede llevar a la pareja a un terreno peligroso. Los viajes de negocios cada vez más generalizados han facilitado que abunden las "canitas al aire" con la posibilidad de que éstas se conviertan en algo más duradero.

La *intimidad emocional secreta* es la primera señal de aviso de una traición en ciernes. Sin embargo, la mayoría de la gente que ha vivido este tipo de infidelidad no se da cuenta o no reconoce que se está metiendo en este berenjenal hasta que la intimidad se vuelve sexual o después de comprometer sus más profundos valores. A pesar del costo que puede significar, muchas veces la "magia" es tan fuerte que no es fácil deshacerse del hechizo.

Otra situación peligrosa comprende las actividades de esparcimiento, como deportes o pasatiempos que cada vez absorben más energía y en los que la esposa o el esposo no participan. Estos constituyen otra buena oportunidad para hacer "amistades" con intereses comunes. Si no hay el deseo de involucrarse en una "relación peligrosa", es responsabilidad de cada uno generar la conciencia sobre los límites apropiados, tanto en el trabajo como con las amistades y tener el cuidado de mantenerlos. Es necesario aprender a reconocer las señales de "peligro" tanto en las amistades propias como en las de la pareja.

La infidelidad entre "amigos" no sólo incluye el lugar de trabajo, estas amistades peligrosas pueden darse en cualquier medio donde el grado de convivencia hace que con facilidad se rebasen los límites de intimidad. Entre vecinos, colegas, relaciones de negocios, de atención a la salud, académicas o de cualquier otra índole.

Los escenarios y las ocasiones para que una "atractiva" y bonita amistad evolucione hasta convertirse en una infidelidad son muchos. Por lo general, así es como empiezan todas las infidelidades, como una inofensiva amistad, tanto las de corta como las de larga duración.

"UNA CANA AL AIRE"

Coincidí con Susana, una de las edecanes del congreso, en el bar del hotel, quien aceptó tomar una copa en mi mesa; empezamos a platicar y luego fuimos al cuarto a tomar otra copa. Ella era una mujer muy atractiva y terminamos en la cama; fue una noche grandiosa, pero jamás la he vuelto a ver.

Con este nombre de "una cana al aire" se describe el tipo de aventura casual y pasajera. Esa clase de aventura que muchos consideran que su única función es la de proporcionar diversión sin mayores consecuencias. Tales aventuras son consecutivas, de corta duración y sin mayor apego emocional. La mayoría de las veces únicamente son de tipo sexual.

Tener muchas aventuras y parejas indica un deseo de evitar fundirse con el otro en la intimidad e interponer un espacio donde tener relaciones placenteras sin el compromiso y el riesgo de la cercanía emocional. La relación sucede sólo con la intención de divertirse o relajarse "aquí y ahora". Aunque únicamente sea una relación de tipo sexual, es una manera de crear distancia con la esposa. En esta categoría, encajan los "casanovas" y "donjuanes". Este tipo de personas racionaliza su comportamiento al decir que ellos son unos buenos amantes con sus parejas, pero que "una cana al aire" no le hace daño a nadie.

La mayoría de estas aventuras de una sola noche sucede de viaje, lejos de la vista de amigos y parientes. En algunos viajes de negocios o congresos, ofrecer el acceso a este tipo de acompañantes puede ser una de las prestaciones o modos de halago para el huésped. Otras veces, las aventuras ocurren con personas que son de otro lugar o que están totalmente fuera del círculo familiar y de trabajo.

Si la cana al aire se convierte en algo más, puede llenar de ansiedad al que la disfruta y prefiere que sea sólo eso: amor de una noche sin mayor implicación ni inversión de energía emocional.

Algunos de estos amoríos pueden convertirse en una serie de aventuras de corta duración (meses o un año), sin mayores planes de hacer ningún compromiso estable con la o el amante. Este tipo de infiel es el que suele hacer regalos repentinos a la esposa y volverse muy amable de la nada para aliviar su conciencia. En caso de ser descubierto, quizá sienta remordimiento y jure no volver a hacerlo más. Tal vez sus intenciones sean buenas, pero con el tiempo quizá caiga nuevamente en la tentación y toda la historia de una nueva aventura, confrontación y arrepentimiento se repita y la secuencia se convierta en un patrón de conducta.

Los infieles en serie[1] no tienen muchas posibilidades de cambio, son adictos al sexo. Suelen ser personas egocéntricas con antecedentes de amores tormentosos y con una personalidad narcisista de fondo. Se sienten motivados por saberse atractivos y capaces de conquistar a otra mujer aunque a veces tengan que "pagar" por ello.

Muchas parejas saben de las "aventuras" de su esposo y sus consecutivas infidelidades y prefieren hacerse de la vista gorda. Aunque les dé mucho coraje y hagan escenas, terminan "perdonando" y de alguna manera se coluden con el infiel en su adicción sexual, como codependientes. Se sienten aliviadas porque creen que no hay apego emocional significativo con la amante y consideran que la infidelidad no pone en peligro su estabilidad matrimonial. Aunque no de modo abierto, lo permiten y lo toleran.

Es cierto que no hay mucho compromiso emocional con las parejas en serie, pero tampoco hay compromiso con los votos de fidelidad matrimonial. La aventura no es seria, pero la conducta infiel sí lo es. Además de la vida privada colateral, hay el riesgo real de contraer enfermedades de trasmisión sexual.

Este comportamiento adictivo suele terminar cuando hay un acontecimiento extraordinario o drástico en la vida del infiel, como una enfermedad grave, la muerte de un pariente, la pérdida de estatus o poder y, en última instancia, con la vejez.

PASIONES DESENFRENADAS

De repente recibí una llamada inesperada de Javier; habíamos sido novios cuando yo estaba en la universidad; él se había ido a vivir a Estados Unidos y ahora iba a estar aquí sólo por unos meses. Me dio mucho gusto platicar con él y quedamos de vernos para tomar un café al día siguiente. Nos vimos unas cuantas veces más. Era un hombre muy guapo y cariñoso y teníamos muchas cosas que platicar sobre estos últimos años. Hacía 15 años que estaba casada con Carlos, teníamos tres hijos y aunque todo iba bien, Javier inyectó mi vida de emoción. Me invitó a hacer un viaje con él a Zacatecas y yo acepté. Carlos no supo que viajaría con Javier, le dije que iba con una vieja amiga que me había invitado a pasar unos días y que yo necesitaba tres días lejos de todas las obligaciones domésticas. Carlos me llevó al aeropuerto y desde ahí empezó todo. Fueron tres días maravillosos. Pero sólo de pensar en mis hijos y las llamadas de Carlos por teléfono, se me hace un nudo en el estómago. En el aeropuerto de regreso, nos despedimos para siempre. He recibido algunas llamadas suyas, pero no quiero arriesgar más; Carlos jamás me lo perdonaría.

Al igual que en las canas al aire, en las "pasiones desenfrenadas" tampoco hay mucha inversión emocional. Éstas también pueden ser aventuras de una sola noche o tener una duración medianamente prolongada. Se diferencian de los anteriores porque es el primero y el único acto de infidelidad formal, sin mucho compromiso, pero con mucha pasión y con la conciencia de que es un acto impulsivo que puede poner en peligro de rompimiento una buena relación matrimonial. A pesar de que el descubrimiento de que la pareja está teniendo una aventura amorosa, puede ser muy doloroso; éste es quizá, el tipo de infidelidad menos peligrosa. Tal tipo de aventura se puede poner en perspectiva con relativa facilidad.

Esta clase de "ligues" corresponde a la creencia de que las infidelidades no se buscan, se encuentran. Pueden terminar siendo ligues del tipo de *Atracción fatal* un romance que se prevé sólo como una aventura divertida, pero que puede terminar en una aventura amarga o ser una historia de amor pasional por el que de manera repentina una mujer se sienta trastornada. Las pasiones desenfrenadas también pueden evolucionar a una relación amorosa más duradera.

CONTIGO, HASTA EL FIN DEL MUNDO (ROMANCES)

Empezamos siendo buenos amigos; ella era mi paciente. Poco a poco ella fue descubriendo muchas cosas de mí y yo de ella. Tenemos muchas cosas en común. Ella es muy detallista, siempre parece estar al pendiente de mí y de lo que sucede en mi vida. Aunque tenemos mucha diferencia de edad, yo me siento muy comprendido por ella. Pasamos muy buenos momentos. Disfrutamos juntos de las cosas más insignificantes, como platicar por teléfono o escuchar música. Estar juntos es lo más importante. Mi vida en casa es un infierno. Estando con Teresa me siento en un oasis. La relación con ella me ha devuelto la alegría. No sé a dónde llegaremos juntos, pero por ahora tenemos que cuidar mucho lo que hemos construido: una maravillosa relación.

Este tipo de relación se va construyendo poco a poco, va evolucionando y rápidamente se convierte en una vinculación amorosa con un contenido importante de afecto, en la que un buen día se llega al sexo. Esta clase de relaciones aparece como una inyección de esperanza y vitalidad para ambos amantes. El uno representa una tabla de salvación para el otro. El tiempo juntos es lo único importante y hacen esfuerzos para acoplar su relación con sus respectivas vidas. La relación es muy importante. Ambos se admiran mutuamente y se sienten dichosos y afortunados de haberse encontrado el uno al otro.

Se invierte tanta energía emocional en el amante que se empieza a pensar en la posibilidad del divorcio y en la terminación de la relación conyugal porque la vida, al alternar ambas situaciones, se va tornando cada vez más intolerable. Este amor romántico tal vez evolucionó de lo que empezó como una amistad o un "ligue" sin mucha importancia. Mientras más dure este romance, más serio e importante se vuelve y menos factible de terminar.

Cuando se decide terminar el *affaire* para continuar en el matrimonio, el infiel pasa por un duelo muy grande por la pérdida real o imaginaria de la posibilidad de formar una pareja ideal con esa otra persona. Muchas veces el infiel reincide y reanuda la relación. Cuando por alguna razón no es posible un divorcio para formar una nueva pareja, tal vez los amantes se conviertan en una infidelidad estable de larga duración.

Esta modalidad de infidelidad no siempre lleva al divorcio; los amantes no toleran mucho tiempo compartiendo y, a pesar de ser muy comprensivos, pueden llegar a ser muy demandantes y hartarse cuando la relación no evoluciona a un mayor compromiso. Cuando el romance se tambalea porque empieza a causar más problemas que diversión, éste muere por sí solo. Algunas veces es posible reestructurar el matrimonio y conservarlo. Esto depende mucho del nivel de insatisfacción matrimonial, del grado de comunión con la nueva pareja, de las posibilidades para una renovación del vínculo matrimonial, y de las probabilidades de una vida estable y comprometida con la amante. El tiempo que transcurre entre la toma de decisión y su ejecución quizá sea muy turbulento y doloroso.

En los casos en que la relación infiel se da por terminada, a ambos (infiel y amante) les cuesta mucho terminar con la amistad. Casi siempre deciden quedar como buenos amigos (como empezaron) y el vínculo no se rompe de modo definitivo. Es probable que sigan comunicándose el uno con el otro, y el riesgo de reanudar la relación amorosa persiste. Queda latente la tentación de refugiarse nuevamente en sus brazos o en otros parecidos.

AMANTES ESTABLES

Sé que se ven y que él la mantiene, pero a mí nunca me ha faltado nada. Nos gusta mucho salir de vacaciones todos juntos y él es un esposo atento y generoso, sin embargo, hay un terreno vedado para mí en su vida privada. Yo he optado por ni siquiera tocar el tema. Creo que sus hermanos la conocen. Yo sé quién es, pero nunca me la he topado y ojalá nunca suceda.

Hay relaciones amorosas infieles que duran muchos años. Aunque no lleguen a compartir una casa y que los dos sigan viviendo con sus respectivas parejas (o que solamente siga uno de ellos), el apego sentimental es tan fuerte, que con seguridad lo que empezó como un romance, se vuelve una relación estable a prueba del tiempo y las circunstancias. Quizá por la incapacidad o la imposibilidad de tomar la decisión de terminar en un divorcio, estos fuertes romances se perpetúan a veces durante toda la vida del matrimonio. Muchas parejas se acomodan a este estilo de vida al hacer como que no ven, no oyen y no sienten. Se vuelve un arreglo implícito para las tres partes del triángulo. Algunas razones para su permanencia en estado de "amantes" quizá sean el bienestar de los hijos, la vida pública, las finanzas, la comodidad, la religión u otras objeciones de tipo moral para llevar a cabo un divorcio.

Mientras más tiempo dure este tipo de infidelidad es más probable que se descubra. Sin embargo, hay relaciones de muchos años tan bien protegidas por el secreto y las pocas ganas de la pareja de averiguar, que la esposa o el esposo descubre su existencia hasta que se presenta la amante a llorar en el velorio.

Las infidelidades a largo plazo tienen la función de estabilizar una relación matrimonial disfuncional y es muy difícil que terminen.

DISCULPE, ¿ES ÉSTA LA SALIDA?

Sí, Ramón ya había tenido uno que otro desliz, nada importante. Pero últimamente ya se volvió muy cínico. El día que me dijo que iría a vivir con Beatriz casi me muero. Yo pensaba que después de tantos años, nuestro matrimonio era estable. No puedo creer que haya dejado todo para irse a vivir con esa vieja que ni siquiera es de su nivel social y que muy bien podría ser su hija.

Éste es un tipo de aventura en la que una persona casada se involucra más con la intención de que "un clavo saque a otro clavo", que con la idea de establecer una relación duradera con esa persona "especial". La aventura puede significar la sustitución de una pareja con la que se quiere terminar, pero no se encuentra el valor para llevarlo a cabo. Puede corresponder a cualquiera de los estilos mencionados antes, aunque casi siempre una vez que se da la salida del matrimonio, el infiel tal vez busque a otra persona diferente a la que le "ayudó" a salir de casa, con la ilusión de que pueda crear una pareja nueva más estable y satisfactoria que la que dejó. De inicio, la amante se percibe como el amor verdadero y el infiel está convencido de que tiene derecho a vivirlo.

Estas infidelidades se dan con la intención de terminar el matrimonio, pero el que opta por la infidelidad no tiene claro cómo o cuándo terminarlo. La infidelidad proporciona la justificación para irse. Cumple con el propósito de que el infiel no tenga que enfrentar la desilusión y el deterioro del matrimonio con la pareja y buscar soluciones conjuntas. La infidelidad distrae al infiel del dolor y le proporciona un escudo de protección contra la culpa del abandono.[4]

ADICCIÓN SEXUAL

Las personas que padecen adicción al sexo, buscan de manera compulsiva encuentros sexuales porque necesitan experimentar de modo constante excitación sexual y nuevas sensaciones. Suelen ser personas que consumen pornografía, en forma de revistas o películas y que disfrutan de acudir a espectáculos pornográficos. Hacen uso de las posibilidades de encuentros sexuales en la prostitución. El sexo es el centro de su vida.⁵ Un adicto necesita relacionarse con un codependiente. La pareja suele ser una persona con tendencia a la melancolía, que quizá sea muy exagerada en su modo de vestir y siempre está dispuesta a comprender, perdonar y cuidar del adicto. La adicción sexual es un tipo de enfermedad que va mucho más allá de las consideraciones morales. El padecimiento compulsivo le impide al adicto conservarse fiel y tener contacto con sus propios conflictos.

La rehabilitación de los adictos al sexo es complicada, tanto como otras adicciones, y ellos tienen un pronóstico muy malo en lo que a la supresión de la conducta infiel se refiere.

MENSAJES OCULTOS

No solamente la duración o el grado de relación emocional o sexual es importante para valorar la gravedad de la situación. También lo es considerar los elementos presentes en la relación infiel para conocer las posibilidades de reencuentro con la pareja original. Es más fácil negociar distancia con el amante en una "pasión desenfrenada" que en una "relación romántica" o en las "relaciones estables" y de larga duración.

Las infidelidades se relacionan siempre con sexo, pero tienen poco que ver con éste y mucho con preservar el enojo, el miedo y el vacío bajo control. Algunas veces se busca una infidelidad porque la calidad afectiva en el matrimonio está gastada. En otros casos, el potencial emocional del matrimonio está limitado por la inversión de energía en la infidelidad.

Muchos comportamientos infieles constituyen una manera de evitar el conflicto con la pareja y huir del escenario parece un modo menos amenazante para el infiel que enfrentarlo. Otras veces es la incapacidad para crear y conservar relaciones de intimidad lo que subyace en el "apego afectivo" con una persona diferente. Es más fácil invertir energía en una nueva conquista donde se pueda tener más control de lo que se quiere descubrir sobre uno mismo, que en una relación matrimonial intensa. Otras veces, la infidelidad es una manera de terminar con un matrimonio cuando no hay suficiente valor para concluirlo sin el respaldo de otra relación. Una situación especial es aquella de los matrimonios de muchos años en los que la pareja ha permanecido unida para la crianza de los hijos, pero sin ningún otro lazo que los pueda mantener juntos. Cuando los hijos se van ("nido vacío"), estos matrimonios pueden terminarse y por lo general ocurre cuando el esposo decide tener otra pareja.

Tanto los amores infieles más tórridos y apasionados como los huecos y superficiales se desenvuelven en el telón de fondo de una vida en pareja.[6] Entender el mensaje detrás de la infidelidad ayuda a comprender cuáles son los verdaderos problemas de la pareja. El mensaje detrás de la "aventura" hace referencia al modo de relacionarse del infiel con otras personas, sobre todo con la esposa o el esposo. Esta modalidad de relación también determina el tipo de infidelidad en la que se ha involucrado el infiel.

Mensajes de la infidelidad	Referente
"Haré que me pongas atención sin que te lo pida"	Evitación del conflicto
"No quiero necesitarte tanto" (así que voy a satisfacer mis necesidades en otra parte)	Evitación de la intimidad
"Lléname" (me estoy quedando vacío)	Adicción sexual
"No me gustas, pero no puedo vivir sin ti"	Nido vacío
"Ayúdame a salir de aquí"	Pase de salida[6]

Y HAY MÁS

Alicia es una chica de 19 años de edad. Un día, el novio le confesó que una vez la había ido a visitar, pero no estaba en casa y había tenido relaciones sexuales con su madre. La madre lo admitió.

Ya se podrán imaginar la herida de Alicia. El mundo de las infidelidades está plagado de anécdotas y de desenlaces muy tristes y dolorosos. Tal es el caso de una infidelidad con el mejor o la mejor amiga del esposo o la esposa, con un pariente cercano, con una sobrina, un cuñado, un tío o la misma suegra.

Cuando la infidelidad se comete con un miembro de la familia, como un cuñado, un tío o una sobrina, la situación se agrava porque el rompimiento que ocurre entre los esposos se proyecta hacia la familia extensa.

También conocí el caso de una mujer joven recién casada que regresó al hogar antes de lo previsto y se encontró a su marido en la cama con dos mujeres. Una cana al aire seguramente muy divertida para él, pero que terminó de inmediato con su matrimonio.

Hay casos en que la infidelidad se comete con alguien del mismo sexo y esto suele agregar un factor de engaño difícil de superar. Aunque también por otro lado, en estas circunstancias no está presente la sensación de rivalidad y competencia que se da cuando el amante es del mismo sexo que la pareja.

Hay infidelidades que sobrepasan el límite del cinismo. Como le pasó a Sofía. Su marido llevaba todos los días a comer a casa, con su esposa y sus hijos, a la secretaria embarazada porque tenía un embarazo delicado y vivía muy lejos. La esposa amablemente cuidaba de ella y la atendía. Hasta que un día, cerca del final del embarazo, el marido le confesó que el hijo que iba a tener la secretaria era de él. En estos casos, la carga de dolor y el alcance del rompimiento sobrepasan los límites de tolerancia al sufrimiento. Cuando estas infidelidades se descubren, la ruptura suele ser inevitable.

También hay infidelidades que cumplen un propósito específico. Una persona se puede embarcar en una aventura amorosa con la intención de vengarse de su infiel pareja para decirle: "Ahora verás lo que se siente."

Otro tipo de infidelidades comprende el que ocurre con la intención de obtener privilegios o ascensos en la escala social. Tal es el caso de una mujer involucrada sexualmente con el director de la compañía para obtener mejoras laborales para el esposo. En este, igual que en otro tipo de infidelidades, muchas veces el cónyuge se colude con la infidelidad y se hace "de la vista gorda".

Otros casos son los de personas que por una u otra razón tienen que permanecer emocional o físicamente separados de la pareja y en la distancia y la soledad se involucran de modo sexual o emocional, o ambos, con alguien más.

Es importante, con todo lo que se ha dicho hasta aquí, que analice sus circunstancias, que pueda identificar el tipo de infidelidad en la que está involucrada su pareja y las circunstancias especiales que la describen, *antes* de tomar una decisión. Es probable que a estas alturas la sangre ya le hierva y sienta confusión y devastación, pero *intente conservar la cabeza fría*. Eso le permitirá tomar una mejor decisión que le proporcione equilibrio a su vida y le permita avanzar.

UNAS PALABRAS DE ALIENTO

No se culpe por no haberse dado cuenta a tiempo o por no haber podido prevenir la infidelidad. Las aventuras amorosas siempre tratan de preservarse en secreto, por lo menos en su inicio, debido a su carácter, asumido o no, de transgresión. Esto es lo que le da el carácter de amor prohibido y apasionado. Este secreto compartido puede a su vez inocular una sensación de complicidad muy fuerte y contribuir a esa sensación de estar como nunca enamorado: "Sólo tú y yo sabemos de lo nuestro." El riesgo a ser descubierto le da a la infidelidad un halo de aventura muy atractivo para algunas personas. En estas circunstancias, surge la necesidad de decir algunas o muchas mentiras para conservar esa relación extraconyugal fuera del conocimiento de la pareja, de ahí su carácter de engaño y su dificultad para conocerla desde el principio.

Las mentiras son de las cosas que más duelen cuando se descubre una infidelidad y también de las que más disfruta el infiel, ya que le dan la sensación de control y libertad. Entre tantas mentiras, muchas veces muy bien encubiertas, no es fácil darse cuenta de inmediato. Además, no es responsabilidad suya cuidar los pasos que da su pareja. Es responsabilidad de ella. Cada quien tiene que responder por sus elecciones. Uno no puede responsabilizarse por las elecciones de otro y vivir en constante vigilancia para detectar señales tempranas. Tampoco es sano vivir con la desconfianza siempre a flor de piel y haciendo el papel de policía o detective para cuidar de la pareja. Si el cónyuge poco a poco o de manera drástica decide traicionar el compromiso con su pareja, es su decisión.

Por otro lado, hay personas que son verdaderas expertas en mentir y muchas parejas nunca se enteran de las infidelidades sino hasta después de muchos años.

Descubrirla es importante porque eso constituye la oportunidad para hablar de los problemas que la motivaron y poder encontrar una salida. Le recuerdo que lo grave no es vivir una infidelidad; lo grave es *no saber qué hacer* cuando de manera intempestiva se presenta.

REFERENCIAS BIBLIOGRÁFICAS

1. Subotnik, R. y Harris, G. G., *Surviving infidelity. Making decisions, recovering from the pain*, Adams Media Corporation, Avon, Massachusetts, 1999.
2. Linquist, L., *Amantes secretos*, Paidós, Barcelona, 2000.
3. Glass, S. P., Coppock J., *Not just friends. Protect your relationship from infidelity and heal the trauma of betrayal*, Simon & Shchster Adult Publishing Group, Nueva York, 2002.
4. Brown, E. M., *Affaires. A guide to working through the repercussions of infidelity*, Jossey-Bass, San Francisco, CA, 1999.
5. Corbella, R. J., *Infidelidades, desamor y desengaño*, Folio, Barcelona, 2000.
6. Brown, E. M., *Patterns of infidelity and their treatment*, Brunner Mazel, Levittown, PA, 1991.

7

¿Sales o te quedas?

TOMA DE DECISIONES

No es posible no decidir, porque si no decide nada,
ésa será su decisión.

Mientras más se va aclarando el panorama, su cabeza dará más vueltas. Cuando se sufre una traición, dan muchas ganas de vengar la ofensa. La venganza tal vez sea su primer impulso, pero antes de que lo haga piense primero qué quiere hacer. ¿Romper de maneras definitiva y estruendosa con su pareja o continuar con ella y reparar los daños?

Si planea y lleva a cabo alguna venganza en contra de su esposo (o esposa) o de la (o del) amante, piénselo varias veces antes de hacerlo. En apariencia, la venganza es placer de los dioses pero termina siendo el castigo de los necios. En primer lugar, *use su energía para tratar de estar bien con usted mismo o misma*, no para buscar el modo como le paguen los platos rotos. Se los paguen o no, están rotos, y eso es lo que duele. Si hace algo para quedar a mano, lo más probable es que esté preparando el terreno para romper para siempre. Y lo que es peor, para lastimarse más a sí misma (o sí mismo).

Tenga en mente también que si usted quiere que ellos dos se separen, la venganza sólo tirará a su pareja en los brazos de su amante.

APUNTAR BIEN LA MIRA

Cuando usted tenga la certeza de la infidelidad, no la sospecha, sino la seguridad, y hasta haya averiguado quién es la susodicha o el susodicho, caerá en una intensa crisis que le llevará casi a la locura. Estado nada confiable para realizar acciones drásticas.

A menos que sea una santa o un ser extraño, le aseguro que estará pensando o pensará seriamente en algún tipo de venganza. ¿Cómo va a dejar ese delito impune, si él es *su* hombre, o ella *su* mujer? En estas circunstancias, uno puede entender la presencia de personas en las cárceles por haber estrangulado a la pareja, al amante o a ambos. A quien verdaderamente se odia es al amante. Lo que equivale a condenarla a ella o a él y a eximir de toda culpa a la "blanca paloma" que sedujo o se dejó seducir. Casi estamos seguros de que la o el amante implementó alguna artimaña sucia para atrapar al "angelito", ¿pero qué tal si el incitador al mal fue el "angelito"? Entonces, de todos modos se odia al amante por prestarse a participar en esos "juegos", como si su nuevo amor no fuera casado o casada, o dando por hecho con su complicidad de que la pareja (usted) "está pintada" o "pintado" o es invisible.

Todas estas elucubraciones no son más que producto de su rabia y su desequilibrio. Una cosa es que *hacer algo* le pase por la mente y otra es que lo lleve a cabo. Recuerde que la ira es ciega. *No se ciegue.* Ahora más que nunca *necesita los ojos bien abiertos.*

El descubrimiento y el conocimiento de los "detalles" de la infidelidad generan mucha rabia. No haga nada de lo que después se arrepienta. Ese estado es mal consejero para tomar decisiones.

Quitarse la idea de venganza no es nada fácil. Tal vez dedique un tiempo a pensar de qué manera podría "limpiar su honra" sin salir perjudicada o perjudicado.

Pensará en hablarle para maldecirle, lo cual tampoco es buena idea. Quizá piense entonces que sería bueno que lo hicieran sus padres, su prima o ese amigo tan incondicional. Tampoco es buena idea. Tal vez, mejor hablar con el marido (si es una persona casada). Mandarle a él las pruebas de la infidelidad de su "amigable" esposa. Pero esa tampoco es buena idea. ¿Qué tal darle una buena paliza al tipo que sedujo a su linda esposa? o, mejor aún, ¿contratar a alguien que lo haga por usted? Ni lo piense. No funciona. Sólo empeora las cosas.

La venganza siempre empeora las cosas.

Ojalá que junto con las ideas de venganza, también le pasen las de la cordura y no se vengue. Le aconsejo que *igual de rápido que las pensó, las deje ir.* Ninguna de estas u otras cosas que se le puedan ocurrir para vengar su ofendido honor es buena idea. Todas ellas sólo son producto de las ideas obsesivas que se producen después del choque. La rabia es una emoción que da mucha energía. Acuérdese que su sistema nervioso ha liberado grandes dosis de adrenalina y eso también le da combustible para atacar, pero ¡alto! Correr a buscar la escopeta no le ayudará en nada. "Nada borrará lo que ya pasó." Nada cambiará el pasado. Como dice el refrán: "palo dado, ni Dios lo quita", por mucho que desparrame su rabia sobre quien sea.

Recuerde: lo más importante es su bienestar, no la manera en que puede desahogar su coraje.

¿Sabe cuál es la mejor idea? Tome nota. Le voy a dar la mejor receta.

Haga un examen de conciencia y contéstese con toda sinceridad qué es lo que quiere lograr. Haga el esfuerzo de poner su mirada en el *futuro,* no en el pasado. No en todo lo que sucedió. No en sus temores y sus heridas. Mire hacia delante. ¿Cómo le gustaría *verse a sí misma o mismo* en el futuro? Valore sus *posibilidades* y observe si corresponden con lo que *desea* obtener. Si no es así, afine una de las dos, lo mejor es que renuncie a sus deseos por sus posibilidades. Esto es, no se aferre a lo que quiere si no se puede.

Es probable que no tenga la claridad para contestarse estas

preguntas ahora mismo, pero téngalas en mente para definir qué hacer, con base en todo lo que hasta aquí sabe sobre la infidelidad de su pareja:

¿Qué es lo que quiere hacer?
¿Qué es lo que puede hacer?

La primera respuesta de la mayoría de los que viven la infidelidad de su pareja respecto a *lo que quiere hacer* es: recuperarla a como dé lugar.

Cuando se tira algo a la basura y viene otro a recogerlo encantado de haber "hallado ese tesoro", es cuando se le ven más cualidades a eso que se desechó. Tal vez la vida con su pareja ya se encontraba muy deteriorada antes de la infidelidad. Quizá se hallaban en constante pleito, o ya se habían desconectado uno del otro, al grado de haber terminado viviendo como dos completos extraños. Y ahora, tal vez la infidelidad le haga pensar, una vez que ve perdida a su pareja, que en realidad no era tan mala persona; es más, no solamente no era mala, sino que ahora la desea a su lado más que nunca.

Antes de tomar ninguna decisión, valore con toda la frialdad que pueda si la quiere a su lado porque la aprecia y la valora o sólo porque alguien más recogió de la basura algo que era *suyo* y ahora quiere recuperarlo a toda costa.

Puede tomarse su tiempo para decidir, pero no demasiado porque entonces ya no tendría nada por decidir. La vida y el destino habrán tomado la decisión por usted. De cualquier modo, mientras puede llegar a un punto más objetivo y concreto sobre su futuro y el de su relación, tenga en mente lo siguiente:

1. *Controle sus impulsos.* No haga nada que no pase primero por un intenso análisis de razonamiento.

2. No haga nada que pueda hacer las cosas peores de lo que ya están. *Conserve su papel de gran mujer o de gran hombre.* Si la persona infiel o el o la amante se han comportado como lo más bajo de la escala humana, no haga nada que le pueda colocar a usted en un concepto parecido al que tiene de ellos.

3. *Sea* siempre *muy honesta u honesto* con sus pensamientos, sentimientos e intenciones. Hable con la verdad. Ya ha habido suficientes mentiras. No contribuya con más para dar una buena impresión o para confundir al enemigo. La verdad será su mejor arma. No la use para lastimar sino para abrir caminos por los que pueda transitar usted.

4. *Trate por todos los medios de recuperar la serenidad.*

5. *Mantenga la cabeza fría.* Necesita claridad; no requiere que sus más terroríficas fantasías de catástrofe le invadan. No se enfrasque en imaginar la peor desgracia y sentirse como si ya le hubiera sucedido.

6. *No se obsesione* con la tonta idea de que si la otra o el otro la pasan peor, usted se sentirá mejor. Con vueltas y vueltas a miles de pensamientos revueltos, la cabeza se calienta. Cada vez que se descubra pensando en la venganza haga algo diferente. "Enfrié su cabeza." Levántese, dé un paseo, cante, tome agua, regálese un baño, camine, corra; hable por teléfono con alguien (pero no para hablar de este tema), vaya al cine, lea, escríbale una carta y después rómpala, dibuje, juegue o hable con su perro; haga cualquier cosa que le permita cambiar de pensamiento.

7. *Valore* los "pros" y los "contras" de cualquier cosa que diga o haga.

8. *Saque de su mente a esa persona lo más rápido que pueda.* Cada vez que se acuerda de ella, la invita a sentarse al lado suyo. Con seguridad no desea pasar el resto de sus días en su compañía. Le costará efectuarlo, pero propóngaselo y lo logrará. No lo conseguirá a la primera, ni a la segunda, ni a la número 30, pero insista y lo logrará.

9. *Planee una estrategia* para sentirse bien y llévela a cabo. La venganza no es la mejor arma para ganar una batalla. La estrategia sí lo es. Si no funciona, diseñe otra; si tampoco sirve, planee otra hasta que una funcione. Sentirse bien no significa meterse en más problemas de los que ya tiene; quiere decir realizar cosas por y para usted, que le proporcionen bienestar (véase cap. 8).

10. *Tenga presente* que llevar a cabo cualquier acción en contra del "amorcito" sólo hará que su pareja sienta compasión por ella o por él y le estará lanzando directamente a sus brazos. Con certeza eso es lo que menos quiere hacer. Al mismo tiempo, eso haría que la distancia entre ustedes dos se hiciera más grande. Tal vez esté tan lastimada o lastimado que en este momento eso de la distancia sea lo que menos le importe, pero si hay hijos, muy posiblemente tengan que seguir conviviendo, aunque sólo se vuelvan a ver el día de la boda de ellos.

11. Recuerde que su pareja también está pasando por su propia crisis. No intente ayudarle a solucionarla; ése es trabajo de él o ella, pero *sea amigable*. Sea cual sea el desenlace, es mejor si puede conservar una buena relación.

12. No le lance *insultos y lecciones* sobre lo pecaminoso de sus acciones. No le recuerde cada vez que pueda que seguro se irá al infierno. No le ponga en evidencia en público o con la familia y mucho menos con los hijos.

13. Por mucho que le duela, su pareja es *libre para decidir* lo que quiere, quedarse o irse es su decisión. Él o ella también tiene que valorar sus sentimientos y sus pérdidas.

14. *No le proponga* ir a una terapia de pareja si no tiene la certeza de que la pareja quiere trabajar para mejorar su relación. Si no es por esta razón, sabotearía la terapia y sólo serviría para tener una prueba "profesional" de que su relación no tiene remedio o tratará de usar al terapeuta para que le ayude a deshacerse de usted. Si usted necesita ayuda, acuda sola o solo a terapia y dígale que lo hace para sentirse mejor con usted misma o mismo, mas no para que alguien le asesore para recuperar su amor.

15. *No* se desborde en *chantajes emocionales*. El desenlace depende más del clima afectivo en casa que de las dotes de persuasión del otro.

16. *No insista* en decirle "te amo" cuando lo que quiere decir es "te necesito". Sólo dígalo cuando de verdad lo sienta.

17. La *mejor actitud* es ser usted misma o mismo. Esfuércese en recuperar o en encontrar su identidad.

18. *Sea realista* al valorar sus deseos y sus posibilidades.

CIAO AMORE!

Las personas involucradas en una infidelidad tienen tres alternativas: terminar el *affaire*, finiquitar el matrimonio o quedarse como están sin tomar decisión alguna sobre el matrimonio y continuar con la infidelidad. Esta última es la peor posición porque sólo les permite quedarse atoradas en una situación insatisfactoria, así como enredadas en una telaraña de mentiras.

Es muy aconsejable para el que está siendo infiel que tome

una decisión respecto a lo que desea: si quiere seguir en el matrimonio o si desea establecer una pareja nueva con la persona con quien está teniendo la aventura.[1]

Si quiere realizar una verdadera evaluación acerca de seguir o no en su matrimonio, lo más importante de todo es que la infidelidad termine. Las promesas de hacerlo no sirven. Esa relación tiene que estar terminada para que se pueda analizar de manera objetiva la relación de pareja. Los expertos en el tema recomiendan que si el infiel no puede o no está seguro si quiere despedirse de la o el amante, por lo menos se permita darle un receso de *seis meses* para que pueda valorar si su matrimonio es aún recuperable o es cierto que lo mejor es terminarlo. Menos tiempo no es suficiente para tener una idea clara.[2]

Terminar con un o una amante no es sencillo, depende del tiempo que lleva la relación y del vínculo emocional construido con esa persona. El final de una relación amorosa es doloroso y significa una pérdida que es difícil asumir a la hora de decidir.

Su pareja tiene que ser muy honesta respecto a esto, porque si no ha terminado, todos los intentos de recuperación serán superficiales y de corta duración. Además de que alimentará falsas expectativas en usted, si es que está en disposición de trabajar para reconstruir la relación. Si el *affaire* continúa y le han dicho lo contrario, seguirá sospechando y lo descubrirá. El segundo "gancho al hígado" suele doler más que el primero. No se embarque en una reconstrucción si no tiene la certeza de que la "aventura" ha terminado.

Una casa no se puede remodelar si los inquilinos anteriores no la han desocupado. Así que si su pareja le dice que eso es asunto del pasado, pero a usted le late que no es así, quizá su intuición tiene razón y probablemente las mentiras continúan.

De la misma manera que usted supo que algo andaba mal, podrá ahora percibir si las cosas están igual de mal u ocurrieron cambios que indiquen que su pareja está con usted. Si no es así, deshágase de la ilusión de recuperar a su cónyuge. No quiera realizar usted todo el trabajo, permita que él o ella haga el suyo. Perderle es doloroso, pero el otro tiene que sentir que perderle a usted también lo es. Si no lo siente, no se preocupe más por recuperarlo porque es señal de que ya está perdido.

Si la intención es tener el propósito de recuperarse el uno al otro, tal vez tengan que hacer cosas drásticas para terminar esa relación y tener la certeza de que la "persona" ha salido del escenario. Hay parejas que se han cambiado de casa, de trabajo o incluso de ciudad para evitar el contacto y poder recuperar su matrimonio. Todo lo relacionado con esa "tercera" persona tiene que desaparecer del panorama. Eliminar la relación y sus "huellas" es tarea del infiel. Si eso no es posible, no podrá hacer nada por mucho que lo desee. Efectuar estos cambios tiene un costo, pero la terminación de la relación de pareja también lo tiene.

Para llegar a una decisión, es probable que necesite pasar un tiempo a solas para conocer y evaluar sus sentimientos. Si es así, tómeselo.

REFERENCIAS BIBLIOGRÁFICAS

1. Guerin, P. J Jr. *et al.*, *The evaluation and treatment of marital conflict*, Basic Books, Nueva York, 1987.
2. Abrahams, S. J., *After the affair*, Harper-Collins Publishers, Nueva York, 1997.

8

Cómo salir del pozo sin terminar en la funeraria

SOBREVIVIR A LA CRISIS

No llores porque se ha metido el sol,
las lágrimas te impedirían ver las estrellas.

Una infidelidad no necesita ser una catástrofe, ni para nosotros mismos, ni para el matrimonio. Una infidelidad no es un pecado capital. Tampoco es un sueño hecho realidad. Una infidelidad detona una crisis que puede significar una oportunidad. *Esta crisis puede ser el motor para la introspección y para poder saber finalmente quiénes somos, o quiénes queremos ser.* Si una infidelidad se decodifica de manera adecuada, nos puede llevar al camino del autoconocimiento, el crecimiento y la autenticidad, esto es, hacia la intimidad con nosotros mismos en primer lugar. Si entendemos su significado oculto, podemos recuperar el poder y enriquecer nuestras vidas. Debemos reconocer una infidelidad como una señal; un aviso.[1]

La muerte es la única cosa que no tiene solución. Fuera de eso, todo se puede arreglar, aunque la solución sea tener que deshacerse de una pareja porque la relación ya no funciona o

125

reparar dicha relación porque es valiosa para deshacerla. Lo más importante es usted misma (o mismo). No es su honra, su buen nombre, el qué dirán, o cualquiera de estas cosas que usted crea que la infidelidad pudo haber destruido. Lo más importante es su integridad.

Su felicidad no puede depender de lo que digan o hagan los demás. Puede aprender a sentirse feliz de manera independiente de las circunstancias que le rodeen. Tal vez ahora, estas palabras le suenen huecas, pero no lo son. Su felicidad no depende de lo que haga o no haga su pareja. Nadie es responsable de hacer feliz a otro. Cada quien fabrica o destruye su propia felicidad. Ser felices sólo depende de nosotros mismos. Quizá ésta sea la mayor lección que se aprende en la turbulencia de una infidelidad.

De aquí en adelante, trabajaremos especialmente en ir recuperándose a sí mismo, independientemente de si su pareja y usted siguen juntos o no. Éste es un largo camino y necesitará mucha fuerza de voluntad, dedicación, tenacidad y paciencia. Al principio, tendrá unos días malos y otros peores. Pero poco a poco verá que la proporción cambia hasta que tenga muchos días buenos y algunos regulares. Cuando llegue a ese punto, considérese totalmente recuperado porque ésa es la vida de todos los mortales.

En este momento, tal vez sienta mucho desconsuelo o desorientación, al enfrentar lo que tal vez sea la peor crisis de su vida, y vea el panorama negro. Si tiene la paciencia y la fortaleza para dejar pasar la noche, verá que pronto amanecerá de nuevo.

Primero debe reconstruirse a sí mismo, lo cual significa reconocer y resolver sus propios problemas, que mezclados con los de su pareja, llegaron a detonar la crisis que está viviendo ahora. Sí, éste es el momento de tener la valentía para enfrentar las propias culpas, las reales, no las endosadas por otro. Reconocerlas es la mitad de la solución. La otra mitad depende del esfuerzo por corregir errores de los que tal vez no había hecho conciencia. Es un buen momento para hacerlo, ya que, continúe viviendo con su pareja o no, eso le hará una mejor persona con mayores posibilidades de éxito.

Una crisis es un suceso o incidente que demanda atención urgente; implica al mismo tiempo una dificultad compleja, intrincada y que además presenta varias alternativas difíciles de elegir.[2] El manejo de estas alternativas exige la utilización de mucha sabiduría, y de gran dosis de imaginación. Se necesita generar gran cantidad de ideas creativas y hacer uso de toda la energía para salir bien librado de ésta o cualquier otra crisis. La *elección* de alternativas y *acciones* adecuadas le permitirá salir renovado de la crisis.

Empezaremos por considerar las alternativas y tomaremos en cuenta la opinión de los especialistas y la experiencia de muchas personas que, como usted, también se han sentido en "el ojo del huracán", sin saber dónde aterrizar y lo han logrado. Ellas serán el faro que nos guíe.

No hay orden alguno en las sugerencias que le presento a continuación para salir del pozo de la infidelidad. Lo más seguro es que necesite realizar todas ellas de manera simultánea. Tendrá que calmar su rabia. Deshacerse de su tristeza. Cuidarse y recuperarse a sí mismo o misma. Trabajar con sus obsesiones para cambiar sus pensamientos de catástrofe por otros más libres. Poner atención a los verdaderos problemas que hubo o hay entre usted y su pareja y a los problemas de *su* relación. Mejorar su autoestima. Recuperar la alegría por la vida y aprender a tomar decisiones. Todo al mismo tiempo.

Si han llegado a la conclusión de que lo mejor es que la pareja se separe, cada uno tendrá que recuperarse de la crisis que se desató por su lado. Si han decidido continuar, pueden apoyarse mutuamente y compartir recursos el uno con el otro.

En este proceso, ambos tienen diferentes lecciones que aprender y diferentes heridas que curar. Cuando se revisó la crisis que enfrenta cada uno de la pareja en una infidelidad (véase cap. 5) se observó que hay diferencias. La salida para cada miembro de la pareja también es diferente. Su cónyuge tendrá que trabajar en superar algunas cosas y usted otras. Si han decidido darle otra oportunidad a su relación, el siguiente capítulo puede ser una guía hacia la salida del pozo. Pero si la relación está definitivamente rota, no pueden quedarse en el fondo del abismo para siempre. Así que juntos o separados, esta crisis quizá sea una oportunidad para conocerse a sí mismo o misma, para aprender a reconocer sus necesidades y las de los demás, para *aprender a dar* y *a recibir*, para empezar a descubrir las cosas buenas de la vida lejos del pozo.

Aunque la crisis es diferente para cada uno, la de uno tiene que ver con la del otro. Los dos han contribuido a fabricarla. Hasta hoy, uno y otro se han complementado en la disfuncionalidad. Si siguen juntos, la salida de la crisis de uno también facilita la salida del otro, pero independientemente de eso, usted es responsable de su recuperación personal. Cada quien es responsable de su propia vida y del modo en que decide vivirla.

Para sanar su relación, si deciden continuar juntos y seguir siendo pareja, hay muchas cosas que necesitan llevar a cabo el uno *para* el otro. Estos temas se revisan en el capítulo 9. Ahora se enfoca el trabajo de *reconstrucción personal* durante la crisis, porque para poder compartir, primero es necesario tener algo para dar. Para buscar la unidad afuera, primero se requiere encontrarla dentro de sí mismos.

LA RUTA DE SALIDA SI LE HAN ENGAÑADO

Una escalera de cuerdas

No es nada fácil hacer el viaje al interior de uno mismo y de la relación para descubrir la contribución de cada uno con el objeto de cavar ese profundo agujero, y la excavación que han podido hacer con su dinámica de pareja; por eso, es bueno pedir o contar con ayuda. La mejor manera de pasar por todo esto es con la ayuda de un terapeuta con experiencia en el tema de la infidelidad; de preferencia, alguien que crea más en el matrimonio que en el divorcio, aunque el final de la historia sea la separación. Es útil un buen *profesional* bien entrenado, tanto en la *terapia individual* como de *parejas*, porque cualquier movimiento en falso puede perjudicar más que componer. No siempre es posible encontrar o financiar una buena ayuda profesional y entonces hay que arreglárselas como "Dios le dé a entender" y pasar por estos puentes colgantes solo. Todas estas sugerencias son peldaños de la escalera que usted podrá ir subiendo por sí mismo para salir del hoyo.

Cualquier camino que tome, conocer el proceso y *detectar los puntos de oportunidad* quizá signifiquen la salida del pozo sin terminar en la funeraria. *Lo más importante es* desde el inicio, centrarse en *escucharse a usted misma o mismo,* a escuchar su propia voz, no la de los demás.

*La mayor fuente de sabiduría está dentro de usted
mismo o misma.
Escuche su voz interior.*

Su voz interior puede sonar como un susurro que viene de algún lugar desconocido. Escúchela. Cuando alguien dentro de un pozo recibe una escalera de cuerdas, tal vez ésta le parezca poco resistente para aguantar su peso hasta el borde de salida, pero si se agarra a ella con fuerza, podrá salir. Esta voz interna, su intuición, puede ser esa escalera.[3] Si en este momento cree que no fue tan difícil superar la infidelidad y que la ayuda es innecesaria, lo más seguro es que haya "perdonado" demasiado rápido y que en realidad a su "ex" no le importaba mucho, o que ya existía desde antes lo que los especialistas llaman "un divorcio emocional".

También puede ser que trate de convencerse de que todo ya está solucionado para no enfrentar la verdadera crisis. Si piensa así y siguen juntos, tal vez en la vida real *no* ha aceptado a su pareja de regreso a su vida. Cuando esta crisis no se soluciona de fondo, el problema persiste y es probable que con el tiempo pueda estar de nuevo en la misma situación o en una peor. La crisis que provoca un problema de infidelidad, tanto en el infiel como en el que sufre la traición, no es un asunto que el tiempo arregle por sí solo. Hay que trabajar. La infidelidad sólo ha detonado un problema que ya existía.

"Aunque errar es de humanos y perdonar es de dioses, no se santifique demasiado pronto."[4] No reditúa.

Cuando ambos hayan comprendido lo que sucede y el origen de la catástrofe, entonces podrán ayudarse mutuamente para construir una escalera con el propósito de salir del pozo en la intimidad de la pareja, de tal modo que uno sirva de apoyo para el otro. Esta parte de la recuperación personal y la "reconstrucción de la casa" (véase cap. 9) puede llegar a ser de los mejores momentos que hayan vivido hasta hoy como pareja.

Usted puede elegir entre dejarse hundir en la depresión, la desesperación, la rabia y la soledad o dar el salto hacia la intimidad, el amor, el perdón y la alegría. Puede decidir si el evento de la infidelidad continuará siendo una fuente de sufrimiento o se convertirá en el momento de transformación para usted, su pareja y su relación.[5]

Solucionar una infidelidad con la permanencia y mejor relación entre la pareja no es un proceso fácil ni rápido. Tal vez persista desde bastantes meses hasta uno a dos años.

El final feliz de este proceso depende de varios factores:

1. Lo que haya sucedido dentro de cada uno antes, durante y después de la crisis.
2. La decisión de cada uno.
3. Su particular forma de relacionarse como pareja.
4. El tipo de infidelidad.
5. La *creencia en la posibilidad del cambio.*
6. El tipo de ayuda que puedan ir teniendo a lo largo del proceso.
7. La perseverancia en trabajar para corregir los errores.

Cuando todos estos ingredientes no convergen en un punto de bienestar, lo mejor para la pareja es que se separen definitivamente.

En ese momento es primordial que se fabrique una red de apoyo. Una red que le servirá para amortiguar la caída y las recaídas que tal vez tenga en el proceso. Es más fácil dar un gran salto cuando hay una red de protección como la que tienen los trapecistas. Esta red debe estar formada por personas cercanas a usted, que le estimen y aprecien, que sean confiables, reservadas y con recursos para ayudarle en caso de necesidad. No se trata de recursos económicos, aunque puede ser el caso, sino de recursos personales, como gran habilidad de empatía, respeto y cualidad de escuchar.

Para poder volar es necesario atreverse a dar un gran salto.

El primer gran salto que tendría que dar es deshacerse del miedo a perder a su pareja; si ya la perdió, seguro que ya se lamentó bastante por ese hecho y, si no la ha perdido, con el miedo sólo logrará acosarla, la cansará y terminará perdiéndola de todas maneras. Recuerde, la vida con su pareja o sin ella tendrá que ser mejor de lo que era; si no es así, todo su sufrimiento habrá sido inútil. Así que deshágase del miedo a perderla y será más seguro que la conserve.

CAMBIARLE DE CANAL A LA TELEVISIÓN

Cualquiera que haya sido la razón de la infidelidad, seguramente usted y su esposo o esposa no hablaban de los verdaderos asuntos conflictivos entre ustedes. No conversaban de la verdadera insatisfacción emocional, sexual o de cualquier tipo, ya fuera porque no la identificaban, porque no sabían cómo o porque no se atrevían. De aquí en adelante, tendrán que ubicar el verdadero conflicto, aprender a hablar de él y atreverse a enfrentarlo porque tendrán que hablar mucho y de muchas cosas que hasta hoy permanecieron ocultas. También tendrán que platicar de modo claro y honesto.

Aprenda a hablar en primera persona: yo.
Yo pienso, yo siento, yo creo, yo quiero, etcétera.

Entre las muchas cosas que se dirán, habrán muchas preguntas que querrá hacer a su pareja acerca del *affaire*. Haga todas las que quiera. Su pareja decidirá las respuestas. Pero usted pregunte. No se quede con ninguna en la garganta porque le atormentará. Es probable que despierte a medianoche con una pregunta nueva. Si puede espere a la mañana siguiente, pero si es importante para que pueda seguir durmiendo, hágala.

Esto desde luego le molestará a su pareja, pero si sigue allí ¿no cree que él o ella tendrán que pagar los daños ocasionados también?

Pero tenga cuidado, *no* podrá hacer esto eternamente. Terminaría por cansar a su pareja y lastimarse más usted misma o mismo. Por más cosas que pregunte nunca tendrá todo el panorama completo y viéndolo bien, ¿para qué quiere tenerlo? El exceso de detalles sólo hará más honda su herida.

Lo importante no es lo que ha ocurrido en la infidelidad,
sino lo que los llevó a eso.

Uno de los peligros en este tipo de problemas es quedarse atorado en los detalles de la infidelidad y ése no es el asunto importante. Más que recopilar con detalle la historia de todo lo que sucedió durante la infidelidad, lo importante es conocer lo que pasaba con su pareja. Cuáles fueron sus sentimientos antes de la infidelidad y cuáles son ahora. Si puede, esto es lo interesante por averiguar, porque ahí están las pistas para saber si la infidelidad puede ser un asunto superable o es el rompimiento definitivo. Pero no se obsesione con ser el mejor detective de los sentimientos de su pareja y tampoco trate de convertirse en su terapeuta ayudándole a aclarar sus dudas existenciales.

Es probable que al destapar la "aventura", como un mecanismo para acercarse el uno al otro y ante el miedo de perderse definitivamente, su relación se torne muy apasionada, como una luna de miel. Pero no considere que en ese momento y porque ya hubo un acercamiento, todo está solucionado. Después de un corto tiempo, las cosas se volverán más apaciguadas; cuando la vida regrese a la rutina normal, no considere por eso que haya vuelto a instalarse en el clima de desamor que había antes ni se obsesione ahora con cada frase o movimiento de su pareja. No se convierta en acosador o acosadora.

Céntrese en usted, en sus sentimientos y emociones. Permítase sentir todo. No se esfuerce en no sentir. Déle la bienvenida a *todas* las emociones y permita que se queden; ésta es la única forma de conocerlas y de dejarlas pasar.

Atrévase a sentir.

Aprenda a relajarse y a dejar que esas emociones fluyan. Conéctese con la compasión hacia usted y hacia los demás. Escuche las reacciones de su cuerpo para identificar sus emociones. Los músculos tensos, un vacío en el estómago, dolor de cabeza, un nudo en la garganta o las manos frías pueden ser mensajes de su cuerpo sobre lo que está sintiendo. Vea qué le dicen de usted mismo esas sensaciones.[6]

Poco a poco podrá ser capaz de conectar con su vida interna y aprender a escuchar a su corazón; cuando eso pase, necesitará menos de la opinión y los consejos de los demás sobre el rumbo de su vida.

Necesita hacer una conexión con la luz del universo y concentrarse en la bondad de la vida y el bienestar. Una manera de recuperarse del dolor es trascenderlo y darle un sentido. Nada sucede de la nada; todo lo que sucede tiene una explicación, a veces no la que se encuentra de inmediato, pero todo sucede por algo y para algo.[7] Concéntrese en el "para qué" de lo que está viviendo. Trate de descubrir la lección de vida detrás de los sucesos.

Quizá descubra su necesidad de dependencia, de sentirse protegida o protegido, querido o querida e importante, y cómo se ha ido desdibujando a base de ceder para agradar a los demás, en especial a su pareja, con objeto de evitar ser abandonada o abandonado. Tal vez haga contacto con su rigidez, sus miedos y su baja autoestima. Su tendencia a la disciplina, la crítica y la austeridad. Sus heridas pasadas y el modo en que le han ido minando la confianza en usted misma o mismo y en los demás.

Tal vez caiga en la cuenta de que ha participado escasamente de la abundancia de la vida, la amistad y la apertura. Quizá su necesidad de protección le llevó a relacionarse con alguien tan "protector", amigable y relajado que fácilmente "protege" a "otras u otros". Puede ser que descubra por qué la primera "seducida" fue usted y la segunda la secretaria. Tal vez descubra cosas muy diferentes a éstas. Lo importante es que *escuche* lo que este intenso sufrimiento le puede estar diciendo sobre usted, de su historia y de su presente.

No insista en que su pareja infiel lleve el mismo proceso. Esto es algo personal. El rompimiento de la relación (sigan juntos o no) es una *lección de independencia*. Esto no quiere decir que no compartan el aprendizaje; pero una cosa es compartir y otra imponer o acatar. Ésta es la segunda lección muy importante.

DETENER LAS OBSESIONES

De repente, las mariposas revolotean todo el día en el estómago, llegando al punto de entorpecer las tareas cotidianas. La mente se obnubila y al permanecer en estado de alerta, se vuelve hipersensible. Pensar en la infidelidad ocupa toda la mente, ya no hay lugar para otras tareas. Las cosas insignificantes que antes se podían pasar por alto, de pronto se tornan superimportantes; por ejemplo, la contestación de una insignificante llamada telefónica.

Los detalles de la infidelidad que ha descubierto y lo que le ha preguntado a su pareja pueden llegar a ser muy perturbadores. Es muy probable que estos datos ocupen su mente todo el día y toda la noche. Pero cuidado, ni la o el amante ni la infidelidad son los problemas en los que debe concentrarse.

Revisar y revisar el pasado, lo que sucedió y cómo sucedió son un intento por entender lo ocurrido, pero si invierte toda su energía para pensar en el o la infiel, la o el amante y en la infidelidad sólo terminará obsesionándose. Los reclamos reiterados de "¿Cómo pudiste hacerme esto?" le impedirán identificar sus verdaderas emociones y a su pareja le bloquearán reconectarse con usted. Estar de manera constante dándole vueltas y vueltas a lo mismo es agotador para quien lo hace y para quienes le rodean.

Las obsesiones son un obstáculo para ocupar su mente en otros pensamientos más constructivos que le permitan curar las heridas que seguramente están ahí desde su infancia. Necesita la mente clara para poder reconstruirse. Los pensamientos obsesivos sólo le dejan seguir revolcándose en el lodo del dolor.

Es lógico que le pase todo esto: está en crisis. En el camino hacia la salida, tendrá que idear una estrategia que le haga posible ocupar su mente en otras cosas para detener las obsesiones, de otra manera terminará extenuada o extenuado. Si tiene algún trabajo pendiente, hágalo. Trate de involucrarse en tareas que requieran su concentración aunque no sean trascendentes. Ocuparse constituye una de las cosas más saludables. Haga algún tipo de ejercicio. Caminar es muy bueno. Eso le permitirá oxigenar su cerebro y poder pensar con más claridad.

El mejor modo para quitar los reflectores a la infidelidad, como el único y más trascendente acontecimiento de su vida, es que inicie un nuevo proyecto que le conserve ocupado u ocupada, sobre todo en un sentido mental. Este proyecto no necesariamente tiene que ser algo que le haga mundialmente famosa o famoso, puede ser cualquier cosa que le parezca útil y divertida. Si no le es posible encontrar *nada* que le entusiasme, tal vez tenga una depresión y, si es así, necesita deshacerse de ella. Nada ni nadie es tan importante como para arrebatarle a otra persona las ganas de seguir viviendo. Piénselo.

No luche por "no pensar en esas cosas", mientras más se esfuerce y se concentre en lo que *no* quiere pensar, más lo hará.[8]

La solución está en dejar las ideas fluir, que vengan y que se vayan como vinieron, no en tratar de dominar la mente. Deje que aparezca el pensamiento, analícelo, y déjelo ir como llegó. Por ejemplo: "Caray, otra vez estoy repasando 'esa' conversación del teléfono; aquel día creí que se me iba a salir el corazón del pecho, estaba muy alterado, pero hoy es otro día, hoy voy a…"

Es muy probable que necesite hablar de lo ocurrido muchas veces. Cuando las personas viven un suceso traumático necesitan hablarlo, ya que es una manera de acomodar la historia y "resignificarla", lo cual quiere decir: darle un significado diferente. Por ejemplo: "Fue bueno que no tuviera ganas de comer, eso me permitió recuperar la figura." Al final descubrirá que acomodar la historia es algo privado y poco a poco necesitará menos hablar de ella.

Escribir es un buen remedio. Cómprese un cuaderno y escriba, escriba y escriba. La escritura es una buena herramienta para ordenar los pensamientos y dejarlos fluir. También es muy eficaz para aclarar la mente y descubrir muchos sentimientos ocultos.[9] Haga cartas, listas, descripciones, ensayos, poemas, lo que sea; desahóguese en el papel. Éste es un trabajo privado; asegúrese de que permanezca así. No relea lo que escribe. Con el tiempo tal vez lo haga, pero no ahora. No escriba para llevar un minucioso diario, redacte cualquier cosa, no importa si parece incoherente o repetitivo, si tiene faltas de ortografía o la letra le salió muy fea. Lo importante es que su mente se aquiete y que pueda dejar pasar todo lo que ahora la perturba.[3] Cuando la crisis sea parte del pasado, *destruya sus escritos*, con lo que conserve en la memoria acerca del "acontecimiento", será más que suficiente. No es necesario que atesore la historia escrita de su dolor. Destruir los escritos es una manera simbólica de deshacerse del dolor para siempre.

Descubra las razones ocultas de su infelicidad y de la historia que se cuenta a sí mismo sobre lo sucedido. Póngale un nombre a la película que está viviendo.[10] Imagine otro final, lo cual está en sus manos; la manera en que pueda continuar esta historia. Puede terminar hecha un destrozo o como el ave Fénix, resurgir de las cenizas. La tercera lección es la siguiente: el final de la historia lo escribe usted.

DIBUJAR LAS FRONTERAS

Los límites son los parámetros de oro para la sana convivencia. Aprender a tener y poner límites evita muchas confusiones y problemas. Los límites dan contención y tamaño a las cosas. No es posible vivir sin restricciones. No podemos comer todo lo que queremos sin padecer uno o varios problemas de salud tarde o temprano. Nadie posee todo lo que quiere; si fuera así, perdería la capacidad de desear y soñar.

Vivimos en un mundo que está delimitado por fronteras. Nuestro espacio vital tiene una medida, si alguien lo hace más pequeño (reduce sus límites), nos sentiremos ahogados. Ignoro qué pasaría si de pronto pensáramos que el jardín del vecino es mejor que el nuestro y decidiéramos poner nuestra barda en medio de su jardín para agrandar el nuestro. No creo que el vecino lo consintiera.

La infidelidad es una conducta de transgresión de los límites. Si no hay límites, no hay transgresión y, por tanto, no hay infidelidad. El infiel es responsable de su decisión de transgredir, pero la pareja del infiel es responsable de permitirlo. En otras palabras, de no dibujar sus fronteras.

El límite más obvio en las parejas es el de exclusividad.

Para todo el mundo hay ciertas cosas no permitidas, es decir, hay reglas del juego. Lo que se puede y lo que no se puede hacer en una pareja debería ser claro y explícito, y lo que uno no está dispuesto a tolerar, también.

Cuando se utiliza la palabra transgresión, queda implícito que el infiel está traspasando un límite (el de exclusividad) y con eso lastimando a otro por faltar a su palabra. Para conservar la integridad de la pareja, hace falta mantenerse dentro de los límites acordados.[11]

Quizá éste sea un buen momento para que reflexione sobre los límites y cómo se van desdibujando poco a poco cuando uno solamente desea agradar, o cuando se vive con el pánico de perder a la pareja.

Los límites no son como el antiguo muro de Berlín; ésa era una barrera infranqueable. Los límites sanos en la vida son como la tela de alambre. Marcan muy bien la frontera pero permiten la vista de un lado a otro, el paso del aire y pueden ser de alturas variadas. Cada quien decide de qué tamaño, qué tan firmes y drásticos son sus límites y dónde vale la pena ponerlos. Los límites fuertes y rígidos aíslan a unos de otros.

La cuarta lección es: muchas veces para arreglar una situación crítica hay que saber poner el límite de lo que uno está dispuesto a soportar y hasta cuando.

VALGO MI PESO EN ORO

La autoestima afecta casi todos los aspectos de nuestra vida y puede cambiar de acuerdo con las cosas que nos suceden.

Las elecciones y la forma de reaccionar ante los acontecimientos, como la infidelidad y, en general, la satisfacción que experimentamos en la vida están influidas por nuestra autoestima.[12]

La autoestima se halla fuertemente ligada a los logros; es la suma de la evaluación que hacemos de nosotros mismos. Trabaje en la recuperación de su autoestima, la cual es la parte que ha resultado más dañada.

En este momento, usted siente que ha perdido o está perdiendo algo muy valioso. Se siente como un objeto desechable y, por tanto, perdedor. En este instante es probable que se pregunte si habrá una sola cosa en la vida que haya hecho bien. Es altamente probable que en estas circunstancias y como un mecanismo de defensa muy común, su pareja haya hecho todo lo posible para endosarle la responsabilidad de su elección, sea usted el que se sienta mal por ella y le diga o haga cosas para que usted resulte ser el culpable de la infidelidad. Cosas como: "Me enamoré de otra mujer porque tú no supiste retenerme." Si puede, no le haga caso. La infidelidad no es su culpa. Nadie puede hacer que otro opte por ese medio para aliviar sus penas.

Junto con la acusación quizá usted mismo se convenza de que tiene uno o varios defectos muy grandes, en particular, que posee una grave incapacidad para lograr ser querido y respetado. En las circunstancias actuales, es lógico que su autoestima se encuentre por los suelos. Recupérela. Si siente que nunca fue demasiado buena, éste es el momento para mejorarla. No dependa de los demás para ello. No dependa de la "fotografía" que su pareja hace o hizo de usted para basar su identidad en ella. Su propia percepción es más importante. Enfóquese en sus logros y aciertos. No dependa de que los demás noten su habilidad o sus triunfos para apreciarlos. Haga que su propio aprecio por usted mismo y por lo que hace sea lo que cuente.

A veces se piensa que en la pareja recae la necesidad de hacernos sentir bien con nosotros mismos y nos volvemos dependientes de su aprobación para todo lo que se lleva a cabo. La propia imagen y la valoración que hacemos de nosotros mismos muchas veces dependen de lo que la pareja opine que hacemos bien o mal. Si usted ha invertido la mayor parte de su energía en hacer que el matrimonio funcione, en educar a los niños y en proveer, tal vez se haya olvidado de sí mismo. Si vive o vivió con una pareja voraz, quizá le cedió poco espacio para su lucimiento y aprecio. Esta crisis le debe enseñar que usted también decidió conceder su propio desarrollo, de alguna manera, nulificarse y depender (por el miedo al abandono, ¿recuerda?).

En el capítulo 11, se revisan los principales factores de riesgo de la infidelidad; se observa que una autoestima baja es un elemento predisponente para vivir infidelidades o para crear una situación de dependencia que puede hacer que la pareja se sienta abrumada. Si esto de la autoestima baja ha sido el talón de Aquiles, ésta es una buena ocasión para revisar y fortalecer la opinión que se tiene de sí mismo. No trabaje en mejorar su autoestima para recuperar a su pareja. Mejorar la autoestima es importante, independientemente de lo que resulte al final de esta crisis.

Una autoestima baja puede ocasionar problemas personales, malas relaciones interpersonales, estados depresivos y autosabotaje a la hora de intentar solucionar problemas. Esta baja autoestima tal vez sea la causa subyacente de muchos problemas diferentes a lo largo de la vida, como casarse con la persona equivocada, por las razones equivocadas, y aceptar vivir una infidelidad o más. Por ejemplo, cuando uno ha aprendido desde niño a hacer una evaluación mala de sí mismo, se prepara el terreno para vivir devaluado de adulto. Un modo en que esto se refleja en la relación con la pareja es interpretar los muy frecuentes reclamos naturales en la convivencia, como una crítica, y ésta ser causa de distanciamiento.

El desarrollo de la autoestima empieza desde las etapas más tempranas de la vida. Cuando se es niño no hay la capacidad para enfrentar las situaciones que puedan dañar la necesidad de ser valorado, pero hoy, como adulto, la situación es diferente. Ahora puede tomar la responsabilidad de cuidar de usted mismo y aprender maneras en las que su autoestima se nutra y mejore. La siguiente lista elaborada por Rona Subotnik y Gloria Harris[12] puede ser muy útil para este propósito.

1. *Reconozca* y *cuestione* los mensajes desalentadores que recibió de niño y que tal vez afectaron la percepción que tiene de usted mismo. Por ejemplo: "eres tonta", "nunca lograrás nada en la vida", "no sé por qué tienes que ser así". Reconozca cómo esos mismos mensajes se repiten ahora que es adulto.

2. *Identifique* y *cuestione* los mensajes de la sociedad que dañan su autoestima. Tal vez ha seguido escuchando la versión adulta de los mensajes que recibía de niño: "Eres intolerante", "Contigo no se puede hablar", "Te miento porque me dan miedo tus exageradas reacciones", "No sabes relacionarte con los demás". Todas estas y muchas otras sentencias que con seguridad conoce bien, en el fondo implican que tiene un "defecto de fábrica" que le colocan en desventaja. Recuerde que su pareja ha utilizado el mecanismo de echarle la culpa de su infidelidad; con certeza esta "técnica" no es nueva, es probable que durante su vida matrimonial también le haya estado "echando la culpa" por otras muchas cosas y que usted la haya aceptado sin más. Una vez que identifique el sistema, estará en condiciones de retarlo y detenerlo.

3. *Reconozca* y *rete* cualquier distorsión en sus pensamientos que usted usa para conservar baja su autoestima. Por ejemplo, llamarse a usted mismo con nombres despectivos todo el tiempo por cualquier error, autocriticarse de manera exagerada o tener grados de autoexigencia demasiado altos. Deténgalos. Cambie sus autocastigos por otras maneras más cariñosas y empáticas de hablar con usted mismo.

4. *Identifique* y *cuestione* las devaluaciones de otros que estén dañando su autoestima. Por ejemplo, los calificativos y las comparaciones en las que usted siempre sale perdiendo. No se desgaste en discutir que no son ciertos. Sólo *no* los escuche.

5. *Reconozca* y *haga valer sus propios derechos.* Por ejemplo, el derecho al descanso, a merecer y pedir ayuda, a ser respetado y valorado, a decidir, a elegir, a opinar, a sentir, a expresarse, a tener logros y a disfrutarlos.

6. Reconozca que hay muchos elementos que tienen que ver con la disfuncionalidad de una familia; la constante devaluación de un miembro, como "sacrificándolo" por los demás, es uno de ellos. Usted puede *liberarse a sí mismo de inculpaciones inapropiadas o injustas.* Por ejemplo, piense que otras causas diferentes a su comportamiento quizá fueron el origen de la insatisfacción crónica de su madre con la vida. En este caso, es lo mismo: *"otras causas diferentes a su conducta tal vez constituyeron las fuentes de insatisfacción crónica de su esposo o esposa con la vida"*, no necesariamente usted (como le han hecho o le hacen creer).

7. *Haga del cuidado de usted mismo una prioridad.*

8. *Quiérase*, apréciese y disfrute de estar con usted mismo.

Invierta tiempo y esfuerzo en descubrir su yo verdadero. Descubra quién es usted en realidad. Escriba los pensamientos que tiene sobre usted mismo y cámbielos por otros más positivos.

Dedíquese tiempo y cuidados. Invierta tiempo en las actividades que disfruta. No sólo en cuidar de los otros, o en cumplir con los compromisos que ha adquirido para complacer a los demás. Después podrá hacer aún más por ellos.

Hay otros modos de mejorar su autoestima.[13] Uno, por ejemplo, es elaborar una lista de sus logros. Las cosas más pequeñas e insignificantes también cuentan. Recuerde sus momentos de éxito en la vida. Si le cuesta trabajo recordarlos, vea sus fotografías del pasado. Recuerde los logros de todas las etapas de su vida. Vea los diplomas que haya ganado en el pasado, aunque sean los del jardín de niños. Haga las cosas que le salen bien, aunque sea un crucigrama o un pastel. Ponga atención en los cumplidos que reciba de las demás personas. Aprenda a recibir halagos y agradézcalos. Realice una lista de las cosas que le gustaría hacer y al lado escriba qué le impide hacerlas. Reflexione sobre esas "razones" que se da a sí mismo para no llevarlas a cabo. Escriba qué le gustaría que la gente cercana pensara sobre usted cuando ya no esté. Practique y aprenda a dar y recibir halagos. Asómbrese de lo mucho que puede lograr cada día.

Dar y recibir halagos es una buena medicina para el alma.

UN "SPA" CASERO

Primero, lo primero. Cuide su bienestar físico. Descanse. El sueño es de las primeras cosas que se alteran. Un buen sueño es muy reparador. Diseñe una rutina para ir a la cama. Prepárese un té o alguna bebida caliente que le relaje.[14] Planee su hora de acostarse. No deje asuntos pendientes; si tiene cosas por hacer al día siguiente, elabore una lista y déjelas para la mañana próxima. Efectúe ejercicios de relajación. Haga respiraciones profundas. Suspire, deje que salga la tensión y permítase descansar. Tómese un baño. Lea un buen libro que sea muy ligero o una revista divertida. Ilumine su habitación con luz tenue que sea fácil de apagar desde su cama.

Comer bien también es importante. Si ha dejado de comer o siente que está comiendo de más, haga el propósito de llevar una dieta equilibrada. Coma muchas frutas y verduras. Beba gran cantidad de agua. Escuche a su cuerpo. No lo ignore. Tener una buena salud no debe depender de si está solo o acompañado. Prepárese cosas que sean nutritivas y que le parezcan sabrosas. No omita comidas.

Si está comiendo en exceso, pregúntese qué emoción está ocultando detrás de la comida. ¿Aburrimiento, tristeza, desesperanza, desilusión, incertidumbre? Identifíquela y colme esa necesidad emocional insatisfecha por un camino más saludable.

> Si está en algún tratamiento para recuperarse de la
> depresión, sígalo.
> Si tiene algún otro malestar, escúchelo y atiéndalo.

Recupere la capacidad de asombro por las cosas cotidianas de la vida. Empiece el día estirando su cuerpo y llene sus pulmones de aire. Abra las ventanas por la mañana y mire el cielo. Observe cómo estará el día de hoy. Siéntase parte del universo. Disfrute del agua cuando se bañe. Haga conciencia de la limpieza de su cuerpo y su alma. Elija la ropa que le permita sentirse bien. Ingiera una manzana a media tarde, haciendo conciencia de toda la gente que trabajó para que usted pudiera tener esa manzana en la boca. Concéntrese en su sabor y textura.

Planee un buen baño con velas. Hágase una limpieza facial o una manicura. Aplique un masaje en los pies con una crema de descanso. Invierta más tiempo en afeitarse. Hágase un buen corte de cabello. Escuche la música que le gusta. Lea esa novela que lleva meses en el buró. Haga cosas para sentirse bien; para usted mismo, no en función de los demás.

Seguramente a usted se le ocurrirán más cosas, hágalas. No necesita invertir dinero ni gran cantidad de tiempo. Las mejores cosas de la vida son gratis.[15]

VOLVER A VER EL CIELO AZUL

Hay personas en quienes es evidente una tendencia a la inseguridad personal y por ello necesitan asegurarse la protección del otro. Hay quien posee más seguridad en ella misma, es más independiente, capaz de ser menos dependiente de la conducta del otro para manifestarse y desplegar su vida.[16] Conviértase en una de ellas.

Es probable que hasta hoy haya llorado y llorado; parece como si hubiera tantas lágrimas que se le salen en todas partes y por cualquier razón. Eso es normal, sin embargo, pasado un tiempo las lágrimas deben dejar paso a las sonrisas. Si le es imperioso llorar, hágalo pero considere que tiene que detenerse en algún punto. No llorará eternamente. Si la tristeza le inunda y no puede hacer otra cosa, tal vez sería bueno consultar un especialista que le pueda ayudar a superarla. Quizá también no le salga ni una lágrima, pero de todas maneras esté deprimido, y eso no le permite ver las cosas buenas que tiene la vida, a pesar de que las esté viviendo.

La infidelidad no tiene que ser el fin del mundo. Hay varios indicios para detectar si la tristeza se ha pasado de la raya y está cayendo en una depresión. Algunos de ellos son la pérdida del interés por las actividades que antes disfrutaba, una profunda sensación de tristeza, irritabilidad, dificultad para dormir, alteraciones en los hábitos alimenticios e ideas suicidas. Un solo síntoma no es señal de una depresión, pero varios de ellos juntos sí. En especial el de pensar seriamente en desaparecerse del planeta. *Si se encuentra en estas circunstancias, necesita pedir ayuda profesional.* Tal ayuda no debe convertirse en un arma para culpar a su pareja por el daño, sino en otro recurso y otra oportunidad para salir de la crisis. Finalmente, esta reacción es suya y no depende de lo que los demás hagan o no hagan. Sentir felicidad es su responsabilidad, recuperarla y conservarla también. Necesita deshacerse de la tristeza porque es una condición necesaria para recuperar las riendas de su vida.

Con seguridad su pareja se sentirá mal de ver los estragos de su "aventura"; deje que ella maneje sus propios sentimientos. Usted tiene la responsabilidad de salir de ese estado de melancolía, él o ella tiene la responsabilidad de manejar sus remordimientos. No utilice sus penas para seguir cobrando multas por el agravio, pero tampoco permita que le pongan encima de la espalda la carga de otro. No haga todo lo posible por sentirse mejor, sólo para que el otro no se sienta mal.

El origen de todas las cosas son los pensamientos.
El modo en que interpretamos las cosas y lo que pensamos
de ellas, le dan forma al mundo en que vivimos.[17]
Fabríquese buenos pensamientos.

Rodéese de gente optimista; lea cosas agradables; vea películas divertidas; vaya a lugares que le gusten; oiga música alegre; baile; cante; acaricie a su perro; observe a los patos en un estanque; alimente a las palomas; visite a la gente que quiere y hace mucho no ve, no para hablar de sus penas, sino para recibir cariño de ellas. Si le invitan a algún lugar bonito o divertido, no lo dude: ¡Vaya!

REDESCUBRIR EL SENTIDO DE LA VIDA

Entre tantas cosas por hacer para recuperarse a uno mismo, está la de descubrir el sentido que ha tenido todo esto que ha vivido y, además, volver a encontrar la dirección y la meta de la vida. No se trata de plantearse objetivos, sino más bien de volver a encontrar el "para qué vivir". Una frase muy famosa de Nietzsche dice: "[...] quien tiene un para qué, siempre encuentra un cómo". De aquí en adelante, procure que sus acciones tengan un fruto que le permita trascender el dolor y encontrar nuevas razones y motivos ("paraqués") para seguir adelante. Que el "cómo" de la vida pueda aportarle satisfacción, armonía, plenitud y trascendencia.

Cuando Viktor Frankl[18] tuvo que vivir la experiencia de haber sido despojado de todo y estar en un campo de concentración nazi, descubrió que aun en las condiciones más terribles, es posible encontrarle sentido a la vida. Después de trasladarle al campo de Auswitz, separado de sus padres y su esposa, decomisarle todas sus pertenencias, verse totalmente desnudo y con el pelo de todo el cuerpo rasurado, experimentó lo que él llamó "una existencia desnuda". En ese momento, él descubrió que a pesar de todo hubo "algo" que no pudieron arrebatarle: la libertad de tomar una actitud ante el sufrimiento. Decidió que, en primer lugar, sobreviviría, en segundo, ayudaría a los demás y, en tercero, investigaría y aprendería sobre la naturaleza humana. Logró sus tres objetivos.

En el campo de concentración, se perdía la dignidad y la posibilidad de sobrevivir era remota. Durante el tiempo que pasó en dicho lugar, se dedicó a estudiar las reacciones propias y las de los demás compañeros de desgracia. Descubrió que esa actitud de poder darle un significado al sufrimiento hacía posible que él y otros muchos sobrevivieran a una de las experiencias más fuertes conocidas por la humanidad. Cayó en la cuenta de que aun en las circunstancias más adversas, nunca se pierde la libertad de *decidir para qué y con qué actitud se enfrenta aquello que la vida nos obliga a transitar.*

Usted también descubrirá que en esta experiencia de la infidelidad, hay "cosas" que no le pueden quitar, que sobrevivirá y que incluso en el dolor es posible descubrir que la vida valga la pena de ser vivida.

Frankl llegó a la conclusión de que tener la mira puesta en algo más, le ayudó a muchos a sobrevivir. Algunos se enfocaron en el momento en que finalizara la guerra; otros en poder ayudar a los demás, y otros más en el trabajo. Él deseaba volver a reunirse con su esposa y editar un libro, cuyo manuscrito le quitaron al llegar al campo de concentración, y que fue recuperando de su memoria en pedacitos de papel o trapo. Esta visión les permitió soportar intenso dolor y sufrimiento, y sobrevivir.

Si se le puede encontrar sentido a todo el sufrimiento de la infidelidad, éste quizá sea el de pensar en salir renovado de la experiencia y ver la posibilidad de conseguir una vida mejor de ahí en adelante. Nadie, con la idea de seguir eternamente en el sufrimiento, soportó la vida del campo de concentración. Sobrevivieron quienes pudieron pensar que esa guerra y esa tortura tendrían un final. Aquellos que se desesperanzaron, murieron. Hay que imaginar que el túnel tiene un final.

Como bien dijo Isaac Newton: "A toda acción corresponde una reacción." Una de las leyes que determinan el equilibrio de la vida es la de causa y efecto. Era de esperarse que al descubrir la infidelidad hubiera una reacción de su parte, la cual, de manera factible, ha trastocado todas sus creencias y el modo de mirar la vida. Ésta es su oportunidad para retar sus creencias y reorientar el rumbo del barco.

La tarea del que ha cometido la infidelidad es responder por sus acciones. Ojalá también el o la infiel pueda ser capaz de encontrar el camino de salida de una vida a medias y oculta por un cerro de mentiras y que sus creencias y manera de ser también se hayan trastocado de fondo para que pueda hacer elecciones libres con las que sienta satisfacción.

Haber vivido esta experiencia y haber encontrado el camino de salida le debió aportar gran conocimiento sobre usted mismo y sobre su pareja. Independientemente de si su matrimonio se puede recuperar de este impacto o no, le deseo que al final pueda ver las ganancias y el aprendizaje de todo esto, y que esta experiencia le permita ser una persona más fuerte y segura.

LA RUTA DE SALIDA PARA QUIEN HA SIDO INFIEL

Descubra el fondo del mar

La solución de la crisis que enfrenta el infiel está directamente ligada a la decisión que haya tomado sobre su matrimonio. Si el infiel ha optado por romper con su pareja, no se sentirá en crisis, se sentirá liberado.

Pero si ha decidido intentarlo con ella de nuevo, es muy probable que se sienta con culpa, avergonzado, indeciso, confundido y probablemente sin confianza en que el reencuentro funcione.

A primera vista parece que el trabajo por hacer de quien ha sido infiel es mucho más sencillo y menos importante que el que tiene que hacer quien ha sido traicionado, pero *no es así*. Esa impresión es generada, por una parte, porque la crisis de la pareja parece tan apremiante que la del infiel pasa a segundo plano; y por otra, que la crisis del infiel es más silenciosa y encubierta. Parece como si él no estuviera en crisis porque sus verdaderos problemas están ocultos, y aun sintiéndose fuera de equilibrio, prefiere seguir conservando sus sentimientos bien resguardados.

La crisis del infiel tiene más que ver con la confusión que con la pérdida de sí mismo, a diferencia de lo que le ocurre al engañado. La infidelidad le ha aportado autoconfirmación y seguridad, y no entra en pánico de ser abandonado tan abiertamente como su pareja. Pero también tiene miedo, el cual radica en la creencia de que la pareja lo castigará y se vengará de él.

Aunque haya mucha culpa por el daño causado, ningún infiel se siente arrepentido de los buenos momentos vividos con la o el amante. Hasta que la infidelidad es puesta al descubierto, y aparece la posibilidad real de la terminación del vínculo conyugal, los infieles no "caen en la cuenta" del daño y es cuando empiezan a entrar en confusión.

Esta crisis, como todas, también es una oportunidad. Mientras que quien ha permanecido fiel encuentra las respuestas dentro de él, el infiel las encuentra a través del otro. Si tiene la paciencia y sobrevive a sus miedos y sus ganas de salir corriendo, verá que podrá tener una cercanía y un sentimiento de pertenencia con su cónyuge como nunca antes. Usted se sorprenderá de todo lo que puede aprender a través de pagar las multas y los daños ocasionados. Aprenderá a no sentirse víctima.

Ver "los daños ocasionados" es su primera tarea; pagar la multa de la transgresión, la segunda. Si se empeña en que el asunto no es para tanto, no aprenderá nada de esta crisis y se reflejará en que no entenderá a su pareja ni ella lo entenderá a usted. Al final del túnel de esta crisis, se encuentra la asimilación y la aceptación de las fallas: las de uno y las del otro.

En un sentido metafórico, mientras más rápido "pague sus multas", tendrá menos recargos. En palabras llanas, esto significa que mientras más rápido asuma su responsabilidad y descubra la manera en que puede restituir el daño, más rápido saldrán ambos del pozo.

Si el infiel insiste en sentirse castigado o víctima de la venganza de su pareja, cada vez que sale el tema de la infidelidad (que es necesario hablar) y para evitar su vergüenza o su dolor, o lo que sea, tratará por todos los medios de hacer que su pareja se calle y se adapte a la rutina lo más rápido posible para hacer de cuenta que no pasó nada; esto sólo hará que el coraje y el resentimiento aumente y que todo el esfuerzo sea inútil porque ambos seguirán sintiéndose mal. En cualquier momento, se desatará una y otra vez la tormenta de reclamos y no debido a que la pareja sea incapaz de pasar la hoja, sino debido a que el infiel no le permite digerir lo ocurrido. Por eso, la clave para la solución de la crisis del infiel es a través del otro. Básicamente, está en la actitud que tome con su pareja.

Necesitará revertir la indiferencia por una conducta más empática. La empatía es productiva en el mundo de los negocios y en el de las relaciones interpersonales también. La sensibilidad para entender y contener el dolor de la pareja es determinante en el pronóstico de la solución del problema.

Para aprender a escuchar, tener una actitud empática, mejorar su autoestima, dejar de sentir miedo al castigo y al rompimiento, enfrentar el conflicto y no salir corriendo, atreverse a la cercanía y la intimidad, aprender a identificar sus necesidades y a pedir cómo le gustaría que fueran satisfechas, le hace falta tener el valor de sumergirse en lo más profundo de su alma; o sea, tener el valor para conocer el fondo del mar.

LLENE LO QUE ESTÁ VACÍO

La infidelidad no es un error o una condición humana irremediable. Es una conducta que tiene un propósito: llenar un hueco. Muchos de los que la han vivido, dicen que la necesidad de llenar un vacío fue el motor que los impulsó a embarcarse en la aventura.

La sensación de vacío surge por la pérdida del sentido de la vida, la pérdida de propósito y rumbo. El sentido pudo haberse extraviado muchos años antes de la infidelidad, incluso muchos años antes del matrimonio.

El sentido se encuentra dándole un significado al sufrimiento inevitable al que estamos expuestos todos. A través del desarrollo de una actividad o un trabajo productivo y satisfactorio, y cuando hay algo o alguien que representa una razón para luchar. Si la vida se torna insulsa, aburrida o inútil, se experimenta un vacío. La vida en pareja no es el único camino, pero una vida en pareja donde hay falta de alegría, comprensión, apoyo e ilusión, y donde no se comparten sueños, quizá haga que todo lo demás se diluya, dejando a quien la padece con una sensación profunda de sinsentido.

Descubrir el sentido de la vida y llenar los huecos personales que le dan esa sensación de vacío es una buena tarea. No crea que sólo tendrá que hacerlo para recuperar a su pareja. Siga o no casado con esa persona, descubrirlo le hará mucho más feliz en lo personal. El hueco más doloroso y apremiante es el de la soledad.

> El significado de la vida se *descubre* y, cuando se encuentra, se "llena" el vacío.[19]

Averigüe dentro de usted, si ese vacío es provocado por la falta de sentido en su vida laboral, familiar (antes del matrimonio) o de pareja. No todo lo que se le achaca a la pareja es de ella.

RESARCIR LOS DAÑOS

La persona infiel experimenta un cúmulo de sentimientos ambivalentes cuando la infidelidad sale del costal. Esto es, cuando deja de ser un secreto y el tema se pone sobre la mesa. Esta ambivalencia sentimental *ya estaba presente en el infiel aun antes del affaire*; con el destape, se agudiza.

A pesar de que el infiel pueda argumentar que en su matrimonio se había acabado el amor, no se puede establecer si eso fue la causa de la infidelidad o el efecto. Cuando una persona vive la "maravillosa" fantasía de un nuevo amor, no invierte energía en la relación con su pareja, el amante la ocupa toda y, con esto, la pareja se deteriora aún más. Utilizar esta disculpa de la "desaparición" del amor en el matrimonio es una salida demasiado simple y muchas veces una manera de inculpar al otro por el desamor y, como consecuencia, por la conducta infiel.

En un matrimonio bueno y funcional (una pareja estable y comprometida con un plan de vida), se vive toda la gama de emociones: amor, odio, felicidad, enojo, admiración, dependencia, miedo, disgusto, lástima, ilusión y muchas otras emociones conocidas y desconocidas, conscientes e inconscientes. En las parejas bien avenidas, *el compromiso sobrevive*, independientemente de las emociones del momento. Para estas parejas, el compromiso está anclado en la identidad y el sistema de valores de cada uno, en la confianza y, sobre todo, en la habilidad para llegar a acuerdos y respetarlos.[20] Lo que aniquila el amor en una pareja, no son los problemas, sino la negatividad, la devaluación, la indiferencia y la falta de respeto. La infidelidad es de algún modo la consecuencia de todo eso.

La infidelidad es, en última instancia, responsabilidad del infiel, porque la decisión de romper el compromiso fue suya. Responsabilidad que muchas veces cuesta mucho trabajo asumir. Es más fácil adjudicarle la responsabilidad al otro y hacerlo sentir culpable de su traición.

Si usted quiere salir de su propia crisis, tendrá que aprender a responsabilizarse de su vida y de sus elecciones, y dejar de culpar a los demás por lo que le sucede o por el resultado de las decisiones que usted toma.

Responsabilizarse quiere decir: *responder* por el *hecho* y sus *consecuencias*. La responsabilidad es la capacidad para responder por lo que se elige libremente. De manera independiente de las circunstancias, el infiel elige con libertad involucrarse de modo sentimental o sexual, o ambos con otra persona. Libremente porque hay otras opciones para solucionar problemas y el infiel elige ésa, sin coacción de nadie.

Eso de que "las circunstancias me empujaron" es una disculpa muy "ingenua". La intención de protegerse detrás de la frágil mampara del refrán "la ocasión hace al ladrón" es bastante ilusa. El hecho de que las circunstancias hayan sido favorables para cometer un robo, por ejemplo, no exime a ningún delincuente de la pena por haber decidido llevar a cabo el hurto.

Cuando hay problemas en la pareja, siempre se piensa que es culpa del otro. Algo común entre las relaciones de pareja problemáticas es que los dos piensan que "todo es culpa del otro". Eso es lo más fácil. Lo difícil es pensar en primera persona: "yo", no en segunda: "tú". ¿Qué estoy haciendo equivocadamente yo? Eso es lo que hay que descubrir. No vale decir que la montaña de basura en que se ha convertido el matrimonio ha sido acumulada en su totalidad por el otro. Cuando el infiel puede hacer el análisis de *su propia contribución* a ese montón de basura que ambos han estado apilando, es el momento en que empieza a responsabilizarse de sus elecciones; en este punto, la de entablar otra relación de pareja paralela.

En el mejor de los casos, tal vez el infiel se sienta culpable; en el peor, no. Mentalmente hablando, es sano sentir culpa por acciones que lastiman. No hablamos de la culpabilidad por tener fantasías eróticas o sexuales, sino por la culpa real de llevar a cabo actividades "prohibidas" para darle cuerpo y forma a las fantasías; culpabilidad por haber invertido tiempo, dinero, interés e intimidad en una relación clandestina.

Las elecciones de apareamiento (afectivo, sexual, o ambos) de una persona siempre afectan a otra. El razonamiento egoísta de "finalmente es mi vida" es bastante desconsiderado. La libertad de una persona termina donde empieza la libertad del otro. La desconsideración es parte del daño. Así las cosas.

El infiel se siente de repente contra la pared, al tener que enfrentar el juicio y responder por su conducta ante la esposa o el esposo traicionado, y a veces ante la o el amante; la mayoría de las veces sin tener una explicación coherente. Ni el mismo infiel sabe a ciencia cierta lo que le "empujó". Por su propia salud mental, sería recomendable que pudiera descubrirlo y enfrentarlo tarde o temprano, porque hacer cosas tan trascendentes, sin conocer "eso" que "obliga" a llevarlas a cabo es un síntoma de inmadurez o falta de conciencia moral.

El infiel ha cometido una transgresión (de un límite), provocando dolor en su pareja. Si tiene la intención de reconstruir y recuperar su relación, tendrá que enfrentar y solucionar la transgresión.

Si la intención es terminar la relación, es muy aconsejable que algún día pudiera trabajar en el desarrollo de su asertividad, para ampliar el repertorio de respuestas posibles cuando se sienta incómodo con una pareja.

Cuando se comete una falta, es necesario repararla o restituir a la persona con la indemnización del daño. Muchos sujetos infieles tratan de subsanar el daño mediante costosos regalos a su cónyuge. Una mejor retribución quizá sea trabajar para recuperar la confianza perdida de la pareja con el propósito de restablecer la certeza de la relación, lo cual toma tiempo y no se logra sólo con palabras, sino con hechos y constancia. Las buenas intenciones sin acciones no sirven.

En este proceso, con seguridad el infiel enfrentará una serie de reclamaciones, indagaciones y confrontaciones. Sobrevivirlas con paciencia, empatía y honestidad, sobre todo hacia él mismo, tal vez signifique la posibilidad de iniciar de manera simultánea la reconstrucción de sí mismo y de la relación matrimonial.

Reconocer sus partes oscuras no le será fácil, su maestría en el uso de la negación es el principal obstáculo. Para lograrlo, sería muy recomendable que buscara la ayuda de un buen profesional, alguien a quien no pueda seducir para seguir "llenándose", sino alguien que le pueda auxiliar para descubrir y manejar su "vacío". Alguien con quien pueda valorar el daño y le ayude a repararlo.

Si desea sacarle jugo a esta crisis, aprovéchela para desarrollar su conciencia y aclarar sus valores. Le espera un largo camino, despierte y empiece a recorrerlo.

En pocas palabras, tendrá que resarcir los daños.

EL CONFESIONARIO

Desde el momento de aceptar la infidelidad y en el camino hacia la reparación, o hacia la salida del hogar, le harán muchas preguntas. La cantidad de cuestionamientos que tendrá que contestar a su pareja sobre la infidelidad le resultará increíble. Ésta es una de las partes *más difíciles* cuando se destapa el *affaire* y durante el proceso de reconectarse con su cónyuge.

No crea que únicamente tendrá que sobrevivir al bombardeo inicial. Las sesiones de preguntas se repetirán cada cierto tiempo. Tal vez al principio las sesiones de preguntas vuelvan a ocurrir cada pocas horas o cada vez que se vean durante el día. Poco a poco los tiempos se irán alargando, pero al principio quizá los interrogatorios surjan casi a diario. Muchas de estas preguntas son las "dudas" que le impedirán a su pareja conciliar el sueño y a usted poder dormir ocho horas seguidas.

La infidelidad llega a convertirse en una obsesión. Si a su pareja le impide dormir la ansiedad provocada por la adrenalina, y se le ocurre algo mientras duerme, es muy probable que lo despierte a medianoche para preguntárselo. Esto sólo sucede si siguen juntos en la misma cama. Por supuesto que ser despertado a medianoche con una pregunta es bastante más que una monserga, pero éstos son algunos de los platos rotos que tendrá que pagar. Tenga paciencia, sólo sucederá unas cuantas noches.

No se sorprenda de ver que una de las primeras preguntas que le harán de manera muy directa será respecto al "nido de amor": "¿Dónde te acostaste con ella (o con él)?" No crea que su pareja es descarada al hacer esa pregunta. La locación donde se llevó a cabo la "aventura" es muy importante porque puede ser un lugar representativo de su intimidad o su compromiso matrimonial, como la casa, la oficina, el asiento trasero del coche o cualquier otro lugar que compartan o hayan compartido de alguna manera, o que simbolice el fruto de su esfuerzo en pareja. El lugar donde se "vivió" la infidelidad puede tener un significado simbólico muy fuerte para el miembro traicionado.

Su pareja intentará hacer una radiografía detallada de lo que sucedió dentro de usted y con su amante. Este interés, que le parecerá casi morboso, es importante para poder armar la historia que surgió y creció a sus espaldas, en la que sin querer, ha participado y para poder "diagnosticar" las posibilidades de éxito si deciden continuar juntos.

La honestidad y la apertura serán su prueba de fuego.
No utilice "la verdad" para ofender.

A continuación, se muestran algunas preguntas que con seguridad tendrá que contestar para que se vayan aclarando en su propia cabeza y sepa qué contestar. No quiere decir que le presentarán este cuestionario tal cual, pero sí le harán preguntas de este tipo y quizá muchas otras más. Recuerde que al tratar de ser honesto ayudará a la solución de la crisis, tanto la propia como la de su pareja. La finalidad de sus respuestas únicamente debe ser el disipar las fantasías que pueda tener su cónyuge respecto a la infidelidad. En estas respuestas también está la clave de muchas otras preguntas que parecen no tener respuesta. ¿Por qué sucedió?, ¿por qué ahora?, ¿por qué con ella?

Es probable que usted quiera terminar con el asunto lo más rápido que pueda y ocultar todos los datos que sean posibles. La verdad es que es una conversación muy incómoda y quizá muy dolorosa. Pero si usted permite que ocurra una *amplia* conversación sobre este asunto lo más rápido que pueda, se ahorrará muchas sesiones en el confesionario.

Si se niega a discutir el tema y pone un tapón en la boca de su pareja para seguir "protegiéndose", sólo agravará las cosas porque todas estas dudas se convertirán en obsesiones y resentimientos. Si usted cree que con evitar el tema se arreglará el asunto, está equivocado; sólo seguirá habiendo más de lo mismo en su relación y eso le impedirá crear intimidad.

Si su pareja se enfoca más en otros puntos, trate de centrarla con sus respuestas en el contenido de estas preguntas sin necesariamente tener que hacer un informe "con pelos y señales".

Estas preguntas son la clave de lo que estaba mal en su relación y de cómo podrían solucionarlo. Responder estas preguntas también le ayudará a que usted mismo se aclare lo que verdaderamente quiere.

He aquí la lista:

1. ¿Cómo le conociste?
2. ¿Qué te atrajo de ella (o él)?
3. ¿Quién sedujo a quién?
4. ¿Quién más sabe de esta relación?
5. ¿Qué tiene ella (o él) que no tenga yo?
6. ¿Cómo te sentías contigo mismo (o misma) cuando empezó esa relación?
7. ¿Cómo te sentías respecto a tu matrimonio cuando empezó esa relación?
8. ¿Qué estaba pasando en tu vida por el tiempo en que empezó esa relación?
9. ¿Qué pensabas de mí cuando decidiste involucrarte en esa relación?
10. ¿Cuánto tiempo ha durado la relación?
11. ¿Qué tan unido (o unida) te sientes a esa persona? ¿Crees que le amas?
12. ¿Qué ha significado esta relación para ti?
13. ¿Cómo te ha dañado o ayudado esta relación?
14. Alguna vez te imaginaste que podrías tener una "aventura amorosa"?
15. ¿Cómo ha alterado esta relación tu sistema de valores éticos y morales?
16. ¿Qué te gusta más de esa persona?
17. ¿Qué te gusta más de la relación con esa persona?
18. ¿Qué te gusta menos de esa persona?

19. ¿Qué te gusta menos de la relación con esa persona?
20. ¿Cómo te sientes respecto a terminar esa relación?
21. ¿Qué crees que piensa o siente esa persona sobre terminar la relación?
22. ¿Crees que aceptará que termines la relación o crees que te presionará de alguna manera para que no lo hagas?
23. ¿Has pensado o tratado de terminar esa relación antes de hoy sin poder lograrlo?
24. ¿Han seguido viéndose o hablando?
25. ¿Cómo crees que te vas a sentir cuando esa relación concluya?
26. ¿Crees que tendrás resentimientos conmigo (cónyuge) por haber tenido que terminar esa relación?
27. ¿Estás dispuesto (o dispuesta) a pasar por el duelo de perder a esa persona?
28. ¿Por qué valdría la pena pasar por todo esto?[21]

EL DETECTOR DE MENTIRAS

La honestidad parcial no le permitirá recuperar la dañada confianza de su esposa (o esposo). Se debe descubrir la imagen completa de la infidelidad, de otra manera los esfuerzos para reconstruir y recuperar su relación serán inútiles.[4]

Es probable que intente seguir manteniendo en secreto o minimizar cierta información con la idea equivocada de protegerse y hacer menos graves las consecuencias. No obstante, por lo general sucede lo contrario. Recuerde que las verdades salen a flote igual que emergió el asunto de la infidelidad. Seguir mintiendo sólo empeorará las cosas.[4]

Recuerde que en el pasado ha dicho muchas mentiras para involucrarse y conservar el *affaire* a salvo, y ahora es muy probable que su pareja no le crea muchas de las cosas que son verdad. Si usted ha decidido quedarse en casa y con el tiempo su cónyuge sigue "descubriendo" datos o cosas que usted decidió seguir manteniendo en secreto o se le olvidó "desaparecer", cuidado, porque estos nuevos hallazgos pueden romper su relación matrimonial para siempre.

Recuerde que su pareja se ha vuelto hipervigilante como resultado de la traición. La confianza en usted ha sido gravemente dañada. Usted tiene que hacer méritos para recuperarla.

La confianza se gana, no se otorga.
Después de una traición, es lógico que su pareja no confíe en usted.
En este momento, no exija confianza a su cónyuge. Es imposible.

Para recuperar la confianza, no lleve a cabo cosas que puedan parecer "sospechosas" y trate de dar información a su esposa (o esposo) sobre su agenda diaria. Es muy probable que estos datos sean corroborados, sobre todo al principio. Es posible que en esta fase de la crisis, aunque diga la verdad, no le crean. No se desespere, es una reacción normal. ¿No le pasaría a usted lo mismo si se invirtieran los papeles?

¿CUÁNDO ME VAS A PERDONAR?

Si su pareja está obsesionada con la infidelidad, usted está obsesionado con el perdón. Le urge que lo perdonen porque aliviaría su carga de culpa y le aligeraría la carga de la conciencia. Tal vez usted pueda empezar por perdonarse a sí mismo. Recuerde que el proceso del perdón requiere la voluntad de hacerlo y mucho trabajo para desprenderse del dolor. Pensar en obtenerlo al instante siguiente de pedirlo es muy candoroso.

A medida que va pasando el tiempo y usted no siente que llegue el anhelado perdón, porque el tema aparece con cierta regularidad o en momentos difíciles, quizá también piense que su "pecado" será una fuente de manipulaciones y reclamos a perpetuidad. No necesariamente; déle tiempo al tiempo.

Hay casos en que por más vueltas que le dé, el perdón no llega. Podrá detectar si el perdón es imposible cuando, después de pasados varios años, la relación sigue dañada o si su pareja simplemente no puede o no quiere perdonarle por las ganancias secundarias que tiene el vivir con alguien que tiene una deuda impagable. Si éste es el patrón, hable con ella sobre sus sentimientos al respecto. Tiene razón, tarde o temprano tiene que haber un perdón. El crimen no amerita una condena perpetua.

Por el momento, *trabaje en perdonarse a sí mismo* pero no únicamente por la infidelidad, perdónese todo lo que haya hecho que tenga que ser perdonado.

No insista en presionar para que le perdonen. No crea tampoco que el hecho de que le disculpen arreglará la relación. Hay muchas parejas divorciadas por una infidelidad que ya perdonaron y, sin embargo, la relación se rompió para siempre. Es más importante que dirija sus esfuerzos hacia fomentar su credibilidad y el perdón vendrá por añadidura.

Para reconectar con su pareja, es necesario que el infiel entienda su dolor, sienta remordimiento, pida disculpas y *demuestre* que está comprometido a reconstruir la relación. Para sanar hace falta perdonar, pero primero el infiel tiene que curar las heridas que provocó.[22]

SER UN DÁLMATA

El dálmata es un perro espigado, de pelo corto, sumamente ágil y muy simpático. Se distingue fácilmente de otros porque es blanco con muchas manchas negras pequeñas en todo el cuerpo. Es la mascota de los bomberos.

Me parece que los seres humanos nos sentiríamos mejor si pudiéramos aprender algo de los dálmatas. Para empezar, podríamos aprender a sentirnos con una piel como la de ellos. Blanca con manchas negras.

Todos poseemos fortalezas y debilidades. Todos tenemos mucho terreno hacia el cual expandir nuestros logros y hacia el cual crecer y ser mejores. Reconocer nuestras "manchas negras" en un fondo blanco ayuda a sentirse bueno aunque se cometan errores, a ser responsable y a poder solucionar problemas y fallas. Nadie es totalmente blanco. Todos somos como dálmatas.

Todo el proceso de educación nos ha inculcado que debemos ser buenos; mientras más buenos, mejor. Por todos lados hay campañas para presionarnos. De pequeños nos decían que para merecer el amor teníamos que ser buenos niños; agradar. En la escuela, buenos estudiantes, buenos deportistas, buenos para todo. La educación judeocristiana inculca el miedo a ser malo; si se cae en la tentación, para empezar, se pierde el amor de Dios y, para terminar, se va al infierno. En el trabajo pasa otro tanto:

la competencia es terrible, cada día hay que ser más "bueno" en lo que se hace.

Reconocer las "manchas" es como suicidarse socialmente. Poco a poco, con los años, se aprende que aunque haya fallas y se cometan errores, es mejor que nadie lo note. Si de casualidad alguien se atreve a reconocer los "traspiés" frente a alguien, de preferencia tratará que sea un cura, ya que tiene votos de confidencialidad y no se lo dirá a nadie. Además, puede perdonar ahí mismo y en el mismo momento. Algo no muy frecuente entre la población común y corriente. En el escenario religioso, el perdón es fácil de obtener; la desventaja del método es que el perdón no lo otorga la parte afectada.

Nadie nos alentó a reconocer nuestros errores y enmendarlos con confianza y aceptación como lo que son: errores que se pueden corregir. Las fallas se castigan de muchas maneras. En el proceso, aprendimos a sentir vergüenza de los errores y a acatar los castigos. No aprendimos a sanar el daño directamente con el involucrado.

Es muy diferente ser malo a hacer cosas equivocadas.
La clave está en el verbo; ser y hacer no son lo mismo.
Podemos ser buenos y hacer cosas equivocadas.

Frente a un panorama así, decir mentiras se convierte en una buena opción. Las mentiras crecen y proliferan como la hierba mala. Sobre cualquier cosa y todo el tiempo. Mentir acerca de dinero, actividades, relaciones, paseos, preferencias, identidad, lo que sea, con tal de salir "con una estrellita en la frente".

También hay campañas para que las manchas negras cubran todo y pasemos a ser negros. De manera abierta y sutil, hemos ido aprendiendo a hacer trampas, a engañar, a defender nuestros intereses aun a costa del bienestar de los demás, a satisfacer nuestras necesidades de manera impulsiva.

Hemos aprendido a decir mentiras para protegernos de la ira o el castigo de alguien intolerante o incomprensivo. Con el tiempo, ya no podemos diferenciar quién es quién; por todos lados vemos intolerancia, críticas e incomprensión y utilizamos el recurso que perfeccionamos para defendernos: las mentiras. Al final, terminamos mintiendo por todo.

Deje que aparezcan otra vez espacios blancos en la conciencia. *Introduzca honestidad y apertura en su vida.* La vida tiene riesgos; arriésguese. Atrévase a decir la verdad, pero tenga cuidado, hay verdades que lastiman. Las mejores verdades son las que se refieren a usted mismo y a sus sentimientos genuinos, sobre todo si quiere crear un terreno de intimidad con su pareja. Ahora está teniendo una buena oportunidad para practicar la honestidad: las sesiones de preguntas con su cónyuge.

> Atrévase a ser como un dálmata.
> Pinte más piel de blanco.
> Sustituya las mentiras por verdades.

En la crisis de la infidelidad, las cosas se toman muy en serio. La situación lo amerita; la estabilidad se tambalea al grado de sentir mucho miedo. Es una situación muy dolorosa y cuesta superarla.

Para resolver éste y cualquier otro problema, hay que ser ágil, como los dálmatas. No se quede sentado a esperar que pase el tiempo y las cosas terminen por componerse solas. Eso no suele suceder. Sea ágil de mente; busque alternativas; sea como un dálmata, acepte sus manchas y sea como la mascota de los bomberos: apague fuegos y atrévase a conocer y comunicar sus emociones. Eso le ayudará a construir intimidad y recuperar la amistad con su pareja o será una mejor pareja para cualquier otra persona.

Lo mejor para salir de cualquier pozo es que reconozca y sane sus propias heridas, y deje de culpar a los demás por lo que le pasa y de pensar que debe sentirse bien a cualquier precio. Desarrolle su empatía y su capacidad para llegar a acuerdos y comprometerse a ser fiel.

ALGO PARA LOS DOS

¡Dios, dame fuerza!

La crisis de la infidelidad es muy desgastante tanto para el que ha sido engañado como para el que engañó. Habrá muchos momentos en que se sienta impotente y exhausto (o exhausta). Es muy probable que piense que todo esto es verdaderamente insoportable e imposible. Pero no se desaliente, ya ha recorrido bastante camino si la decisión de intentar recuperar la relación ha sido tomada por ambos. Cuando uno se siente desanimado, tal vez el otro pueda hacer algo para que ambos recuperen las posibilidades de su relación.

Es posible que sus estados de ánimo tengan bastantes altibajos. Puede ser que a veces se sientan furiosos o con la tentación de mantener sus emociones contenidas y ocultas. Recuerde que están en crisis. La mejor manera de pasarla no es negando los problemas o explotando. Así que respiren hondo y profundo, y aventúrense a entrar en el terreno de sus emociones. Presten atención a sus sentimientos, ya sea culpa, desesperanza, miedo o impotencia, dolor, rabia o lo que sea. Si se sienten enojados, busquen cuál es el sentimiento que hay debajo de la ira para descubrir sus emociones más profundas. Casi siempre es tristeza. Sentir todas estas cosas no es un problema, el problema es cuando uno actúa impulsado por emociones de las que no tiene conocimiento y, por tanto, tampoco control.

Deben llegar a acuerdos y cumplirlos para satisfacer la necesidad mutua de pasar la hoja de este terrible capítulo de sus vidas.

Las crisis constituyen un estado en que se rompe el equilibrio y por eso conforman una oportunidad para que las cosas se compongan. El dolor es el motor de las crisis hacia el cambio. Muchas veces crecer duele. Una lección de todo lo que los miembros de la pareja están viviendo es el aprendizaje de una comunicación más abierta y clara. Aprender a reconocer sus necesidades y a encontrar maneras en que ambos puedan satisfacerlas en vez de negarlas, ocultarlas o relegarlas.

Lo bueno de las crisis es que no duran para siempre.

El día que usted y su pareja puedan recuperar el sentido del humor, consideren que ya están cerca de la puerta de salida de la crisis. Reconquistar el sentido del humor quiere decir recuperar la capacidad de jugar, reír, explorar, crear e inventar. Una persona simpática siempre es bienvenida cuando uno se siente mal. Ser simpático no quiere decir hacer bromas pesadas a costillas de los demás. Una persona es simpática cuando los otros se ríen más de lo que se ríe ella misma. Recupere su simpatía y su sentido del humor.

REFERENCIAS BIBLIOGRÁFICAS

1. Hein, H., *Sexual detours. The startling truth behind love, lust and infidelity*, St. Martin's Press, Nueva York, 2001.
2. Sleigh, J., *Momentos de crisis*, Sirio, Málaga, 1998.
3. Cameron, J., *El camino del artista*, Troquel, Buenos Aires, 1996.
4. Brown, E. M., *Affaires. A guide to working through the repercussions of infidelity*, Jossey-Bass, San Francisco, CA, 1999:53.
5. Glass, S. P., Coppock, J., *Not just friends. Protect your relationship from infidelity and heal the trauma of betrayal*, Simon & Schuster Adult Publishing Group, Nueva York, 2002.
6. Epstein, M., *Contra el yo. Una perspectiva budista*, Kairós, Barcelona, 1998.
7. Mello, A., *Medicina del alma. Para la superación personal*, Lumen, Buenos Aires, 1998.
8. Nardone, G., *Miedo, pánico, fobias*, Herder, Barcelona, 1998.
9. Adams, K. M. A., *Journal to the self*, Warner Books, Nueva York, 1990.
10. Spezzano, C., *Cincuenta maneras de olvidarse del pasado y ser feliz*, Amat, Barcelona, 2001.
11. O'Hanlon, B., Hudson, P., *Amor es amar cada día. Cómo mejorar tu relación de pareja tomando decisiones positivas*, Paidós, Barcelona, 1995.
12. Subotnik, R., Harris, G. G., *Surviving infidelity. Making decisions, recovering from the pain*, Adams Media Corporation, Avon, Massachusetts, 1999.
13. Brooks, B. D., Dalby, K. R., *Manual de reparación y mantenimiento de la autoestima*, Panorama, México, 1990.
14. Hartman, J., *Felices sueños*, Selector, México, 2000.
15. Ornstein, R., Sobel, D., *Healthy pleasures*, Perseus Publishing, Massachusetts, 1989.
16. Corbella, R. J., *Infidelidades, desamor y desengaño*, Folio, Barcelona, 2000.
17. Matthews, A., *Por favor sea feliz*, Selector, México, 1988.
18. Frankl, V. E., *El hombre en busca de sentido*, Herder, Barcelona, 1993.
19. Fabry, J., *La búsqueda de significado*, Fondo de Cultura Económica, México, 1997.
20. Gottman, M. J., Silver, N., *Siete reglas de oro para vivir en pareja. Un estudio exhaustivo sobre las relaciones y la convivencia*, Debolsillo, México, 2004.
21. Weeks, G. R., Stephen, R., *Couples in treatment*, Brunner-Routledge, Filadelfia, 2001:250.
22. Abrahams, J. S., *After the affair*, Harper-Collins Publishers, Nueva York, 1997.

9

Reconstruir la casa

REHACER LA RELACIÓN DE PAREJA: EL ASCENSO AL EVEREST

> *Las relaciones funcionan cuando cada persona está dispuesta a ver que es una creadora, en condiciones iguales, de todos los aspectos de la relación.*

> LOUISE L. HAY

Sobrevivir a la infidelidad de la pareja es posible. El matrimonio puede ser bueno o incluso mejor de lo que era antes de la infidelidad. No porque ésta le inyecte "vida", sino porque la crisis hace que ambos miembros de la pareja revisen, establezcan y aprendan nuevas modalidades de relacionarse.

En este punto, ya debe haber tomado la decisión de si vale la pena o no continuar con su cónyuge. Si la decisión fue seguir, además de restablecerse de la crisis, tendrá que recuperar la relación.

Solucionar la crisis del matrimonio no significa que usted se sienta bien de estar de regreso y su pareja también, y que sólo es cuestión de tiempo para que todo entre ustedes se estabilice y vuelvan a la "normalidad". La infidelidad ha *roto* su relación de pareja tal como la conocían hasta hoy y si han decidido darle otra oportunidad a su matrimonio, necesitan *reconstruirlo*.

Si quieres obtener otra cosa, haz algo diferente. Si haces lo mismo, obtendrás lo mismo.

Recuperar una relación dañada es difícil, tanto como escalar una gran montaña. Entre ustedes ha habido errores, no se preocupe, los errores que se reparan, no matan. Claro, hay equivocaciones que son más difíciles de componer que otras; por eso este trabajo es tan duro como subir al Everest, pero alcanzar la cima es igual de gratificante.

Para ascender la montaña, habrá que empezar desde abajo y salvar obstáculos. Tener concentración para los pasos peligrosos, así como resistencia y conservar los ánimos en alto y una fuerte voluntad. En ocasiones hace falta intentarlo varias veces para lograrlo. Subir por otro camino menos complicado, tener mejor condición o llevar más equipo o instrumentos diferentes que ayuden a superar el reto. Si le preguntara a un alpinista después de un ascenso si valió la pena el esfuerzo para alcanzar una cumbre, le diría que sí. Obtendrá la misma respuesta si le pregunta a alguien que haya *mejorado* de modo sustancial su relación de pareja. No le dirá lo mismo el que únicamente intentó volver a subir por el mismo camino y de la misma manera y volvió a fracasar.

Cuando un alpinista decide escalar una cumbre como el Everest, primero se entrena subiendo otras montañas menos cruentas. Cuando posee suficiente experiencia, quiere decir que ha aprendido a solucionar contratiempos en otras montañas menos peligrosas; entonces, puede pensar en programar lo que quizá sea el logro más grande en su vida de alpinista. Para conseguirlo es indispensable formar parte de un equipo humano confiable, entrenado y con quien se sienta a gusto. Ese entrenamiento sería el equivalente a lo que los dos hicieron cuando eran novios, la decisión de casarse fue el equivalente a la de aceptar formar parte de un equipo confiable y con alguien que fuera agradable e interesante como compañero (o compañera) de aventura.

Cuando un alpinista opta por reintentar una escalada con el mismo grupo, es porque los considera buenos compañeros. Si ha decidido reintentarlo con la misma persona, debe ser por las mismas razones

Un buen compañero de equipo tiene que ser alguien dispuesto a cooperar y ayudar; alguien capaz de poner los intereses del grupo por encima de los propios. En primer lugar, una persona sensata y serena. Si usted o su pareja no son capaces de conservar la calma y ponerse a salvo en medio de una tormenta, tal vez sea mejor que no lo intenten hasta que puedan serenarse.

Si no está seguro (o segura) de que su pareja pueda ser una buena compañera de aventura, es muy probable que la intención de reconstruir la relación sea un fracaso. Tanto usted como su cónyuge necesitan sentir *aprecio* y *admiración mutua* para tratar de reedificar su matrimonio. Es muy importante que la decisión de rehacer se base en la convicción de que vale la pena el esfuerzo por seguir caminando en la vida al lado de su pareja; tal cual es, tal cual puede ser, tal cual ha sido y tal cual probablemente siga siendo.

Si cree que en el camino cambiará y se convertirá en otra persona, se equivoca. Nuevamente estará fundamentando sus decisiones en expectativas o en fantasías, más que en las evidencias y los hechos concretos, y es probable que fracase. Pero si su decisión es tomada a partir del deseo de continuar con el compañero que hace que la aventura de vivir sea más emocionante y más segura, eso hace toda la diferencia. Si a pesar de haber tenido esta mala experiencia de la infidelidad, finalmente, ambos son capaces de verla como una mala pasada de la vida y ya dejaron atrás los reclamos y las inculpaciones mutuas, entonces les auguro un buen arribo a la cumbre.

Muchas veces se está dispuesto a obtener algo diferente, pero no a hacer algo diferente. No nos gustan los cambios. Romper hábitos es difícil. Eso de hacer algo distinto no es fácil. Siempre esperamos que sea el otro quien lo haga. Una de las primeras objeciones para realizar las cosas de otra manera es que para eso uno tendría que ser otra persona. Parece como si al efectuar algo diferente, pudiera perderse la identidad. Pero aquí hay una palabra clave: *hacer*, que es diferente a *ser*. No necesitas *ser* distinto, sólo *hacer* algo diferente. La mejor manera de aprender a hacer algo es haciéndolo. Tal vez ahora no sepa exactamente qué llevar a cabo, pero lo que con seguridad sí debe saber es qué *no* hacer.

> Seguirá siendo la misma persona, pero tendrá que poder hacer cosas diferentes.

Como parte del equipamiento que ambos deben llevar en este ascenso, está una dosis muy grande de buena voluntad, gran cantidad de introspección, una fuerte motivación y mucho valor para atreverse a correr de nuevo el riesgo de involucrarse en una relación, con la misma persona con la que cayó al fondo del pozo.

Antes de emprender la hazaña, los alpinistas se asesoran y se preparan. Esta crisis es la oportunidad para que ustedes se asesoren y se preparen para subir su montaña. Las malas experiencias únicamente son lecciones de vida. Detrás de todo lo que nos pasa y que catalogamos como desafortunado, hay algo para aprender. Esta experiencia no es diferente de otras que pudieran resultar igualmente duras.

> Esta es la base de la montaña: considerar lo ocurrido como una mala experiencia y *creer en el cambio.*

Entre las cosas más trascendentes que se pueden aprender de un tropezón como éste es que el amor constituye algo que se construye día a día y que los buenos recuerdos se fabrican. La buena suerte con la pareja no existe. La vida en el matrimonio no es un juego de azar. Cada uno debe dar lo mejor de sí mismo; aceptar los errores; cambiar pautas de comportamiento que son posibles de transformación, y aceptar aspectos de la personalidad del otro que no se pueden cambiar.

Así que si ya está listo (o lista) para el ascenso, he aquí el plan de ataque para ascender el Everest.

RECONSTRUCCIÓN DE LA CASA

La gente remodela una casa vieja en lugar de derribarla porque en ella hay cosas que considera valiosas que vale la pena conservar. Las casas, las cosas y las relaciones se hacen viejas o se deterioran, y es necesario rehacerlas para que sean más funcionales. Con un matrimonio pasa lo mismo. A veces la carga de la vida nos atrapa y dejamos de preocuparnos por "darle mantenimiento" a nuestra relación de pareja, la cual con el tiempo y los "terremotos" se puede desplomar.

Antes de remodelar una casa, imagine cómo quedará con los

cambios; desde luego se la imagina mejor de lo que está. Si no fuera así, nadie estaría dispuesto a invertir tiempo y dinero en hacerlo.

Con su matrimonio es lo mismo. Imagine cómo le gustaría que fuera su relación de aquí en adelante y platíquenlo. En reconstruir su relación de pareja también tendrá que invertir interés, tiempo y esfuerzo, y no creo que esté dispuesto a efectuarlo si las cosas van a quedar sólo en palabras.

Para reconstruir una relación, necesita un gran deseo de hacerlo y una gran dosis de buena voluntad.

Al remodelar una casa, a veces hay que hacer columnas nuevas que puedan sostener un techo más grande, agrandar las ventanas o hacer otras nuevas para que entre más luz o haya mejor ventilación. Pintarla de un color más alegre, quitar o poner algunas paredes, redistribuir los muebles, etc. En su matrimonio, seguramente hay cosas que no funcionan y tendrá que cambiarlas por otras. Habrá que hacerlo más alegre y que entre más aire y luz, poner las reglas en claro, redistribuir los tiempos y las formas, y tornarlo más cómodo para ambos.

Todos estos puntos que se deben tener en cuenta para la remodelación de su casa (su matrimonio) no son uno primero y otro después, en realidad se tienen que ir realizando de manera simultánea, aunque hay algunos básicos, como recuperar la confianza. Todos ellos se refieren a aspectos muy importantes en la relación de pareja. No hay uno que sea más importante que otro. Cuando la pareja no funciona bien en alguna de estas áreas, todas las demás se resienten.

Si sólo recupera su dormitorio (sus relaciones sexuales), el resto de la casa quedará en escombros y es muy difícil pensar que estará cómodo viviendo en una casa así. Recuerde que necesita una reconstrucción total. Como si hubiera caído una bomba en la mitad de la vivienda. Si rehace todo lo demás de su relación, el aspecto sexual mejorará como consecuencia, ya que esto no pasa al revés.

Tienen la intención de construir una relación nueva, pero no pueden empezar de cero como si no se conocieran, lo cual no es una desventaja, al contrario. Muchas de esas características que conocen el uno del otro son aspectos que aprecian y, por eso, han decidido rescatar la relación. Lo importante ahora es que puedan convertirse en una pareja *emocionalmente inteligente*. Esto quiere decir: una pareja que pueda relacionarse bien. No importa si ella aprieta la pasta de dientes por la mitad y él deja la tapa del retrete levantada. Lo importante son los principios y los valores de fondo que unen a la pareja. Los matrimonios sólidos comparten una profunda sensación de trascendencia respaldada por las esperanzas y aspiraciones de su pareja, lo cual les da un sentido a su vida en común.[1]

Las buenas parejas también discuten y se pelean; la diferencia es que en sus grescas nunca "llega la sangre al río", esto es, impiden que el pleito se les salga de las manos. Lo que más importa en un pleito es *saber dónde parar*, reconocer los errores, que haya *intentos de desagravio* y que las *reparaciones sean eficaces*.[1]

La mayoría de las discusiones matrimoniales es para saber quién tiene la razón y quién cambia a quién, lo cual es imposible. Casi todos los desacuerdos matrimoniales se basan en diferencias fundamentales de personalidad, valores o estilos de vida. Esto es perfectamente normal, ya que crecieron en familias diferentes y han tenido experiencias de vida distintas. No tienen por qué pensar igual, anhelar las mismas cosas o entender el mundo de la misma manera. Por tanto, la mayoría de los desacuerdos matrimoniales *no* tiene solución. Lo que se necesita para vivir en paz y armonía no es cambiar al otro, sino *comprender las diferencias esenciales* que provocan el conflicto entre ustedes y *aprender a vivir con esas diferencias valorándolas y respetándose* el uno al otro. Los asuntos más profundos son los que originan los conflictos superficiales. Si son capaces de descubrir y comprender esos asuntos de fondo, habrán dado un gran paso hacia la reconstrucción.

Una gran parte de este libro trata sobre un problema en particular y sus consecuencias; de aquí en adelante se revisa una serie de estrategias muy estudiadas que le ayudarán a vivir mejor con su pareja después de una infidelidad. Así que haga de cuenta que tiene una libreta nueva en sus manos y tome nota.

¿DÓNDE ESTÁN LOS PLANOS?
(CONOCER)

El conocimiento sin acciones que lo materialicen es inútil.

Una de las cosas más importantes en la pareja es que se conozcan. Mientras más conozcan el uno del otro, más conectados se sentirán. Conocerse es amarse. Uno de los regalos más valiosos que se puede hacer al compañero es hacerle sentir que es conocido y comprendido. Estar en contacto no sólo con las actividades cotidianas o de rutina, sino también con sus deseos, creencias, anhelos y miedos más profundos. Es importante no sólo mantenerse informado de las cosas externas de la vida (a dónde fue, qué hizo, etc.) sino también de las internas, qué piensa y qué siente.[1]

Para conocerse, necesitan dedicar tiempo el uno al otro y esto no significa que deberían dejar de trabajar o de efectuar sus actividades favoritas para sentarse uno frente al otro todo el día, pero sí quiere decir que deben tener momentos de cercanía y comunicación donde lo único y más importante sea la conversación con el compañero (o la compañera).

Lo que necesitan hacer es redescubrir la amistad.

Restablecer el diálogo y la comunicación es muy importante. Sin esto, no podrán hacer ninguna otra cosa. El primer paso para poder "dialogar" es aprender a *conocer* y *controlar* las emociones. Lo que cada uno quiere decir es *igual* de importante, por lo cual en un diálogo debe haber turnos para hablar y para escuchar (no oír). Hablar y escuchar son dos habilidades difíciles, pero todos podemos perfeccionarlas.

Para hablar hace falta *apertura*; para escuchar hace falta poner *atención*.

Una condición necesaria para lograr adquirir o practicar el arte de la buena comunicación es que ambos tengan ganas de abrirse, y que los dos tengan interés el uno por el otro, para que puedan poner atención a lo que dice el otro. No se trata de fingir que hay apertura y que se está poniendo atención. Se trata de que las ganas de compartir y el interés por el otro sean *genuinos*.

Poder dialogar es una condición previa necesaria para conocerse.

Dialoguen porque tienen mucho qué platicar de cada uno y sobre su relación. Revisen juntos sus álbumes de fotos. Recuerden los buenos momentos que algún día pasaron juntos. Platiquen sobre los planes de vida que hicieron, los que pueden hacer ahora, lo que le gusta a uno del otro y lo que los une. Hablen de lo que piensan y lo que quieren; sobre las experiencias que han vivido juntos; sobre hoy, del futuro, de lo que sienten y de lo que han aprendido en esta crisis.

También tendrán que conversar acerca de lo que no les gusta, lo que los separa, lo que sucedió entre ustedes, y detectar cuáles de esas cosas pueden cambiarse y cómo hacerlo (lleguen a acuerdos). Igualmente, permitan que el otro conozca aquello que les gusta, lo que los une.

A pesar del tiempo que han pasado juntos (sea uno o varios años), tal vez no conozcan cuáles son sus expectativas, sus sueños, sus éxitos, sus logros, sus fracasos, lo que les agrada, lo que les desagrada y lo que cada uno está dispuesto a dar y necesita recibir del otro.

Tendrán que revisar su historia para saber de dónde vienen y hacer planes para saber a dónde van.

Conocer a la pareja no sólo es un acto de empatía, también constituye una oportunidad para expresar cariño y admiración.

Si usted considera que su pareja es digna de cariño y admiración, el matrimonio no está perdido; la relación puede reavivarse.[1]

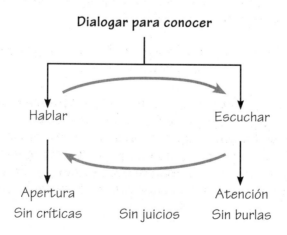

Dialogar para conocer

Hablar

Escuchar

Apertura

Atención

Sin críticas   Sin juicios   Sin burlas

REFORZAR LOS CIMIENTOS (CONFIANZA)

*Si otra vez te vas a echar para atrás
a media expedición, mejor no voy.*

Una de las razones para casarse y tener una pareja estable es la confianza en que no estaremos solos o buscando a alguien de manera constante. La certeza en que habrá alguien esperándonos, que alguien vendrá, creer que tendremos a una persona para compartir los logros y ayuda para superar los obstáculos; en pocas palabras, la sensación de no estar solos en el mundo nos hace sentir importantes y da mucha esperanza y dirección a nuestra vida. La infidelidad rompió todo eso.

Con la infidelidad se quebrantaron las promesas, los sueños, las esperanzas y las aspiraciones que tenían como pareja. Lo que les daba identidad: un propósito y sentido en la vida juntos. El miedo a volver a vivir la experiencia paraliza a muchas parejas y les impide reintentarlo, aunque sigan queriéndose.

Un requisito indispensable para reanudar su relación es recuperar la confianza. La confianza es la cimentación de una pareja. La confianza se genera por la seguridad en que podemos mostrarnos vulnerables y no ser dañados, en que podemos tener la apertura necesaria para construir una relación de intimidad, la certeza de la presencia activa del otro. La infidelidad esfumó todo lo anterior. Después de descubrir una infidelidad, es lógico tener miedo. Se necesita generar la certeza de que el otro esté dispuesto a comprometerse emocionalmente de nuevo.

Recuperar la confianza es la tarea más importante.

Esta tarea no es fácil. El que ha sido infiel tiene que tolerar los sentimientos amargos y dolorosos de su pareja, y el que ha sido engañado tendrá la paciencia suficiente mientras su pareja "digiere" su pérdida.

Ambos tienen que ir reconstruyendo la relación de pareja como se edificó en un principio. Primero con información honesta, compartiendo las tareas cotidianas y, poco a poco, compartiendo actividades que ambos disfrutan. Los dos deben recuperar o construir la intimidad que perdieron o que quizá nunca tuvieron.

Lo primero en que necesita haber certeza para volver a confiar es en que la infidelidad terminó. Las preguntas que ha hecho anteriormente a su pareja, sobre cómo, cuándo, dónde y con quién, le deben haber dado información sobre lo que hacía cuando estaban en el pozo. Ahora las cosas deben ser diferentes. Si antes, por ejemplo, llegaba muy tarde de "trabajar" y ahora llega más temprano, es un indicio de que está prefiriendo pasar más tiempo en su compañía. Si sus actividades diarias eran un poco "oscuras" y no daba muchos detalles de dónde estaba o con quién, ahora debe conocer su agenda verdadera en detalle. Al haber más comunicación acerca de lo que hace y con quién, se refuerza la confianza. Hable más respecto de su rutina diaria. Proporcione y pida más información, no para investigar, sino para conocer más sobre las actividades, los intereses y las necesidades de su pareja.

Aunque conocer sus actividades genera confianza, no es el único y suficiente indicio de la terminación de la relación con la (o el) amante. La disposición hacia usted y la forma en la que expresa son quizá indicativos más sutiles pero también más determinantes.

La confianza se gana, no se otorga.

Es evidente que tendrán que hacer cambios. Cuáles y en qué dirección, se lo dirá lo que conoce de su pareja y lo que ella conoce de usted; no lo que conocía o creía conocer de ella, sino lo que ha descubierto ahora. Antes no tenía apertura y su cónyuge no conocía mucho de usted, o quizá no podía escucharle y tampoco conocía mucho de él. Hoy, es una de las primeras cosas que tienen que ser diferentes. Atreverse a hablar de la infidelidad representa una buena lección de apertura y capacidad de escuchar, aunque las sesiones de preguntas y respuestas sean tan dolorosas para ambos.

Las parejas se hacen muchas promesas: algunas muy trascendentes y otras menos importantes sobre asuntos cotidianos. Algo que es muy importante para restaurar la seguridad es su *constancia* y *firmeza* en las decisiones respecto de *sus ofrecimientos y promesas*. Haga solamente las promesas que pueda cumplir. Las promesas rotas deterioran la confianza; y la confianza se genera con las promesas cumplidas.

Necesitan llegar a acuerdos relacionados con los cambios por hacer en las cosas que consideren que constituyen un verdadero obstáculo para retomar su amistad. Si ambos acordaron que llevarían a cabo tal o cual asunto, efectúenlo. Tal vez ambos se encuentren muy susceptibles y temerosos de que las cosas funcionen. Así que, si prometió hacer algo tan insignificante como llamar por teléfono a una cierta hora, hágalo. De otra manera, es difícil que puedan recuperar la confianza el uno en el otro. Las promesas falsas o rotas sólo harán que su pareja siga desconfiando de usted. Ponga mucha atención a lo que ofrece y sobre todo a lo que promete.

No rompa las promesas ni anule los acuerdos. Respételos.

Uno de los aspectos que conserva a las personas interesadas en los cambios es ver resultados. Así que trate de realizar cambios *que su pareja note*. A veces para uno es un gran esfuerzo efectuar un pequeño cambio, pero si su pareja no lo ha notado es que no ha sido suficiente. El otro lado de la moneda también es desalentador: hacer y hacer cosas, y que pasen desapercibidas. Así que el consejo para uno sería: *note los cambios en su pareja*, y para el otro: *si su pareja no nota los cambios o no es en la dirección necesaria o es demasiado intrascendente, necesitará aplicarse más*.

Hay situaciones que no pueden cambiarse, pero otras sí. Ambos tendrán que descubrir cuáles sí y cuáles no. Una clave para saber la diferencia es que los *problemas graves* son los que *producen emociones muy fuertes*, aunque las detonen detalles que considera intrascendentes.

Las grandes cosas de la vida están formadas por miles de pequeñas cosas.

A medida que vaya introduciendo en su vida nuevos pensamientos, nuevas formas de expresarlos y nuevas maneras de comportamiento, verá que su vida empieza a cambiar para mejorar. Hacerlo es difícil, pero con cada pequeño cambio se produce una serie de reverberaciones en otras áreas de la vida que le permitirán estar más cerca de alcanzar la clase de relación que desea y merece.

¿QUÉ VAS A HACER ESTE FIN DE SEMANA? (CONQUISTA)

> *La mejor forma de conquistar el corazón de una persona*
> *es haciéndole saber que es importante.*

Otro aspecto muy importante de la vida en pareja es que ambos necesitan saberse importantes y especiales para el otro. Atractivos y queridos. La vida en pareja es una vida compartida. No una vida "encima" de alguien ni "debajo de alguien". Es una vida "al lado" de alguien. Ese alguien, su esposo (o esposa) necesita saber que sigue vigente el deseo de estar a su lado.

Para compartir la vida es necesario *dedicar tiempo* a la relación. Si no hay tiempo, entonces no queda lugar ni espacio en su vida para su pareja. Cuando no hay tiempo para otras actividades fuera del trabajo, mantener la casa a flote, dormir y comer, la vida se vuelve muy monótona y después de un tiempo la gente acaba por aburrirse, sentirse sola y sin amor.

Entre las cosas que tienen que recuperar está la diversión y los momentos agradables juntos. Recuerden qué era lo que hacían en el principio de su vida de pareja. ¿Qué cosas hicieron para conocerse el uno al otro? ¿Hay alguna actividad que ambos disfruten? ¿Pueden compartir algún plan? ¿Todavía les puede parecer atractiva una larga plática con un café?

Si alguien lo invita a salir y reiteradamente declina la invitación, acabará por no invitarlo más. Lo opuesto también es cierto: si pasa mucho tiempo añorando la invitación de alguien y eso nunca sucede, desistirá del deseo, por muy grande que éste haya sido. Tal vez estas eran el tipo de cosas que pasaban antes, no aceptaban invitaciones o éstas nunca llegaban. Ahora tendrán que hacer algo diferente. Invite y acepte invitaciones. Sin esto que parece tan banal, el amor se apaga. Invite a su pareja aunque sea a dar una vuelta a la calle y acepte la invitación. Traten de que esto sea alternado: invitar y que lo inviten, aceptar y que lo acepten.

Reconquistarse es un trabajo que tendrán que hacer entre los dos y para los dos. Con reconquistar no me refiero a suplicar, ni a manipular, ni a engatusar. Me refiero a conseguir que esa persona que nos agrada lo sepa. Se trata de hacer sentir bien al otro.

Las parejas felices "comprenden que uno de los objetivos del matrimonio es ayudar al otro a realizar sus sueños".[1] Los sueños son esos anhelos personales que muchas veces existen desde que éramos niños. No se trata de ayudarle a lograr grandes empresas, sino esas cosas que son simbólicas. Las pequeñas cosas pueden ser símbolos de sueños más profundos. Descubran cuáles son sus sueños.

Las buenas relaciones de pareja están llenas de buenos detalles mutuos, lo cual no quiere decir llenas de regalos o caricias constantes. Un buen detalle es cualquier cosa que hace sentir bien al otro. Una simple llamada por teléfono, una sorpresa, o un beso, en el momento adecuado, puede decir muchas cosas.

Hacer un favor, hacer algo por el otro. *Ayudarle a realizar sus sueños.*

¿Cuánto hace que no accede a ver una película de acción?
¿Cuánto hace que no se queda con los niños para que ella pueda ir a la biblioteca?
¿Cuánto hace que no le prepara la cena?
¿Cuánto hace que no se involucra en sus proyectos?

La amistad, igual que el amor, se fomenta y se cuida.

SÍ, ACEPTO (COMPROMISO)

Amar es una decisión.

Cuando se acepta a una persona como compañera de la escalada al Everest, no se puede decir a media montaña: "¿Sabes? Ya me arrepentí de haber venido contigo. De aquí en adelante, hazle como puedas." Si no están seguros de comprometerse, no emprendan esta hazaña. La desilusión posimpacto puede ser muy dolorosa. Si están seguros de que ella o él puede ser un compañero de aventura comprometido, aunque tengan problemas en el ascenso, con seguridad podrán arreglarlos.

A veces es difícil hacer compromisos, porque parece que detrás del compromiso hay una renuncia implícita a algo. Y es cierto, sí la hay. En todas las decisiones, la hay. Lo que cuesta al hacer una elección es lo que se deja fuera. Para poder comprometerse, es necesario poner la mirada en lo que se ganó, no en la posibilidad que dejó fuera o perdió. "Al elegir a Juana dejo fuera a María; para disfrutar al tener a Juana, tengo que dejar de soñar con María."

Aprender a elegir y a renunciar es algo sano en todos los aspectos de la vida.

Cuando decidieron unirse como pareja o casarse, con certeza hubo una frase que fue la declaración que cambió el curso de la historia para ambos: "Sí, acepto." Si esta frase fue dicha en una ceremonia pública o privada, de manera explícita o implícita, no importa. Esta es una nueva oportunidad para que ambos vuelvan a preguntarse: ¿Aceptas por esposo (o esposa) a...? ¿Y puedes *decidir* amarle y respetarle? ¿Pase lo que pase? Respondan con conciencia y comprométanse con sus respuestas.

Sus votos se rompieron y de alguna manera necesitan tornarlos vigentes. Algunas parejas llevan a cabo algún tipo de rito privado para darle fuerza a su decisión de intentarlo nuevamente. Los rituales son parte de la vida. Hacemos fiestas de despedida, graduaciones, celebraciones de cumpleaños, funerales y bodas. Todas estas ceremonias llenan el momento de significado y simbolismo. Pueden marcar el final de una etapa y el inicio de algo nuevo. Los ritos nos ayudan a dar significado a las transiciones. Una transición es un estado de turbulencia entre dos puntos de equilibrio: el antes y el después. Son la oportunidad de marcar el cierre de un episodio y abrir la posibilidad a nuevas experiencias.

Algunas parejas han diseñado sus propios rituales para dejar atrás el capítulo de la infidelidad. Comprar unos anillos de matrimonio nuevos. Escribir los resentimientos mutuos y romperlos en pedacitos o quemarlos. Escribir un recadito amoroso y traerlo en la bolsa para leerlo cada vez que aparezcan los pensamientos sobre la infidelidad. Todas estas cosas no son más que símbolos para optar por un compromiso explícito, son a viva voz, aquello que significa comprometerse de nuevo en una relación estable.

Para seguir caminando juntos, necesitarán restablecer esos sueños que tenían como pareja y respetarlos. Efectuar algún ritual para marcar el momento es de gran ayuda.

Aunque las cosas nunca volverán a ser iguales entre ustedes dos, ya que la infidelidad ha cambiado la relación para siempre, es posible sobrevivir esta experiencia y construir algo mejor si ambos permanecen comprometidos y con la disposición de intentar cualquier cosa que se necesite.

GANAR, GANAR (NEGOCIAR)

Los negocios donde uno ganaba y los demás perdían han pasado de moda. En el mundo empresarial, han descubierto que si el dueño de una empresa presiona al proveedor para obtener un precio excesivamente bajo, terminará por hacer quebrar al proveedor. Si éste quiebra, el negocio del empresario también se verá afectado porque le será difícil conseguir la materia prima que utilizaba antes.

Hoy día, se sabe que los buenos negocios son los que dejan a todos contentos: al que vende y al que compra.[2] Dicen, en el mundo de las ventas, que quien vende algo en lo que no vale, perderá lo más valioso: sus clientes.

Esto traducido a la vida cotidiana de una pareja significa que cada vez que usted hace que su pareja pierda, a la larga está perdiendo usted mismo, porque tendrá una pareja incómoda y resentida. Si exprime a su proveedor haciendo que le proporcione cada vez más por menos, éste quebrará y terminará sin poder darle nada. En las relaciones pasa igual. Si hace que su pareja tolere, ceda o haga más de lo que puede, terminará drenándola, se quedará sin afecto, sin halagos, sin atención, sin nada que pueda darle.

Así que aprenda a negociar, ceder, ganar, compartir, hacer alianzas y a propiciar situaciones en las que el otro salga ganando también, para que tenga un socio (o socia) con una larga vida.

Si su pareja está concediendo en un aspecto usted tendrá que ceder en otro. Si su pareja tolera algunas características suyas, usted tendrá que tolerar otras de ella. Si su cónyuge está realizando cambios para el bien de la pareja, usted tendrá que hacerlos también porque se supone que ambos quieren seguir juntos en el negocio del matrimonio.

Las empresas exitosas suelen conservar a sus empleados por largos periodos de tiempo. Ahorran en selección, capacitación e indemnizaciones. Todos los implicados tienen metas y políticas claras e invierten tiempo, dinero y esfuerzo en crear un ambiente de trabajo cómodo. Así logran contar con recursos humanos valiosos y eficientes que, finalmente, son los que harán de la empresa un negocio productivo, lo cual redituará en más ganancias para unos y en más prestaciones para otros.

Aplicando este modelo a los cónyuges, una persona que cambia de pareja de modo constante enfrenta, a la corta o a la larga, muchas pérdidas en todos los sentidos. En una pareja "productiva", ambos sienten que hay metas en común, que tienen valores que los unen, ambos tratan de hacer que el otro se sienta importante y contento. En esas condiciones, es más fácil que ambos puedan tener una larga vida en común, plena y satisfactoria.

Recuerde: la clave es ganar-ganar.

Lo difícil de este concepto no es comprenderlo, sino llevarlo a la práctica. Quienes lo han logrado se sienten triunfadores, tanto en los negocios como con sus parejas.

REMODELAR LA HABITACIÓN (VIDA SEXUAL)

La sexualidad es considerada como un espacio privilegiado de intimidad en la pareja. Después de una infidelidad, este espacio se siente violado. Las relaciones sexuales en una pareja son muy simbólicas. Además de la intimidad física, de modo simultáneo, se comparte un espacio de intimidad emocional, quizá aún más importante.

Ya sea que usted piense que la infidelidad sólo fue sexual o emocional o, peor aún, ambas, sus acercamientos durante el intento por reconstruir su relación pueden tener una carga emocional muy fuerte que les impida disfrutarlos.

Tal vez de inicio los encuentros sexuales sean muy apasionados y frecuentes, por la necesidad de volver a sentirse "conectado" con la pareja, aunque sea físicamente, y que esto sirva para disipar la angustia del abandono y la soledad. También puede suceder lo contrario, que les sea difícil tener relaciones sexuales por una serie de creencias y emociones que impidan o bloqueen el encuentro. Otra posibilidad más es que sucedan ambas cosas, siguiendo el mismo ritmo de altibajos que se presentan durante y después de la crisis inicial y que junto con el gozo, se le salgan las lágrimas.

Una frase muy conocida de Freud dice que cuando dos personas tienen relaciones sexuales, se meten seis a la cama: la pareja y los padres de ambos. Después de una infidelidad, añada un séptimo a la lista: el "fantasma del amante".[3]

Tanto para el que ha permanecido fiel, como para el que ha sido infiel, el fantasma del amante se introducirá debajo de las sábanas. Ya sea porque tienda a hacer comparaciones o a imaginarse que su pareja las está haciendo. El simple pensamiento de su cónyuge haciendo el amor con otra persona puede provocarle repulsión. Esto sucede, tanto si la forma del encuentro sexual entre ustedes no ha sufrido grandes cambios, como si los ha sufrido. Si los ha tenido, tendrá la certeza (aunque no lo sea) que el cambio es resultado de sus recientes experiencias con el o la amante. Cuando no ha habido cambios, se podrá imaginar al o a la amante haciendo con su pareja exactamente lo mismo que lleva a cabo con usted. No hay salida. Si con seis es complicado, con siete resulta imposible.

También es probable que ambos tiendan a pensar en las relaciones sexuales como termómetro de lo que pasa fuera de la habitación. Si hay relaciones o no, achacará cualquiera de las dos cosas a que la relación con la o el amante pueda o no seguir vigente.

Si por cualquier razón la sesión termina en un fracaso, ambos tenderán a sentirse culpables o a culpar al otro por lo sucedido, pero siempre bajo el marco de referencia del o de la amante. Pensará cosas como: "Ya no soy atractiva (o atractivo) o sexy", "la infidelidad continúa", "tengo que satisfacerle o sospechará de mí". "Mi vida sexual con el amante era buenísima, tú debes ser el problema de que esto no esté funcionando."

En el camino a la recuperación y recordando que su vida en general tendría que ser ahora mejor de lo que era, tal vez les convenga revisar algunas de sus creencias sobre las relaciones sexuales. En esta área, necesitarán mucha apertura, serenidad y tacto para dialogar sobre sus gustos y preferencias. No tiene ningún caso seguir guardando información por el temor al rechazo o para no echarle más "leña al fuego".

Las aseveraciones que se plantean a continuación quizá les sirvan para reflexionar y tranquilizarse sobre el futuro de su vida sexual.

1. No es necesario que las relaciones sexuales "deban" aparecer sólo después de y en caso de que las cosas se solucionen perfectamente entre ustedes.

2. El "debería" tal vez sea una creencia limitante. La construcción de la intimidad es un proceso activo que requiere una actitud consciente y una elección deliberada de tener cercanía.
3. El proceso inicia cuando usted lo decide, no cuando las circunstancias son totalmente favorables porque ya se siente motivado (o motivada), con confianza o seguro (o segura).
4. Quizá se pregunte: ¿cómo puedo acostarme con una persona que me ha herido tan profundamente? Pero tiene que retar estas creencias y arriesgarse. Puede tomar a su pareja de la mano, abrazarle, besarle y permitir que surjan sentimientos de intimidad entre ustedes dos.
5. La intimidad en la habitación ayuda a reconectar con su pareja. Pero la intimidad fuera de la habitación ayuda mucho más a reconectar con ella.
6. Necesita empezar a actuar de acuerdo a *como le gustaría sentirse*, no *según se siente* en este momento.[3]

En general, las parejas suelen tener una serie de malos entendidos con respecto al sexo; todos ellos en el terreno de los "debería", y cuando sucede de diferente manera, lo consideran un problema. Con la infidelidad, se agudizan los malos entendidos que había antes y aparecen otros nuevos. Después de una infidelidad, estas creencias equivocadas proliferan y crecen hasta llegar a ser verdaderos obstáculos para reconstruir la relación.

Algunas de estas creencias con respecto al sexo, las cuales pueden generar crisis después de una infidelidad, son:

1. Él (o ella) debería acercarse a mí; yo soy la (o el) ofendido.
2. Deberíamos desear tener relaciones sexuales con la misma frecuencia.
3. Ambos debemos llegar al orgasmo y de preferencia juntos.
4. Debe ocurrir un orgasmo cada vez que haya relaciones.
5. Debe haber penetración para que haya un orgasmo.
6. Si alguno de estos puntos anteriores no es así, es porque la infidelidad dañó nuestra vida sexual de modo irremediable.
7. Si realmente lo estuviéramos haciendo bien, debería haber orgasmos múltiples.
8. No debo externar mis deseos. Él (o ella) debería saber lo que me agrada sin tener que decirlo.

De entrada, sería necesario aceptar que las relaciones sexuales son diferentes, personales y válidas para cada pareja. Lo importante es que lo que suceda dentro de la habitación sea agradable para ambos. Si todo ocurre como dicen los libros, ¡qué maravilloso!; pero si sucede de otra manera, puede ser igual de maravilloso. No todos los encuentros sexuales terminan en una explosión cósmica. Aunque la pasión es importante, la cercanía emocional de la pareja lo es más. La cercanía emocional es un buen combustible para conservar viva la llama del amor en la cama.

Un problema que comparten *todos* los matrimonios es preservar viva la atracción física y emocional que había al inicio de la relación. Las preocupaciones sobre el trabajo, las finanzas, los hijos y otros pendientes de la vida diaria pueden interferir con la pasión. Las relaciones matrimoniales se pueden volver rutinarias y aburridas si se mantiene un patrón de misma hora, mismo lugar, mismo procedimiento. La recuperación de la relación puede ser una buena oportunidad para mejorar su vida sexual. Es necesario ser creativo y aprender a jugar también en este terreno para mantener encendida la pasión.

A cada pareja le van unas cosas mejor que otras; descubra cuáles son las agradables para ustedes. Hay muchos cambios que pueden introducir con el propósito de dejar fluir la intimidad. Algunos incluyen cambiar su ropa de dormir por otra más seductora. La seda es muy agradable al tacto. Dar o recibir un masaje relajante con un aceite aromático. Bañarse juntos, usar perfume, probar esas fantasías ocultas, poner música suave en la habitación e iluminarla con una luz tenue, ir solos a un lugar romántico un fin de semana o cambiar horarios y lugares para tener relaciones.[4] Con seguridad a ustedes se les podrán ocurrir muchas ideas más. Lo importante es recuperar la posibilidad de jugar e innovar. Sean audaces y creativos.

LA HISTORIA SIN FIN (PERDÓN)

Nuevamente aparece en la escena nuestro amigo "el perdón". Esta vez para hacerse efectivo. Si es que ustedes han podido digerir lo que pasó y su relación ahora es mucho mejor de lo que era antes, notará que ha desaparecido la necesidad de pedir perdón.

Si usted y su pareja han podido hablar de lo sucedido, si han recuperado la confianza y se sienten unidos el uno al otro, se gustan, se admiran, se respetan, pueden dialogar, llegar a acuerdos y *respetarlos*, si han renovado sus votos de fidelidad, se divierten, gozan y ambos se hallan en una relación donde hay muchas ganancias, aparecerá en escena el anhelado perdón. No le dirán literalmente, "te perdono", pero usted lo sentirá y *ese es el verdadero perdón*. Llegará cuando ya no tengan la necesidad de hablar de él.

Ahora sí podrán considerar que el tema de la infidelidad es algo del pasado. Las heridas habrán cicatrizado. Habrán llegado a la cumbre. Habrán logrado hacer una bonita casa de algo que parecía una ruina. Se sentirán triunfadores.

El proceso para reconstruir y perdonar es difícil. Para algunos puede durar muchos meses y para otros varios años. Intentarlo no es sinónimo de lograrlo. Hace falta un gran compromiso con el cambio y que la infidelidad haya sido una fuerte sacudida para ambos (en especial para el infiel) para permanecer motivado con el propósito de llevar a cabo y obtener cosas diferentes, esta vez, en el matrimonio. Para el que sufrió la infidelidad, se requiere de una gran capacidad de comprensión y deseo de reconectar.

REFERENCIAS BIBLIOGRÁFICAS

1. Gottman, M. J. y Silver, N., *Siete reglas de oro para vivir en pareja. Un estudio exhaustivo sobre las relaciones y la convivencia*, Debolsillo, México, 2004.
2. Covey, S. R., *Los siete hábitos de la gente altamente efectiva: la revolución ética en la vida cotidiana y en la empresa*, Paidós Ibérica, Barcelona, 1997.
3. Abrahams, J. S., *After the affair*, Harper-Collins Publishers, Nueva York, 1997:192, 207.
4. Corn, L., *100 nights of great romance*, Park Avenue Publishers, Los Ángeles, 1996.

10

Demolición de la casa

EL ROMPIMIENTO DE LA PAREJA

El más difícil no es el primer beso, sino el último.

PAUL GÉRALDY

Cada quien en su casa y Dios en la de todos

Como se ha revisado en capítulos anteriores, cuando una persona se enfrenta al descubrimiento de la infidelidad de la pareja, se encuentra en un estado agudo de confusión, con fuertes sentimientos de vulnerabilidad e indefensión y con una herida muy grande en su autoestima. En este estado es muy fácil reaccionar en automático. La respuesta más automática es la separación.

En otros casos, es el infiel quien decide terminar la relación con su cónyuge porque ha decidido formar una nueva pareja o porque no tiene interés o no le ve ninguna posibilidad a su vida dentro del matrimonio.

Para muchas parejas la separación es inmediata y radical, y cualquier otra postura es impensable. Otras se encuentran tan confundidas y abrumadas con el peso de la infidelidad que no saben cómo responder en un primer momento, y tal vez sigan juntas al principio, pero al no encontrar el camino de regreso, terminan separadas en un tiempo relativamente corto después de la aventura amorosa.

Hay personas a las que la infidelidad las sorprende tan desprevenidas que no saben cómo "quieren" reaccionar o cómo "deberían" reaccionar en una situación así. Las opiniones pueden ser muy polarizadas. Hay quien dice que lo mejor para la pareja es separarse y solucionar sus diferencias en la distancia, si es que hay solución. Otros opinan que es mejor que la pareja permanezca unida para solucionar sus diferencias y que la separación se lleve a cabo sólo en caso de no lograrlo.[1] Esta opción es menos visceral y más centrada. Ya sea que los cónyuges terminen separados o no, sería bueno para ambos comprender cómo fue que ocurrió todo y darse un tiempo para tomar una decisión en una atmósfera menos turbulenta.

Esta opción, sin embargo, sólo es viable siempre y cuando la persona infiel esté de acuerdo con quedarse para hablar y también que quien ha permanecido fiel esté en disposición de conservar o por lo menos de escuchar a la pareja infiel. Muchas veces cuando la infidelidad se destapa, ya está muy elaborado el plan de escape y no se desea encontrar otras opciones. Quizá también la ofensa fue imperdonable para quien la sufre y no haya ningún punto de apoyo para dialogar y mucho menos para un arreglo.

Al principio, muchas parejas deciden tener una separación temporal por lo menos mientras los ánimos se relajan, como un recurso para aclarar los sentimientos o como una reacción obligada por el enojo del rompimiento de los votos matrimoniales. Muchas de esas separaciones temporales en realidad terminan siendo definitivas.

> Lo mejor para la pareja que no quiere terminar su matrimonio
> es que arreglen el problema, dándose una distancia
> pero sin separarse.

Cuando una pareja con una infidelidad descubierta y admitida se separa de inicio y la separación termina siendo solamente temporal, quizá se deba a que ambos habrán encontrado la manera de volver a intentarlo. Tal vez, aunque en casas diferentes, hayan trabajado juntos en el proceso de sanar las heridas y pensado que su relación era valiosa y que aún había cosas de su pareja que apreciaban y estuvieron de acuerdo con darle otra oportunidad a su matrimonio. Cuando se logra reconectar, la separación es parte del incidente. Pero si es difícil reconectar en la cercanía, lo es mucho más en la distancia.

Hay parejas que tienen una separación temporal como reacción al enojo porque a pesar de las fuertes sospechas nunca pudieron o no quisieron encontrar "evidencia de la aventura". Después de un tiempo corto, consideraron que se habían calmado las aguas y, después de unas cuantas "promesas", deciden volver a vivir juntos. Otras veces, a pesar de haber tenido una separación temporal seguida de un intento de reconstrucción de la relación sin éxito, la pareja posee dos opciones: o se separa definitivamente, o sigue viviendo un infierno; esta última es la peor alternativa.

Si los intentos por revincularse no funcionan, es mejor separarse de manera definitiva. Por más que uno quiera intentarlo, si el otro no lo desea o no puede, no funcionará. Para agregarle dificultad, no sólo ambos tienen que querer volver a ser pareja, además, deben desearlo y estar dispuestos a realizar un gran esfuerzo.

Cuando permanecer en la relación amenaza con la estabilidad emocional porque hay demasiado por "digerir" y no se tiene la certeza de que valga la pena pagar el precio de invertir energía en recuperar algo que no se ve como valioso, con seguridad será mejor si se termina.

Si el descubrimiento de la infidelidad es únicamente la cereza del pastel de una serie de engaños y traiciones, y si hay además otros problemas graves en la relación (como violencia), probablemente usted también esté mejor si decide terminar el matrimonio.

Si el rompimiento termina siendo definitivo, es porque uno de los dos o ambos no estaban dispuestos a trabajar en el intento por reparar una relación que ya estaba rota aun antes de la infidelidad o porque la infidelidad continuó o porque les resulta imposible, por un lado, reparar el daño y, por otro, aceptar la reivindicación de los errores.

Es un hecho que muchas infidelidades terminan en una separación a veces temporal y, muchas otras, definitiva.

Cuando se ha intentado todo, y nada parece funcionar, debe existir la posibilidad de reconocer el final, soltar y dejar ir, para iniciar algo nuevo. Si uno se empeña en hacer funcionar algo que ha llegado al límite, sólo servirá para seguir lastimándose.[2]

Es probable que ya haya efectuado una cuidadosa evaluación de la situación y decidido que es mejor irse que quedarse. Tal vez la decisión de terminar la haya tomado su pareja mas no usted, pero independientemente de quién la haya tomado, usted se encuentra ante un parteaguas de la vida: un rompimiento conyugal.

De modo independiente del proceso, la despedida definitiva de la pareja puede ser muy dolorosa, sobre todo cuando uno de los dos no lo deseaba. Cuando la infidelidad es la causa del divorcio, además de la crisis del descubrimiento, se añade el dolor de la crisis de la disolución matrimonial, con todas las amenazas reales o imaginarias que constituye.

Sin embargo, cuando una relación se ha deteriorado tanto que la vida en común es insana y destructiva, se estará mejor si cada uno vive en su casa y con Dios en la de todos. Ambos tienen el derecho de buscar una vida mejor, solos o con una pareja diferente, y a obtenerla.

El divorcio es una de las situaciones que más estrés provoca en la vida. Estar en el proceso es como tratar de mantenerse fuertemente agarrado al mástil del barco para no caerse durante el temporal y ¡vaya que se desata la tempestad! Pero al final, descubrirá que usted es capaz de reorganizarse y disfrutar nuevamente de la vida.

LA VIDA CONTINÚA

El divorcio no es el final de la vida, pero quizá pensará que sí lo es, en particular cuando esté pensando en solicitarlo y durante la ejecución del mismo. El divorcio no es un simple trámite, es una situación difícil, sobre todo cuando existe el miedo real de poder enfrentar la vida sin pareja y no hay la certeza en cuanto a las circunstancias de seguridad económica o de estabilidad de los hijos. El divorcio es mucho más que la separación de la pareja. Todo en la vida se altera. Pero después de un tiempo observará que además de recuperarse de la traición, también le será posible hacerlo de la separación.

El divorcio es un proceso, tiene una secuencia y, según las circunstancias, puede ser muy difícil y terriblemente desgastante o una sangrienta lucha de poderes. No es algo que sucede de la noche a la mañana o que culmine con la firma de los papeles. Hay que ir trabajando una serie de sentimientos vinculados con la separación definitiva, para poder integrar el episodio a la vida, incluso tiempo después de consumado; sobre todo cuando la separación y el divorcio ocurren de una manera precipitada, sin mucho tiempo para asimilar lo que está sucediendo. Las emociones ambivalentes que se experimentan en el proceso, aunadas a los trámites de disolución le darán la sensación de estar viviendo una pesadilla y que hay demasiadas cosas que tiene que ir solucionando a la vez.

Subotnik y Harris[3] consideran este proceso parecido a la elaboración de un duelo y lo describen en tres etapas.

La primera etapa consiste en enfrentar la tristeza por la terminación de la pareja y por las pérdidas acumuladas, al cambiar el estado de casado (o casada) por el de divorciado (o divorciada).

Un primer paso para digerir las pérdidas consiste en romper la negación, y para esto es necesario poner el divorcio en su dimensión correcta. Una reacción frecuente es minimizar el problema: "Sí, me divorcié, pero no fue para tanto." Minimizar es una manera de negación. No consiste en negar que el hecho ha sucedido, pero sí en restarle importancia para no caer en el abatimiento. Este recurso es también un mecanismo de defensa que le permite "no ver el problema en toda su magnitud" y "no sentir una tristeza aguda".[3]

Aunque este mecanismo proporciona un alivio momentáneo, es más fácil elaborar una tristeza que se conoce, que una que sólo se entierra y que termina pudriéndose en el alma.

En un divorcio, por lo regular las mujeres suelen enfrentar más pérdidas que los varones, pero ellos también sufren las propias. Ambos, varones y mujeres, necesitan enfrentar su dolor para realmente dejarlo pasar.

La segunda etapa comprende incredulidad acerca de lo ocurrido: "No puedo creer que me esté sucediendo esto y de esta forma." "¿Cómo pudo hacerme semejante cosa?" A pesar de que usted tal vez sintió insatisfacción con el matrimonio, este tipo de final es difícil de asimilar. Esta etapa se encuentra marcada por un estado de indefensión aguda, caracterizado por miedo, coraje, obsesiones e intranquilidad. Pueden presentarse enfermedades relacionadas con estrés, depresión y una considerable reducción de la autoestima; dificultad para dormir y trastornos de la alimentación; más o menos lo mismo que vivió al descubrir la infidelidad (véase cap. 5).

Cuando el divorcio ocurre poco tiempo después de una infidelidad, no le dará tiempo de recuperarse de un golpe para recibir el siguiente. El efecto de las pérdidas se puede amortiguar si cuenta con una buena red de apoyo de amigos y parientes, y si además puede solicitar ayuda a un buen psicoterapeuta especialista en problemas de pareja. En esta etapa, también experimentará sentimientos ambivalentes. A pesar de la aprensión y el miedo a la incertidumbre de lo que tendrá que "apechugar" con la separación, hay quien tiene además gran sensación de alivio.

El periodo de pesar persiste mucho más de lo que usted quisiera. Por desgracia, dura lo que tenga que durar, no hay modo alguno de acelerarlo, porque las fuertes ataduras emocionales que se hacen con la pareja no se rompen con facilidad.[4]

La tercera y última etapa comprende la integración del divorcio. En esta etapa, surgen una serie de cambios en la forma de vida para ajustarla a las nuevas circunstancias. Es probable cambiar de casa, realizar una carrera nueva, buscar un empleo, conseguir nuevas amistades, iniciar un deporte, empezar a salir más, etc. Todos estos cambios se llevan a cabo con la finalidad de adaptarse a una nueva identidad y una nueva forma de vida. Esta etapa marcará el principio hacia un camino ascendente de recuperación. Sin embargo, este tampoco es un peldaño que se suba de un día a otro.

Para empezar, algo que tendrá que integrar antes que hacer otras cosas, en el caso de las mujeres, es una nueva identidad. Para empezar, ya no será la señora de... El nombre del esposo desaparece de su vida y si el matrimonio tenía muchos años, ese puede ser un cambio difícil. Recuperar su nombre de soltera será una de las primeras situaciones en las que tendrá que trabajar.

Esto que parece tan obvio es muy significativo y marca el inicio de muchos cambios. Si su nombre cambia, pierde los apellidos del marido y habrá que elaborar documentos nuevos como pasaporte, tarjetas de crédito, credenciales de identificación, etc. En muchos lugares, la conocían como la señora X, ahora necesitarán enterarse de su nuevo estado civil. "Cambiar de nombre" es hacer público el problema que hasta ahora sólo era privado.

El proceso de integración y readaptación a una vida diferente lleva tiempo. No tome en cuenta a las personas que le insinúen que ya debería haber superado el divorcio, dando a entender que algo malo en usted ocasiona que esté tardando tanto tiempo en recuperarse y seguir con su vida. El proceso de separación es diferente para cada quien y nadie más que usted puede determinar el tiempo necesario para pasar de una etapa a otra, hasta llegar a integrar dicha separación en su vida.

Tarde o temprano llegará a una aceptación emocional de lo ocurrido, no desde una posición perdedora, sino con una actitud de dignidad, desde la cual lograr el desprendimiento emocional de la pareja. No tenga prisa por acelerar este proceso y no se sienta mal si tiene la sentencia de divorcio en la mano y sigue pensando en términos de él (o ella). Las separaciones son realmente difíciles. Muchas personas firman los papeles y siguen pensando como si aún vivieran con la pareja de la que ya están legalmente separadas.

El divorcio emocional a veces tarda más tiempo que el legal. La integración se da después de un proceso simultáneo de desprendimiento y reestructuración de la propia vida. Integrar el divorcio quiere decir asumir una nueva identidad, en la que el divorcio se vuelve parte de su historia; el presente y el futuro se ven diferentes a cualquier cosa que hubiera vivido antes, cuando estaba casado (o casada). Cuando se consume el divorcio emocional, entonces estará listo (o lista) para empezar una nueva vida.

Tal vez no viva estas etapas tan marcadas (negación, indefensión, integración), sino que una se traslapará con la otra, o parecerá que avanza con un paso para adelante y dos para atrás, lo cual es parte del proceso.

Quizá ha permanecido fiel y la pase peor en el proceso de divorcio que el infiel. La diferencia de actitud muchas veces se debe a que el infiel ya había pasado por la tormenta de emociones y la decisión del divorcio antes de que usted lo enfrentara como una posibilidad real.

Los aspectos que más problemas causan a las personas después de un divorcio son: la supervivencia sin la pareja, la vida social y sostener alta la autoestima. Tendrá que poner especial atención a estos aspectos.

La supervivencia puede ir desde tener que buscar el sustento, hasta tener que aprender a cambiar una llanta del automóvil (o encargarse de la comida, la ropa y las labores del hogar, en el caso de los varones). Lo que preocupa y a veces realmente abruma es tener que manejarse sin las cosas que antes eran responsabilidad del otro. Para muchas mujeres, la carga de tener que trabajar, además de cuidar y educar a los hijos, es tremenda. Con respecto a la responsabilidad de los hijos, la mayoría de los varones se limita, en el mejor de los casos, a darles una pensión alimenticia y llevarlos a pasear un día a la semana. Desde el punto de vista de los varones, ellos no tienen tantas ventajas porque el divorcio los deja totalmente fuera de la vida diaria de los hijos y con una relación totalmente artificial y utilitaria.

Las finanzas y la crianza de los hijos preocupan mucho a las mujeres. La mayoría de ellas reduce mucho su estatus económico después de un divorcio y muchas se vuelven realmente pobres. En cambio los varones, aunque resienten el cambio, después se recuperan con creces.[5]

Aun cuando parece que los varones tienen una posición privilegiada, la vida después de un divorcio también tiene altibajos para ellos. El tema de los hijos y el económico son asuntos álgidos que muchas veces deben rumiar a solas.[6]

Aunque antes y durante el proceso de divorcio, la autoestima se encuentra dañada, al final de éste, a medida que recupere las riendas de su vida, experimentará un aumento a niveles superiores a los que tenía en el matrimonio. Este cambio se produce como resultado de darle un giro a sus expectativas, de llegar al punto de encontrar nuevas opciones y la sensación de dominio sobre sus actos y reacciones.

La vida social se lesiona con el divorcio; se altera porque el conjunto de personas con quienes se relacionaba como pareja, con inclusión de parientes y amigos, sufre cambios en la forma y la calidad de la relación; algunos son cambios realizados por usted y otros por ellos. El principal rompimiento ocurre entre parejas de amigos y con los parientes políticos. Usted siente que no encaja o ellos sienten que usted ya no pertenece al grupo y dejan de llamarle o invitarle.

En una sociedad machista como la nuestra, las mujeres divorciadas y solas (sin pareja) experimentan una posición incómoda porque tanto los varones como las mujeres, las perciben como mujeres desesperadas por encontrar una nueva relación amorosa y eso las convierte en "amistades peligrosas" para las otras amigas casadas. En cambio, los varones divorciados tienen mejor aceptación, tanto en los círculos sociales como en el mercado de los solteros.

En un divorcio hay muchas pérdidas: identidad, estatus, capacidad económica, compañía, apoyo, amigos, parientes (políticos), viajes, etcétera.
Pero también hay ganancias: libertad, autoestima, desarrollo de habilidades, seguridad en uno mismo e independencia.

Esto puede exacerbar una fuerte sensación de soledad. Pero no se preocupe, esta soledad también le permitirá dedicar tiempo a las actividades que antes no podía llevar a cabo y es una oportunidad para aprender a disfrutar de usted mismo (o misma).

Poco a poco la incomodidad de la soledad se va tornando en una sensación de independencia y libertad reconfortante. Tener apertura y empezar a tener otras amistades y ocupaciones le facilitará la construcción de nuevas relaciones, lo cual a su vez le aportará autoconfianza.

Transformar las tradiciones familiares también le ayudará a superar el sentimiento de soledad.[4] En ciertas épocas del año, como navidad o cuando acostumbraban tomar las vacaciones familiares, fines de semana, cumpleaños de los hijos, etc., quizá aumente la sensación de estar solo (o sola) en el mundo. Le aconsejo que planee con tiempo lo que hará en esas fechas, para que no le sorprenda encontrarse con que usted es la única persona que no tiene nada que hacer esos días. Todo el mundo parece estar inmerso en sus propias familias y usted puede ser visto (o vista) como alguien desamparado y aceptado en esas ocasiones familiares como un acto de misericordia, o simplemente se le pasará por alto y se le ignorará.

No espere que sean los demás quienes le cuiden. Planee lo que le gustaría hacer, analice sus posibilidades y llévelas a la práctica. Para este caso y muchos otros, los amigos son muy importantes. Si cree que su círculo de amistades es pequeño, hágalo más grande, involucrándose en alguna actividad o grupo donde pueda conocer más gente con la que tenga algo en común.

La prioridad en esta transición es el cuidado de uno mismo. Es importante que haga conciencia de sus necesidades, aprendiendo la diferencia entre sentirse solo (o sola) o vacío (o vacía), y satisfágalas. Trátese con cariño y consideración. Dedique tiempo y espacio para usted. Una manera de conseguirlo es reorganizarse para no sobrecargarse de trabajo y responsabilidades, y aprender a pedir ayuda cuando la necesite, desde un asesor financiero hasta alguien para platicar o que le haga la comida. Tener una buena calidad de vida por usted mismo (o misma) le protegerá de vincularse amorosamente con la primera persona disponible sólo para llenar un vacío.

Después de que una relación termina, existe la oportunidad de mirar atrás y examinar el pasado con claridad. Podemos ver la forma en que convivimos con la expareja y lamentarnos de la relación. Pero también podemos analizar nuestras acciones y errores para no cometerlos de nuevo. No es posible cambiar nuestras decisiones pasadas, pero sí nuestras expectativas y cimientos para las relaciones futuras.[4]

El proceso de reconstrucción después de un divorcio es parecido a poner una serie de bloques juntos para construir una pirámide. Algunos de estos bloques tienen que ver con el manejo de las emociones posdivorcio (anteriormente se describieron algunas de ellas); otros se refieren al aprendizaje de habilidades nuevas que le permitan recuperar su autoestima, abrirse a las nuevas posibilidades y sanar las heridas, para poder iniciar una nueva vida con otra pareja o sola. Lo importante es que encuentre la salida de este episodio que marca un final, pero que no es de ninguna manera el final de la historia de su vida.[7]

La tristeza por algo que termina es la antesala para la esperanza
y la ilusión en algo que comienza.
Terminó una etapa de su vida, ahora inicia otra.

REFERENCIAS BIBLIOGRÁFICAS

1. Guerin, P. J., Jr. *et al.*, *The evaluation and treatment of marital conflict*, Basic Books, Nueva York, 1987.
2. O'Hanlon, B., Hudson, P., *Amor es amar cada día. Cómo mejorar tu relación de pareja tomando decisiones positivas*, Paidós, Barcelona, 1995.
3. Subotnik, R., Harris, G. G., *Surviving infidelity. Making decisions, recovering from the pain*, Adams Media Corporation, Avon, 1999.

4. Watrous, A., Honeychurch, C., *Después de la separación. Reconstruyendo tu vida a partir de cero*, Amat, Barcelona, 1999.
5. García, B., Oliveira, O., *Trabajo femenino y vida familiar en México*, Colegio de México, México, 1994.
6. Vázquez, R. H., *Hombres solos. Ser varón en el siglo xxi*, Ediciones B, Barcelona, 2004.
7. Fisher, B., Alberti, R., *Rebuilding. When your relationship ends*, Impact Publishers, Los Ángeles, 2000.

11

Baje la velocidad: "terreno accidentado"

FACTORES DE RIESGO

Hay diversas circunstancias de vida en las que las personas son más proclives a ser infieles. En este capítulo se revisan algunas de ellas. Pero prevenir una infidelidad no quiere decir que procure que nada de estas cosas sucedan; sólo significa que si se encuentra en ese terreno, ponga especial atención a lo que pueda estar sucediéndole a usted, a su pareja y a lo que pueda estar pasando entre ustedes dos y, si está en sus manos, que se proteja para no caer en el profundo pozo de la infidelidad.

Si ya cayó al pozo, conocer estos factores de riesgo le servirá para entender lo que llevó a su pareja a la infidelidad. Comprender las circunstancias debe permitirles a ambos reconectar o asimilar el rompimiento.

Las infidelidades pueden tener muchas variantes, dependiendo de la duración, la frecuencia y la intensidad (cap. 6). Hay muchas variables y muchos factores que pueden influir en la aparición de la conducta infiel. Para analizarla y comprenderla, es necesario conocer las normas y las creencias sociales, tomar en cuenta la estructura de personalidad del infiel y echar una mirada a los códigos en su familia de origen, la etapa de desarrollo personal, de la pareja y de la familia, y sobre todo a la dinámica de relación en la pareja que ha servido de telón de fondo.

La infidelidad es un fenómeno multicausal y multifactorial. No se puede concluir que uno solo de estos elementos sea la causa, pero sí se puede pensar que si varios de estos elementos están presentes, es muy probable que la infidelidad pase del terreno de las fantasías al de los hechos.

Las circunstancias de cada pareja son únicas, sin embargo, hay algunos patrones que indican las situaciones que podrían ser favorables para una infidelidad. Por ejemplo, es más probable que sea infiel una persona que proviene de una familia en la que hay historias de infidelidades y abusos.

Hay etapas en la vida en que la infidelidad es más frecuente, como el nacimiento del primer hijo y durante la crisis de la edad mediana. Existen momentos en la vida de la familia en que se corre mayor riesgo de una infidelidad que en otros, cuando ocurre una muerte o una situación que desequilibra la estabilidad.

Más que hacer un estudio exhaustivo, la intención es presentar un panorama de estas circunstancias propicias para su reflexión y como punto de partida para que pueda analizar sus particulares circunstancias previas a la infidelidad.

TENDENCIAS DE LA MODA

Las parejas viven inmersas en una sociedad y en una cultura. Además del desarrollo personal, hay elementos sociales que traspasan el umbral de la vida privada. Uno de ellos es la veneración por los cuerpos delgados y esculturales. Tener un cuerpo así o una pareja con el cuerpo así puede ser una cuestión de estatus en algunos grupos. El éxito de una persona puede medirse por la "clase" de la pareja que la acompaña. En muchos países, por ejemplo, hay compañías que se dedican a proporcionar acompañantes "con buena presentación" (*escorts*) para asistir a los eventos en que está mal visto llegar solo (o sola). No proporcionan contactos con personas interesantes, no es cuestión de iniciar relaciones, sólo son personas llamativas que sirven a un propósito: lograr que se tenga una mejor imagen social. ¿Por qué? Porque gente muy exitosa tiene una pareja joven y muy guapa. Ese es el mensaje social.

Otro factor social puede ser la filosofía de vida que inculca la sociedad de consumo: "si el artículo se hizo viejo o ya no te gusta, tíralo y compra otro". Las cosas (y las personas) pueden ser desechables y sustituibles; además, si existe poder adquisitivo, hay una gama amplia de ofertas y posibilidades.

Otros elementos que influyen quizá incluyan la desmedida tendencia a la satisfacción personal y al individualismo; la sensación de vacío generada por una vida sin valores ("Lo único y más importante soy yo y la satisfacción de mis necesidades"); la confusión producida por la expansión de las comunicaciones y la globalización; las creencias sobre ser hombre y ser mujer, sobre el éxito y los logros; vivir en la insatisfacción generada por la vida de estrés y exigencias, con la consiguiente sensación de no "dar el ancho"; una vida tecnificada bastante aburrida y pobre en relaciones humanas; la revolución sexual; la aparición de la píldora anticonceptiva y últimamente el Viagra; la crisis del matrimonio como una institución segura y satisfactoria; las empresas multinacionales y la proliferación de viajes de negocios que han generado la doble moral, etcétera.

Se tiene una idea un poco deformada de lo que se puede esperar de la vida en pareja. A partir de la segunda mitad del siglo XX, se ha ido desarrollando una cultura de la felicidad hecha de elementos mágicos, que a menudo proviene de un código de sentimientos extremadamente ficticio.[1] Se aspira al derecho de trabajar para lograr metas placenteras, que supuestamente han de hacernos felices. Intentamos conseguir cada vez más con menos esfuerzo. La máxima que sustenta esta filosofía de la felicidad podría ser: "la vida para que sea placentera ha de ser fácil y si es fácil y placentera seguro te hará feliz". No estamos dispuestos a hacer esfuerzos ni a soportar angustias, tensiones o malestar. Vivimos en una cultura de sobreprotección que favorece el placer y la gratificación inmediata. De manera paradójica, nos hallamos cada vez con mayor tensión, más angustiados y obtener lo básico es en cada ocasión más difícil. Deseamos más, pero podemos tener menos.

Podríamos incluir más, podríamos ampliar estos puntos, fundamentarlos o rebatirlos, pero hacer un análisis social del fenómeno no es el propósito de este libro. Lo que se puede concluir de este somero panorama es que el conjunto de la sociedad como un todo es la que produce, disfruta y padece de esta moda. Porque la infidelidad parece estar de moda. Si no me lo creen, vayan al cine, vean televisión, lean revistas del corazón o miren a su alrededor.

DIME DE DÓNDE VIENES Y
TE DIRÉ A DÓNDE VAS

La infidelidad está muy ligada a los modelos familiares de evitación, seducción, fabricación y conservación de secretos e historias de traición. La familia de origen (padres) puede ser el telón de fondo de la conducta infiel.[2]

La familia de origen del infiel desempeña un papel muy importante en la tendencia a la traición. Cuando en dicha familia hubo infidelidades o engaños de cualquier tipo, es más probable que los hijos elijan esta posibilidad cuando les abrumen los problemas.

> Es frecuente descubrir una repetición casi exacta o con cambio de papeles (masculino y femenino) de un modelo familiar de infidelidad de la familia de origen de uno de los dos cónyuges o de ambos.[3]

Cuando uno se casa, casi nunca desea reproducir los modelos de la familia de origen, pero son los que aprendimos. No sabemos otra manera de hacerlo.

No necesariamente alguno o ambos padres del infiel tienen que haber sido infieles en su momento, pero es en la familia de origen donde se aprenden, por ejemplo, los papeles de identidad sexual y en muchas familias la infidelidad es tolerada y aceptada como una conducta normal, en particular para los varones.

En una familia caótica, con padres en extremo autoritarios e injustos o demasiado poco estructurados debido a cualquier otro problema de fondo (como alcoholismo, abuso, violencia), quizá la mentira y el engaño formen parte de su estilo de vida. Los hijos aprenden a mentir para "tranquilizar" a los padres, y los padres también mienten a los hijos para tenerlos "bajo control". Estos hijos, en lugar de hablar de sus necesidades (que muchas veces permanecen ocultas y negadas), lo que hacen es buscar su satisfacción con mentiras; cuando necesitan algo, prefieren obtenerlo a escondidas. Por otro lado la seducción, como paso previo a la infidelidad, también es más factible en las familias manipuladoras o abusivas.

Cada familia tiene su propio estilo para solucionar problemas. En algunas, éstos no se resuelven porque según ellas no los hay.

Simplemente está "prohibido" que haya conflictos; todos son lindos y buenos. En el extremo opuesto están las familias donde todo parece ser un grave problema, todo amerita un enfrentamiento que no lleva a ninguna parte, y el problema de origen nunca se soluciona. Otras, las que estarían en el medio del continuo, son más democráticas, los problemas se abren, los miembros los conocen, buscan soluciones y se comprometen con ellas.

En las familias en las que los conflictos se niegan (no hay), donde las quejas se reprimen porque no existe el derecho ni de pedir ni de disentir ni mucho menos de pelear, en aquellas en que los conflictos llevan a enfrentamientos dolorosos, en las que hay la amenaza de rompimiento cuando surge un problema o en las que aparece el peligro de que alguno de los padres o los dos se desmoronen (manipulación emocional), se genera una incapacidad para enfrentar diferencias, con la consecuente evitación futura de los conflictos. Cuando las personas tienen este miedo a enfrentar los problemas, quizá suceda que al aparecer los conflictos con la pareja, en vez de enfrentarlos, se prefiera "escapar" con un o una amante.

Hay familias silenciadas, donde hay "secretos a voces"; todo el mundo sabe de la existencia del problema, pero nadie habla de él. En éstas es fácil aprender a tener una buena parte de la vida oculta y en secreto. Finalmente, las "cosas" son de su incumbencia, de nadie más. La solución a los conflictos, por tanto, debe efectuarse de manera unilateral. La infidelidad es una solución individual, unilateral y secreta a un problema de dos.

En las familias donde no se desarrolla el sentido de unidad, cada quien sobrevive con sus propios recursos y después cuesta mucho trabajo aprender a tomar en cuenta las necesidades de los demás. Las familias abusadoras o represoras se caracterizan por creer que permanecer "alejado" es mejor que crear "cercanía". En todos estos casos, se produce una incapacidad para vivir relaciones de intimidad.

Es difícil construir una intimidad con el constante miedo al rechazo. Las relaciones superficiales pueden ser una fuente de satisfacción sin mucho compromiso. Una manera de evitar la intimidad es involucrarse en relaciones menos amenazantes, como con un o una amante.

Pese a dónde, cómo y con quién creció y se educó, como resultado de sus experiencias infantiles en su familia de origen tendrá firmes creencias respecto de la pareja y del papel que le corresponde a varones y mujeres en el matrimonio. Por desgracia, la mayoría de las personas no es consciente del poder y la fuerza de dichas creencias y casi nunca sabe siquiera que existen. Aun así, éstas tienen un enorme poder sobre nuestras vidas.

Aunque no se tengan claras estas creencias, ni se tenga conciencia siempre de cómo actúan, el hecho es que dichas creencias afectan tanto la manera de relacionarse alguien con su pareja, como la visión que tiene de sí mismo dentro del matrimonio.[4]

OTRA CANA, OTRA ARRUGA, Y...

La crisis de la mediana edad es otro factor predisponente para buscar un "amorcito" que ayude a aliviar la angustia y el vacío. Esta crisis consiste en una etapa de evaluación de lo hecho y lo logrado en comparación con lo que se deseaba, y las posibilidades de lograrlo en el futuro, lo cual ya no se ve muy promisorio. Esta "revisión" suele llevarse a cabo en un momento en que la expectativa de vida (edad) ya ha rebasado la media (cuarenta, cincuenta años).

A esas alturas de la vida, la pareja suele tener una gran cantidad de años casada y, aunque quizá se sienta fuertemente unida, los hijos adolescentes les reducen los recursos y los llenan de conflictos. La rutina y las obligaciones han invadido y consumido sus primeras ilusiones de hacerse felices el uno al otro. Las necesidades emocionales de cada uno de ellos tal vez se modificaron con el paso del tiempo. La mujer se ha dedicado a los hijos y el padre a proveer. Ha quedado poca "tela de donde cortar" entre los dos.

A esta edad, que por cierto es la de mayor índice de infidelidad, el cuerpo empieza a perder prestancia y firmeza. Las habilidades físicas declinan y la fantasía de la eterna juventud empieza a esfumarse, lo cual permite tener enormes ganancias a los cirujanos plásticos y a la industria de las cremas antiarrugas. Muchos varones presentan problemas de impotencia en esta etapa de la vida y en un intento por deslindar responsabilidades, empiezan por achacar la causa de su disfunción a la falta de estimulación y comprensión de la esposa. En esta etapa de evaluación, puede experimentar una fuerte crisis existencial si piensa que se está haciendo viejo y con ello perdiendo la oportunidad de haber logrado y disfrutado de la vida como pensó que lo haría, y que además empieza a presentar problemas de impotencia como factor agregado. Esta crisis se identifica al surgir la duda de: ¿para qué estoy haciendo todo esto? Hay una sensación de soledad y de ser incomprendido. Se van creando las condiciones propicias para que surja un tercero. Se puede recurrir a una infidelidad para aliviar esos incómodos sentimientos. Muchas personas consideran que las infidelidades de la mediana edad o de la edad de la jubilación son intentos por recuperar una autoestima dañada.[5]

Mientras el varón en crisis lucha con su problema de impotencia, una de las posibilidades que quizá considere es que ésta se debe a que su esposa ya no le atrae y mucho menos le comprende. Empezará a reflexionar la idea de probar su atractivo y se aventurará para invitar a comer o cenar a alguna mujer "simpática" que conozca, con la intención de platicar y, de ser posible, terminar con ella en la cama. Con seguridad todo salga a pedir de boca y, entonces, descubre maravillado que con esta mujer ya no es impotente. Por primera vez en muchos años logra "hacerlo" dos veces en una tarde. Recobra la fe en sí mismo, se siente veinte años más joven y si la mujer es veinte años más joven que él, lo cual sucede frecuentemente, con más razón probará su hipótesis: la esposa es la causa de todos sus males.

"Sin darse cuenta", antes de que pase mucho tiempo, la relación que inició como una prueba relativamente inocente de su potencia sexual y atractivo, se convierte en una aventura amorosa. Todo parece indicar que la vida le está proporcionando una segunda oportunidad. Empieza a considerar la posibilidad de "rehacer su vida". El tiempo en el hogar es insufrible. Hay muchos requerimientos, tensiones y preocupaciones con los hijos. En cambio, el tiempo que pasa con su amiga es siempre agradable, alegre y excitante.

> Los hombres en crisis rara vez pueden pensar con claridad sobre asuntos emocionales, es probable que (en estas condiciones), decidan que lo que realmente necesitan para resolver todos sus problemas es una nueva esposa.[6]

El trabajo puede estar en su etapa más productiva y, desde la cumbre, el mundo parece estar a sus pies (sobre todo para los varones). Si ahora puede tener tanto, ¿por qué no tener también más diversión erótica?, ¿por qué no darle rienda suelta a sus fantasías?, ¿por qué no probar con una nueva mujer?, ¿por qué no "rehacer la vida"?

Este tipo de decisiones casi siempre terminan siendo infortunadas, por la sencilla razón de que la decisión se toma estando en crisis.

CONTIGO, PAN Y CEBOLLAS

La dinámica de relación de la pareja también es importante. Cuando marido y mujer son unos perfectos desconocidos porque son incapaces de comunicarse de manera honesta y abierta respecto a lo que está pasando en su vida y en la relación, y no pueden encontrar soluciones ni comprometerse con ellas, entonces empiezan a tomar decisiones por separado. Aunque sigan viviendo juntos, sus vidas comienzan a separarse; a veces tanto, que el espacio para que quepa otro es verdaderamente amplio. La investigación confirma que modelos deficientes de comunicación y problemas matrimoniales no resueltos se relacionan con la infidelidad.[7]

En la dinámica de la relación, quizá también se gesten muchos factores de riesgo para una infidelidad. Hay expectativas irreales o exageradas de la pareja. No sabemos hacernos responsables de las promesas, no podemos reconocer errores, no sabemos resarcir el daño ni dialogar, no nos es posible llegar a acuerdos, no nos gusta enfrentar los problemas y, a veces, no podemos tolerar la cercanía ni la intimidad a pesar de que la añoremos. Todos estos problemas que tal vez enfrente una pareja pueden ser superables siempre y cuando exista la conciencia del error, la creencia en el cambio y la disposición a trabajar para ello. Pero esto no es lo que comúnmente se hace.

Cuando se analizan estos factores de pareja como factores de riesgo, no se está inculpando a la pareja. Muchos de éstos no tienen nada que ver con el matrimonio, sino que son asuntos personales que se hacen evidentes en la relación de intimidad con otro.

Recuérdese lo que ya se mencionó en capítulos anteriores: nadie puede hacer que alguien vaya de ligue por ahí a espaldas de su pareja. Esta es decisión del infiel y constituye una forma de solucionar angustias y problemas, ya sea a nivel personal o cuando éstos se hacen evidentes ante la cercanía íntima comprometida con otra persona, como sucede en el matrimonio. Así las cosas, la relación de pareja puede resultar insatisfactoria para ambos o para alguno sin que ninguno de los dos haya podido identificar el meollo del conflicto hasta que aparece un tercero (o una tercera).

QUERIDOS REYES MAGOS
(EXPECTATIVAS NO CUMPLIDAS)

En la infancia, los niños escriben cartas a los Reyes Magos, donde vuelcan todos sus deseos y expectativas. Si había suerte éstas se cumplían, pero la mayoría de las veces por muy complacientes que intenten ser los padres, siempre falta algo o por lo menos el juguete no coincide con el color solicitado. La fantasía siempre es superior a la realidad.

Al elegir pareja, se elabora esta "carta" mental que suele permanecer inconsciente y se espera que las expectativas de lo que la pareja podrá hacer por nosotros se cumplan. Al no ocurrir, vivimos en un estado permanente de frustración respecto de la pareja, porque la convivencia no resulta tan gratificante como se esperaba. Surge entonces el desengaño y el desencanto frente a la realidad afectiva vivida en la cotidianidad, la cual se nutre de expectativas irreales y que sentimos insatisfechas.[1]

Existen muchas personas que siguen creyendo que el camino de la convivencia amorosa es fácil y que nunca deberían aparecer obstáculos o dificultades que lo entorpezcan, y que si surgen, como siempre sucede, se debe a que el amor se acabó. Para estas personas tan positivas, el amor siempre termina por acabarse y, lógicamente, eso les pasa.

Mucha gente vive desencantada con su pareja porque el compromiso amoroso no les ha aportado tantas gratificaciones como esperaban. A pesar de tener ya algún tiempo compartiendo su vida con el o la cónyuge por quien un día sintieron ilusión, y a pesar de que no se pueda decir que la relación no haya sido satisfactoria, tienen la sensación de haberse equivocado; quizá esperan aún la aparición de la princesa o el príncipe azul de los cuentos de hadas, donde los dos vivieron felices para siempre. El "felices para siempre" se interpreta desde el marco de referencia infantil de que todos sus deseos fueron satisfechos sin ningún esfuerzo. Como eso aún no ha sucedido y lo más seguro es que no suceda nunca, emerge la desilusión. No se trata de un desengaño provocado por la manera de ser de la persona elegida, lo cual también puede suceder, sino más bien del incumplimiento de una ingenua expectativa acerca de lo que debería suponer vivir una relación amorosa.

> El amor no puede dar lo que algunos le piden. Los hay que han encadenado sucesivas rupturas de pareja por no haber sido capaces de entender que lo que esperaban encontrar en la relación era inalcanzable, sean cuales sean los rasgos de personalidad o físicos de la persona elegida.[1]

Un día escuché a un profesor decir que había descubierto la felicidad de la vida el día que dejó de tener expectativas (Fred Dull, terapeuta familiar, comunicación personal). Tal vez suene muy desesperanzador, pero lo que quiso decir es que dejó de esperar de los demás más de lo que son capaces de proporcionar, para dar la bienvenida y aceptar aquello que sí le podían otorgar. Hay personas que al no recibir lo que esperan, creen que no han recibido nada. Quien pone más atención a lo que recibe que a lo que esperaba recibir, cree que tiene mucho. Cuestión de enfoques.

El desengaño quizá sea el punto de partida para el desamor y de ahí a la infidelidad puede haber solamente una llamada telefónica para hacer una cita.

EN ESO NO HABÍAMOS QUEDADO (CAMBIO DE CONTRATO)

Muchas de las expectativas sobre el matrimonio forman parte del contrato que hacen las parejas al inicio de aquél. Este contrato se realiza en tres niveles de conciencia.[8] El primero es el verbal, cuando la pareja acepta contraer el compromiso. Las promesas y los votos expresados en las ceremonias matrimoniales constituyen el mejor ejemplo de este contrato verbal.

El segundo nivel no es explícito como el anterior. En éste se incluyen muchas expectativas fabricadas a partir de lo que se conoce previamente de la pareja, las cuales son conscientes en cierto grado, pero no explicitadas por ninguno de los dos; por ejemplo: "yo voy a cuidar de los niños y tú vas a trabajar para proporcionarnos un buen nivel de vida", lo cual se espera que ocurra, aunque nunca se haya hablado de eso literalmente.

El tercer nivel es inconsciente, lo cual significa que es desconocido de manera consciente tanto por ella como por él. Aunque su presencia es evidente, es más difícil hacerlo explícito. Este es el nivel de la satisfacción de las necesidades emocionales en las que está fundamentado el bienestar. Un ejemplo de las cláusulas de este tipo de contrato puede ser: "Si tú me apoyas de modo incondicional en el logro de mis aspiraciones y proyectos con cualquier cosa que yo necesite para lograrlo, consideraré que me amas y entonces yo permaneceré a tu lado."

Los términos y las condiciones del contrato pueden cambiar o ser muy demandantes. Un contrato inconsciente quizá esté lleno de requerimientos y sea difícil de cumplir. La creencia de que muchas veces sólo uno de los esposos sea el responsable de la felicidad del otro, entra en este tipo de requerimientos difíciles.

Cuando las condiciones en que se llevó a cabo el contrato cambian de repente (porque las expectativas tal vez no sean realistas por haber cambiado con el tiempo, por el curso natural del matrimonio o debido al crecimiento personal o cambio de intereses), entonces el contrato no será cumplido o se anulará sin el conocimiento del otro. Si ambos estuvieran conscientes de los términos del contrato y negociaran sus cambios, podrían estar de acuerdo con modificarlo o rescindirlo. Pero como esto no es así, uno o ambos pueden empezar a sentir desilusión, a discutir y pelear, a aislarse, a sentirse deprimido y, en algún momento, a introducir un tercero para aliviar la angustia y el malestar. Uno de estos terceros puede muy bien ser un o una amante.

MÁS VALE PEDIR PERDÓN QUE PEDIR PERMISO (DIFICULTADES PARA SOLUCIONAR CONFLICTOS)

Todas las parejas enfrentan conflictos y problemas; lo que hace la diferencia en un buen matrimonio es la manera en que los plantean y los solucionan. John Gottman[9] dice que el distanciamiento fatal en una pareja puede ser predecible al observar el modo en que ambos discuten.

Este autor distingue seis señales para poder predecir el final. La primera es un planteamiento violento. Se empiezan a dar los primeros pasos hacia el fracaso cuando los problemas se plantean de un modo negativo, agresivo o sarcástico, buscando ligarlos con un problema de personalidad del otro (culpar).

La segunda señal es lo que Gottman denomina "los cuatro jinetes" (¿del Apocalipsis?): críticas, desprecio (devaluación), actitud defensiva y actitud evasiva. Estas cuatro armas se van presentando una a una en una discusión que ya ha sido presentada de manera agresiva, y son un intento de llamar la atención de la pareja o de castigarla; el efecto que provocan es que poco a poco se va creando distancia emocional hasta llegar a la actitud evasiva. En este estado, no es posible solucionar ningún conflicto porque ni siquiera se puede escuchar la petición de fondo.

La tercera señal es sentirse abrumado. Cuando es imposible parar el tono de la discusión y siempre se llega al mismo punto de un callejón sin salida, donde solamente hay ataques y ningún intento de parar, aceptar las culpas y ofrecer un intento de desagravio, las personas empiezan a sentirse incompetentes, cansadas y atosigadas. Entonces es cuando la persona dice sentirse "abrumada" por su matrimonio.

La cuarta señal es el lenguaje del cuerpo. En una discusión, el cuerpo tiene reacciones fisiológicas, desencadenadas por las emociones que se van activando. Una persona puede ponerse pálida, tener una respiración agitada y presentar una aceleración del ritmo cardiaco (cosa que sucede más en varones que en mujeres). Para que una persona pueda calmarse después de una discusión acalorada, necesita un tiempo para que su funcionamiento vuelva a la normalidad. En este estado de agitación, nada se puede solucionar. Muchas parejas no actúan para evitar llegar a este punto y una vez ahí, la solución es aún más complicada por no decir imposible.

La quinta señal comprende los intentos de desagravio fracasados. Muchas veces las discusiones suben de tono, las parejas bien avenidas distinguen esta pauta y se detienen. Lo que hacen al llegar a un punto destructivo es reconocer el error y ofrecer una disculpa por lo ocurrido y por lo que detonó la discusión. La pareja recibe la disculpa y la pelea se detiene. Pero en las parejas disfuncionales, no hay intentos de "limar asperezas" ni de reconocer el error y mucho menos de ofrecer una disculpa, sólo hay una actitud defensiva. También se da el caso de que, aunque haya intentos de desagravio, el otro no los acepta y la discusión continúa subiendo de tono.

La sexta señal: malos recuerdos. Este es un signo de fracaso matrimonial muy importante. El futuro de la pareja está en grave peligro cuando ésta no tiene nada bueno que recordar de su relación, cuando todo lo vivido en el pasado empieza a teñirse de negro y todos los recuerdos se describen como momentos desagradables.

Hay cuatro etapas finales que señalan el término de una relación:

1. Considerar que los problemas matrimoniales son muy graves.
2. Hablar parece inútil. Cada uno intenta solucionar los problemas a solas.
3. Empiezan a llevar vidas separadas.
4. Se sienten solos.

Cuando una pareja llega a la última etapa, uno de los cónyuges o ambos puede tener una aventura. En este sentido, una relación extramatrimonial es un síntoma de un matrimonio moribundo, no la causa.

SOY ANALFABETA CIBERNÉTICO (DIFERENCIAS EN EL DESARROLLO)

La gente tiende a buscar pareja entre sus iguales. Hay parejas que empiezan la vida en un nivel de desarrollo muy homogéneo, sobre todo cuando contraen matrimonio siendo jóvenes. Muchas de estas parejas se conocieron de estudiantes o cuando las circunstancias de ambos eran muy similares.

Pero la vida da vueltas. A veces uno de los cónyuges progresa mucho más que el otro y se vuelve famoso o con una posición laboral mejor que el otro o simplemente termina o hace una carrera universitaria mientras el otro permanece igual, sin cambios.

Estas diferencias de nivel pueden ocasionar celos por los logros del otro y resentimientos por la falta de reconocimiento al sacrificio que pueda haber hecho uno de los dos para permitir el progreso del otro. Quien progresa más, tal vez sienta que tiene un cónyuge inferior al que podría tener, y quizá se dedique a criticarlo o devaluarlo. Todo ello tal vez provoque mucha tensión entre marido y mujer, y siente las bases para una infidelidad que muchas veces termina con el rompimiento matrimonial.[5]

PAN CON LO MISMO (ABURRIMIENTO)

Otra condición que puede precipitar la aparición de una infidelidad es el aburrimiento de la pareja. Sucede cuando ambos, o uno de los dos, no consideran que sus encuentros y el tiempo en común sean estimulantes. Este punto tal vez sea el resultado de las diferencias en el desarrollo o la falta de interés en uno de los dos por mantener el paso con el otro, y poder involucrarse juntos en actividades divertidas o interesantes para ambos.

Hoy día, la expectativa de vida hace posible que las parejas pasen más años juntos de los que era probable que vivieran en el pasado. El acceso a la educación, los viajes, las actividades recreativas, los espectáculos y la expansión de la comunicación es cada vez mayor de lo que era antes. Cuando uno de los dos crece y aumenta sus experiencias y aprendizaje, tal vez se sienta aburrido al compartir actividades con el otro que se ha quedado atrás o que simplemente no comparte el interés por ampliar sus horizontes.

Las parejas son sensibles de aburrirse terriblemente al estar juntas o divertirse un montón. Las parejas se unen mucho mediante la habilidad de tener momentos divertidos o de compartir actividades o intereses que les permitan hablar de alguna otra cosa que no sea los hijos o la oficina. Cuando uno de los dos se desfasa y el otro no hace nada por reconectarse, es probable que se busque otro tipo de compañía para pasarla bien y con quien pueda compartir y disfrutar intereses comunes.

¿NO TE PUEDES HACER MÁS PARA ALLÁ? (PROBLEMAS DE ACERCAMIENTO Y DISTANCIA)

Las parejas necesitan cercanía e intimidad, pero a la vez cada uno requiere espacio donde poder ser ellos mismos y desarrollar una vida. Nadie puede compartir lo que no tiene; de manera paradójica, hace falta tener una vida independiente para poseer algo que compartir, pero a la vez esa independencia tiene que tener un referente en la pareja. La disyuntiva se resume en la siguiente pregunta: ¿cómo ser uno solo, pero seguir siendo dos?

Muchas parejas tienen conflictos relacionados con esto. Algunas personas dependientes necesitan mucha cercanía de sus cónyuges y, por otro lado, otras requieren distancia porque se sienten invadidas o sobrecargadas con una pareja dependiente. También existe la situación contraria, cuando alguien necesita "control" de su pareja y, por tanto, la quiere demasiado cerca, ésta, por su lado, necesita espacio para "respirar" y se siente ahogada si tiene que depender de su cónyuge para absolutamente todo.

En estos intentos por definir el espacio óptimo y cómodo para ambos, también tienen mucho que ver las influencias tempranas en la familia de origen. Si usted creció en una familia en la que le era difícil tener personalidad propia, sus propios valores y su propia identidad, le será más difícil diseñar ese espacio en su matrimonio y sentirá que necesita a su pareja más lejos. Si está resentido por no haber tenido cariño en su familia de origen, entonces sentirá ansiedad al percibirse aislado y buscará la cercanía de su pareja. En ambos casos, crear intimidad quizá constituya un problema en su relación de pareja.[4] Mientras que uno necesita distancia, el otro necesita cercanía. Mientras uno más persigue, el otro más se aleja.

Demasiada cercanía puede causar ansiedad; hay personas que vinculan la cercanía excesiva con el temor de que su individualidad sea engullida. Mucha distancia también causa ansiedad; hay personas que consideran que la distancia equivale a desinterés y abandono.

Un modo de calmar esta ansiedad es formando triángulos que muchas veces se llevan a cabo con los hijos, los amigos y el trabajo, y otras veces con un amante.

Una buena autoestima es un elemento indispensable para poder tener la confianza y abrirse a los demás para compartir aspectos de la propia personalidad o de la vida y para desarrollar una relación de intimidad con la pareja.[5] Esta disponibilidad muchas veces también se relaciona con experiencias de la infancia. En los problemas de acercamiento y distancia, también hay dificultades para lograr intimidad.

NI UN SÍ, NI UN NO
(DETERIORO DE LA RELACIÓN)

Mucha gente cree que las buenas parejas no pelean y no discuten. Sin embargo, lo peor que le puede suceder a una pareja no es que peleen y discutan en exceso, sino que ya no lo hagan. Cuando una pareja siente que lo que su cónyuge haga o no haga es intrascendente, su relación se encuentra en graves problemas. De ahí a buscar otra pareja sólo es cuestión de tiempo.

Otra posición que toman las parejas es la de temer el enojo y evitarlo a toda costa porque éste es sinónimo de un pleito que se anticipa como precursor de un rompimiento o abandono. Esta actitud deja a las parejas desarmadas para encontrar una solución a los conflictos que inevitablemente surgirán por la convivencia con otra persona que ha crecido en una familia totalmente diferente, con otro código y que tiene expectativas distintas a las de su cónyuge sobre lo que será el matrimonio y lo que puede esperar de él.

Las parejas que evitan el conflicto son muy educadas y, en apariencia, tolerantes, pero no pueden negociar ni llegar a acuerdos porque los problemas no se ponen sobre la mesa. Este tipo de cónyuges pueden ser el resultado del estilo de personalidad de cada miembro de la pareja o de la ausencia total de pasión entre ellos (un ingrediente básico en la relación de pareja). Aunque pueda existir una modalidad de convivencia muy confortable, tal vez haya muy poca afectividad entre sus miembros. Lo que ocurre es que la pareja simplemente se va distanciando sin ira, sin nada. Aunque en apariencia pueda ser una relación estable, la verdad es que este tipo de uniones también crea mucha tensión y frustración,[10] la cual se puede solucionar aparentemente bien con una infidelidad.

INFERTILIDAD

Hoy día, debido quizá al estrés de la vida, en las crecientes urbes y la tendencia de las parejas a esperar cada vez más para procrear, muchas veces hasta después de los 30 años de edad, se observa que la infertilidad es un problema que afecta a gran número de matrimonios. Éstos pueden experimentar problemas en su disfrute de la sexualidad debido a los tratamientos y las recomendaciones para buscar un embarazo. Las relaciones sexuales suelen ser programadas y pasan a tener un significado diferente: procreación más que recreación. La desilusión del esfuerzo llevado a cabo mes tras mes ocasiona un sentimiento de fracaso, tanto personal como de la relación, además del duelo por la posibilidad de poder crear una familia con descendencia propia.[11]

No es difícil que la autoestima y la vida sexual de estas parejas se vea dañada, y que un o una amante quizá constituya una oportunidad para "relajarse" y validarse.

DE LA FAMILIA Y EL SOL...

Hay muchos acontecimientos dentro de la vida familiar que pueden desencadenar una infidelidad. En el ciclo vital, hay momentos clave para la aparición de "aventuras" aun en las parejas estables. Las aventuras amorosas son más probables durante las transiciones en el ciclo vital de la familia, como el nacimiento del primer hijo, la muerte de algún ser querido, la jubilación, las enfermedades y la pérdida del empleo o del estatus.[11]

El "nido vacío" parece ser uno de esos momentos. Todas las familias se desarrollan dentro de un ciclo vital que inicia con el nacimiento del primer hijo y termina en la fase denominada "nido vacío", cuando el último de los hijos deja el hogar paterno. Antes y después, para bien o para mal, solamente están ellos dos para disfrutar o padecer el encuentro del uno con el otro. Encuentro que muchas veces resulta insoportable.

Es normal que durante los cambios se generen crisis por la pérdida del equilibrio en el paso de una etapa a otra. Estas crisis obligan a la búsqueda de nuevos modelos de interacción entre los miembros y en especial en la dinámica de la pareja. Estas crisis les permiten restablecer la estabilidad del sistema. Muchas veces cuando faltan recursos para enfrentar las pérdidas o los conflictos, una infidelidad tal vez conforme un intento de refugio y alivio para el miembro más agobiado.

¡CÓMO HA CRECIDO LA FAMILIA!

Para dar cabida al nuevo miembro, los cónyuges necesitan abrir un espacio entre ellos para acomodar al recién nacido. Para muchos varones resulta difícil asimilar la fase de gestación. Aparte de posibles indicaciones médicas o del rechazo abierto de la pareja al embarazo, el miedo a "lastimar" a la futura madre o al bebé implica muchas veces una disminución más o menos consciente de las relaciones sexuales. El mundo de la embarazada parece un aviso de lo que se avecina cuando nazca el nuevo integrante.

Una vez que nace el niño, los maridos resienten la falta de dedicación a ellos como un distanciamiento afectivo a causa de su total dedicación al cuidado del nuevo miembro. Esta situación, al igual que la sensación de estar definitivamente "atrapado" en esta relación, las cargas emocional y financiera, y las limitaciones sociales y de intimidad que implica el nacimiento de un hijo (en especial del primogénito), pueden constituir el desencadenante de una relación extramatrimonial.[3]

Otro momento de cierta tensión para las parejas es durante el crecimiento de los hijos, etapa en que pueden surgir diferencias en cuanto a su educación, sobre todo cuando los hijos son adolescentes y sus crisis de identidad casi siempre coinciden con las de los padres ya maduros.

En la etapa conocida como "nido vacío", cuando los hijos se casan o se separan del hogar, los miembros de la pareja se encuentran nuevamente frente a frente sin interferencias y sin el amortiguador que quizá fueron los hijos. Muchas parejas llegan a este punto porque el contrato que los unía sólo era vigente, de manera consciente o inconsciente, mientras funcionaran como una sociedad dedicada al cuidado y manutención de los hijos. La pareja matrimonial es prácticamente inexistente. Cuando los hijos se van, muchas veces marido y mujer descubren que lo que queda entre ellos dos es sólo un gran vacío. Muchos matrimonios se desintegran en esta etapa y con frecuencia el detonante es una amante de reciente adquisición. Esta es la única etapa de la vida en la que estadísticamente los varones suelen ser los iniciadores de la separación con mayor frecuencia.[3]

UNA TORMENTA ELÉCTRICA

Cuando la familia enfrenta enfermedades, accidentes o la muerte de algún hijo, también puede enfrentar una infidelidad, algún tiempo después, ocasionada por el distanciamiento afectivo o como un intento por "tapar" sentimientos de tristeza, desilusión o soledad.

Una de las cosas que se espera en el matrimonio es que la pareja sea capaz de contener las emociones de dolor que tal vez se presenten. ¿Pero qué pasa cuando los dos sufren? ¿Quién puede contener a quién? Muchas veces los varones prefieren ocultar sus emociones dolorosas con el objeto de contener a la pareja para que ella no se desmorone. Lo que sucede es que al paso del tiempo sus emociones se quedan ahogadas. Una solución es alternar la expresión de dolor con la contención en cada uno. Permitirse sentir dolor y tener confianza en que "siempre después de la tormenta viene la calma".

En otras ocasiones, cuando hay una desgracia o una situación dolorosa en la familia, la primera reacción es sentir culpa por lo sucedido y ambos cónyuges se dedican a desembarazarse de ella, echándose la culpa el uno al otro, aunque no sea de nadie. Con las inculpaciones las relaciones de pareja se deterioran y la pareja se distancia.

Con este panorama no es sorprendente ver infidelidades por todos lados. Una persona puede ser infiel por muchas razones y en diferentes circunstancias. Es bastante difícil opinar a la ligera acerca de las causas de la infidelidad de una persona determinada. Quizá estuvo expuesta el tiempo y la intensidad suficientes a varios de los factores predisponentes enumerados aquí y que, un buen día, de la teoría pasó a la práctica.

Finalmente todo esto nos enseña que cualquiera tiene la potencialidad de ser infiel. La verdadera diferencia entre fieles e infieles muchas veces sólo son las circunstancias.

La idea de hacer este recorrido "a vuelo de pájaro" sobre los posibles factores de riesgo, es la de ampliar el panorama para tener la posibilidad de examinar las circunstancias especiales en que se pudo haber gestado la infidelidad de su pareja o la propia.

REFERENCIAS BIBLIOGRÁFICAS

1. Corbella, R. J., *Infidelidades, desamor y desengaño*, Folio, Barcelona, 2000.
2. Brown, E. M., *Patterns of infidelity and their treatment*, Brunner Mazel, Levittown, 1991.
3. Kreuz, A., *La infidelidad en la pareja*. En Navarro, G. J., P. J. Miragai (eds.), *Parejas en situaciones especiales*, Paidós, Barcelona, 2000.
4. Olsen, D., Stephens, D., *Manual de supervivencia para parejas*, Amat, Barcelona, 2001.
5. Subotnik, R., Harris, G. G., *Surviving infidelity. Making decisions, recovering form the pain*, Adams Media Corporation, Avon, Massachusetts, 1999.
6. Nolen, A. W., *La crisis del hombre maduro*, Vergara De Bolsillo, Buenos Aires, 1985.
7. Valtier, A., *La soledad en pareja. Islas del sentimiento amoroso*, Paidós, Barcelona, 2003.
8. Sager, C., *Contrato matrimonial y terapia de pareja*, Amorrortu, Buenos Aires, 1997.
9. Gottman, M. J., Silver, N., *Siete reglas de oro para vivir en pareja. Un estudio exhaustivo sobre las relaciones y la convivencia*, Debolsillo, México, 2004.
10. Broker, M. S., *¿Merece la pena salvar nuestra relación de pareja?* Mensajero, Bilbao, España, 2004.
11. Weeks, G. R., Stephen, R., *Couples in treatment*, Brunner-Routledge, Filadelfia, 2001.

12

¿Historias de terror o cuentos de hadas?

HABLAR CON LOS HIJOS SOBRE LA INFIDELIDAD

Si en su hogar hay niños debe tomarlos en cuenta a la hora de lidiar con una infidelidad. Por supuesto que lo que diga y cómo lo diga dependen mucho de la edad de los hijos. No obstante, independientemente de la edad de éstos, hay ciertas reglas que aplican para todos. Primero se analizan estas normas generales y después se hacen ciertas recomendaciones, dependiendo de la edad de los niños.

La crisis que desata la infidelidad es emocionalmente tan fuerte que a veces uno actúa de manera impulsiva. Deténgase. Piense un momento antes de actuar. La reacción puede ocasionar más daño, sobre todo en aquéllos a quienes usted no desea lastimar: sus hijos. No haga nada que involucre a los niños y que con los años pueda salir a la superficie en forma de resentimiento. Esto es difícil de lograr y para algunas personas parece hasta ilógico, pero créame que vale la pena reflexionar.

Según sea la edad de sus hijos, conocerán más o menos la historia, o por lo menos tendrán la certeza de que algo grave pasa en casa. Los niños suelen enterarse de más cosas de las que los padres creen. Si sus hijos son mayores, tal vez hasta hayan conocido la infidelidad antes que usted.

Las infidelidades, por más que se quieran ocultar, se convierten en secretos a voces y cuando éstas terminan en divorcio, quizá se transformen en el centro de la explicación que den los padres a los hijos acerca de la terminación del matrimonio, focalizando la infidelidad como causa única del rompimiento.

Lo mejor es siempre un punto medio, ni guardar absoluto silencio y coludirse con el secreto de la infidelidad ni abrirlo a los cuatro vientos. Tenga siempre en cuenta el bienestar de sus hijos. Una guía es hablar con ellos sobre el problema del mismo modo en que hablaría del sexo. Tome en cuenta su edad y averigüe qué saben y qué desean conocer, mas no hable de sus intimidades.

Las siguientes recomendaciones le pueden ayudar al momento de conversar con ellos sobre la infidelidad:

1. *No trate de encontrar aliados en ellos.* Los hijos se sienten entre la espada y la pared. Ellos quieren a ambos padres y les resulta muy difícil tomar bandos. Lógicamente si su marido le ha "pintado el cuerno" varias veces, o una sola vez, o incluso usted descubre que hay otra familia, se sentirá defraudada, traicionada, enfurecida y le saldrá espuma por la boca, pero sus hijos *no* tienen por qué sentir lo mismo que usted, ni responder a la ofensa en su nombre. Esto aplica exactamente igual si los hijos son muy chicos o si son adultos. Lo más seguro es que ellos sigan teniendo que tratar con el progenitor infiel y el que usted sienta que está perdiendo a su cónyuge no quiere decir que de manera automática ellos pierdan a su padre o a su madre.

2. *No haga críticas destructivas y devaluadoras de su pareja* en presencia de sus hijos. Si usted siente que la sangre verdaderamente le hierve, siempre hay alguien que puede escucharle y contenerle. Si no, puede buscar un terapeuta que le ayude en este momento; recurra a un gran amigo o amiga de confianza, o a cualquier otra persona que pueda entenderle, tanto si usted decide regresar con su pareja como si no. Desahogarse con los hijos sólo sirve para sobrecargarlos y ponerlos entre la espada y la pared. Además, suelen ser situaciones que ellos mismos no han vivido y en las que están emocionalmente inmersos, y no pueden ni están capacitados para oírle, contenerle, comprenderle y opinar.

3. *No humille a su pareja delante de sus hijos.* No los utilice de audiencia. Recuerde que para sus hijos es sano tener a su padre o a su madre en un buen concepto. La infidelidad fue cometida con usted, no con ellos. Una cosa es el matrimonio y otra la paternidad. Cuando aprovecha para humillar a su cónyuge delante de los hijos, no sólo le lastima a él o a ella, también lastima a sus hijos y ellos no merecen salir raspados de este asunto. Protéjalos.

4. *No proporcione todos los detalles del suceso.* Sus hijos no necesitan comprender o conocer los detalles de la infidelidad. Muchas veces ni siquiera tienen edad para comprender o juzgar. Una cosa es juzgar a una pareja y otra a un padre. Los detalles que usted conoce no necesitan conocerlos ellos, a menos que tengan edad suficiente y requieran saberlo, lo cual es bastante infrecuente.

5. *No trate de aparentar que nada pasa.* Este sería el extremo opuesto del punto anterior. Es increíble todo lo que los niños saben de la relación de sus padres aunque sean pequeños y no puedan entender muy bien lo que pasa, y cuando hay algún conflicto entre los padres, ellos se enteran. Los niños muchas veces son observadores y le aseguro que un observador se entera de muchas cosas que a veces pasan desapercibidas para los protagonistas del pleito. Cuando los padres no se dirigen la palabra más que cuando los niños están presentes, ellos saben que esto es artificial. Recuerde que una de las cosas que usted más ha odiado de la infidelidad es que le hayan visto la cara de idiota con tantas mentiras que el infiel tiene que elaborar para cubrir su "aventura". Trate de que haya más honestidad en su hogar. La honestidad no quiere decir que le diga a quien sea todos los pormenores, significa que pueda tener una posición clara y congruente, cuidando de no lastimar con "su" verdad.

Si la conclusión a la que ha llegado es la separación, lo ideal es que ambos padres puedan hablar con los hijos y explicarles que de ahora en adelante vivirán en casas diferentes. Les explicarán que se separan mas no aprovecharán la ocasión para hacer que los hijos se sientan abandonados, porque el padre o la madre haya preferido a un amante que a ellos. A la mayoría de las personas que se separan, les duele separarse también de sus hijos. A los niños también les lastima estar lejos de sus padres.

Si la pareja desea resarcir los daños, tendrá que responder de su infidelidad con usted, no con sus hijos. Los niños se involucran en las infidelidades porque·los padres los meten en medio. La infidelidad es un problema de la pareja, y quien lo tiene que solucionar es ella. El infiel ha buscado otra pareja, no otros hijos.

Ya sea que el problema de los padres sea una infidelidad o cualquier otro, a los hijos les molesta y les duele mucho estar en medio del pleito.

Si la infidelidad se convierte en un problema insuperable y la decisión es romper los lazos de manera definitiva, también hay elementos que debe tener en cuenta a la hora de comunicar la separación a los hijos.

Se listan a continuación algunas sugerencias respecto de los hijos después de un divorcio:

1. El bienestar de los hijos debe estar presente en todo momento.
2. Los niños deben conocer de la decisión del divorcio o la separación por ambos padres a la vez, en la misma sesión, sin utilizar ese momento para esclarecer quién es el culpable del rompimiento, para ser hostiles o agredirse mutuamente.
3. Los hijos necesitan saber que no son responsables de la separación de sus padres. Que ésta nada tiene que ver con algo que ellos pudieran o no haber hecho.
4. Deben saber que ni hicieron nada para provocar esa decisión ni pueden hacer nada para cambiarla.
5. Los niños deben saberse amados a pesar de que los padres ya no se amen.
6. Los niños deben conocer los aspectos concretos que cambiarán en sus vidas.
7. Escuche las preocupaciones de sus hijos e intente que su rutina de vida se vea alterada lo menos posible.
8. Los hijos no deben tomar partido, llevar y traer mensajes o convertirse en sus confidentes.
9. Sus hijos deben tener permiso de disfrutar de la relación con su "ex" (padre o madre) y su familia. No los devalúe enfrente de ellos.
10. Si deciden reconstruir su relación, esta es una oportunidad para que sus hijos aprendan el valor de la verdadera reconciliación.

Tal vez la recomendación más importante sea, entendiendo
sus deseos de venganza y su profundo dolor, que pueda ser
capaz de mantener a los hijos al margen y, aunque casi
inevitablemente se enterarán del origen del pleito o de la
separación de sus padres, no los utilice para castigar al infiel.

LECTURAS RECOMENDADAS

Brown, E. M., *Affaires. A guide to working through the repercussions of infidelity*, Jossey-Bass, San Francisco, CA, 1999.
Brown, E. M., *Patterns of infidelity and their treatment*, Brunner Mazel, Levittown, PA, 1991.
Wallerstein, J. S., Kelly, J. B., *Surviving the break-up*, Basic Books, Nueva York, 1996.

13

A otra cosa mariposa

EL PAPEL DEL AMANTE

En pocos libros serios dedicados a tratar el tema de la infidelidad se habla de la tercera línea del triángulo: de la o el amante. De esa otra persona involucrada en la aventura amorosa. Tal vez porque en el fondo hay mucha ira y prejuicios, o porque la crisis en la pareja es tan fuerte que es irrelevante hablar de los problemas de la o el amante. Aunque verdaderamente hay una buena dosis de responsabilidad por la asociación amorosa con una persona casada para el desenlace de la crisis, el infiel es el que suele asumir toda la carga, por lo menos frente a su pareja; él o ella es responsable y no el o la amante. Y así está bien.

Cuando la pareja descarga toda su ira sobre el o la amante, y considera que la culpa es de esa persona que sedujo a su "blanca paloma", está haciendo algo muy ilógico. El que tiene que responsabilizarse por la infidelidad frente a usted es su pareja, la traición es de su cónyuge. La persona que ha permanecido fiel no tendría por qué ofenderse ni por qué reclamar por la traición de la confianza a una persona que ni siquiera conoce y con quien obviamente no hizo ningún pacto previo. Cuando la infidelidad se comete con un amigo o pariente, la traición aquí sí es doble. Esa sería una excepción en la que el o la amante también tendría cuentas que entregar.

Aunque sin la o el amante no se habría formado el triángulo, su papel no se toma en cuenta a la hora de analizar el problema que enfrenta la pareja. El suyo siempre parece ser un papel oculto y en último plano.

Ser la amante o el amante quizá sea una posición muy envidiable. Las y los amantes disfrutan la buena cara, el tiempo y la cartera. Gozan de una mujer o un varón por quien no tienen que responsabilizarse ni compartir la carga de los hijos. El amante goza de su independencia y de una mujer o un varón siempre dispuesto a agradar.

En las revistas siempre hay algún artículo relacionado con la vida glamorosa y sin problemas de las y los amantes. Tal parece que lo mejor que le podría suceder a alguien sería "jugar de suplente" porque la pasa mejor que los que juegan de titulares. Ambos, varones y mujeres, pueden disfrutar de una muy buena compañía sin tener que soportar las inconveniencias de las obligaciones de la vida cotidiana.

Supuestamente es la amante la que tiene acceso a los buenos restaurantes, recibe los mejores regalos, viaja y recibe trato de princesa, sin tener que hacer nada más que demostrar aprecio (casi siempre sexual). En el caso de los varones, el amante tiene a una mujer "prohibida" a su entera disposición. En él se genera la sensación de ser el macho preferido. Él es el hombre capaz de complacer y satisfacer las necesidades de una mujer, sin tener que invertir en ello nada más que su arrolladora personalidad.

La amante y el amante viven en la fantasía de poder conquistar y ser conquistados durante todo el tiempo que dure la relación. Aunque en algunas ocasiones la relación "prohibida" termine en boda.

Lo más frecuente es que las aventuras sigan siendo lo que son: aventuras. Pese a las promesas de compromiso formal, llegado el momento de decidir entre la amante y la esposa o entre el amante y el esposo, el cónyuge desplaza al amante. La amante siempre es la "segunda" a la hora de la verdad. Aun en los casos en que el marido decide divorciarse, en pocas ocasiones se lleva a cabo la boda con la persona que le ayudó a deshacerse de su matrimonio. La amante sólo cumplió su función de ser el cartucho de dinamita y la contenedora de las fuertes emociones que se desatan con un divorcio. En la mayoría de los casos, la amante sale despedida poco tiempo después, para que ese varón quede en libertad de encontrar a otra pareja con la que pueda "rehacer" su vida.[1]

Fuera de ese aparente "glamour" desplegado en las novelas y las revistas sobre las ventajas de ser la o el amante, en la literatura formal se pasa por alto el gran costo que tiene para los amantes la entrega "incondicional" a una aventura amorosa en complicidad con alguien, de entrada desleal.

La relación de amante está fundamentada en el secreto, el cual se asume y se ayuda a cuidar. El secreto tiene la función de proteger la relación, pero también la de encubrir la tendencia a mentir del infiel, y la tendencia del o de la amante a soportar y disfrutar de las mentiras.

Este ingrediente dota a la aventura de emoción. El que sus "citas" tengan que ser a escondidas de los demás, les obliga a planear y a sentar muy bien las reglas de sus expectativas y alcance de la relación. A pesar de la complicidad para luchar "contra viento y marea" para defender su amor, muchos *affaires* terminan cuando el cónyuge engañado descubre la infidelidad. Cuando el encanto del secreto se rompe, muchas veces también se rompe la relación. Como se ha repetido mucho a lo largo de este libro, la infidelidad es un problema de la pareja, en el que uno de sus miembros decide, sin tomar en cuenta al otro, romper el pacto de lealtad y exclusividad amorosa. En ese sentido, el infiel es responsable de tomar esa decisión para escapar o solucionar de modo unilateral la insatisfacción con su pareja.

Que sea un problema de pareja no quiere decir que la esposa o el esposo sea el culpable de la insatisfacción. Cuando la insatisfacción es verdadera, ésta es generada y sentida por ambos cónyuges. En otras ocasiones, este asunto de la insatisfacción no es más que una estrategia de seducción conocida como "jugar a la víctima" para inspirar compasión y disculpar la traición.

Los amantes siempre están disponibles, en especial como "paño de lágrimas". Los amantes conocen la historia de insatisfacción con la pareja a veces con mucho más detalle que la propia pareja. Asumen que su "amorcito" es la víctima de una mala relación y sueñan muchas veces con ayudarles a zafarse de ella.

El papel de la o el amante es básicamente el de solucionar la insatisfacción. No está para pedir, está para dar. En este sentido, la o el amante cumple una función y la nueva relación se despliega siempre frente al telón de otra pareja: darle al infiel la satisfacción y la felicidad que no puede encontrar en su matrimonio sin poner en tela de juicio cuál será su propia contribución a la insatisfacción matrimonial. La personalidad del infiel le habilita para ocultar sus verdaderos sentimientos, incluso de sí mismo; la consigna parece ser: mentir y culpar a los demás. Muchas veces los amantes se dan cuenta de eso, cuando el infiel les aplica el mismo tratamiento, ahora para dar un viraje en otra dirección, de regreso al hogar.

Cuando la o el amante es casado o casada, entonces desempeña dos papeles simultáneos: usar y ser usada o usado. Servir de clavo para sacar otro clavo y a la vez utilizar al infiel como clavo para salir de su propio hoyo. Una relación de funciones recíprocas, pero muy poco asertiva.

En muchas ocasiones, ese amor que surge como una pasión arrebatadora llena de promesas y fantasías, termina tan súbitamente como empieza, o dura tanto como se pueda conservar el *show*.

El romance termina porque la pasión se apaga, uno de los dos requiere más compromiso que el otro, hay conflictos por celos o requerimientos de exclusividad o quizá porque el asunto ha sido descubierto por uno de los cónyuges y el casado opta por conservar su matrimonio.[1]

La o el amante se queda, como se dice coloquialmente, "agarrado de la brocha".* En otros casos, la relación se alarga y profundiza a la sombra del matrimonio "estable" del infiel. La o el amante tiene que conformarse con lo que el "atrapado" infiel puede o quiere darle. El encanto de los amantes es que se conforman con poco. Cuando no es así, dejan de ser amantes.

Otra posibilidad, la cual parece ser el anhelo que sirve de motor al romance, es que esa relación de infiel y amante termine con la cristalización de una vida en común, bajo un mismo techo, con el respectivo rompimiento definitivo de la pareja anterior. Como se explicó en otros capítulos, este desenlace depende mucho más de la situación personal del infiel y de las circunstancias de su matrimonio, que de las características de la o el amante.

Nadie sabe qué tan satisfactoria pueda ser una relación que surge como un salvavidas de un mar de insatisfacción. Los grandes amores de las novelas no siempre corresponden a la vida real. Las

---

* Cuando al pintor de paredes le quitan repentinamente la escalera, sólo se puede detener de la brocha que tiene en la mano; por su puesto, caerá al suelo irremediablemente.

familias reconstruidas (mis hijos, los tuyos y los nuestros) no son nada sencillas.[2] Para empezar, requieren de una gran fuente de recursos y habilidades que no siempre están disponibles. Lo que una amante añora es el estatus de "señora", no el de mamá adoptiva.

Cuando el *affaire* termina, el rompimiento no es sencillo para la o el amante. Ella o él por su lado han tomado sus propias decisiones y corrido sus propios riesgos, cobijados al amparo de sus propias fantasías y carencias personales, y aunque el riesgo siempre estuvo presente, sólo se tomó en cuenta para darle emoción a la aventura no como una posibilidad real de que el *affaire* pudiera ser solamente un asunto divertido.

A veces el enganche emocional se torna rápidamente fuerte, y la embriaguez de la pasión no permite valorar el riesgo real. Cuando todo el castillo de ilusiones se derrumba, la desilusión no se acepta sin más trámites. Es probable que se haga el intento de luchar y pelear por conservar la relación. No es fácil renunciar de la noche a la mañana a los privilegios o a las esperanzas que su ambivalente pareja alimentó. Estos intentos por recuperar al infiel a veces resultan muy humillantes. Es comprensible, porque asumir la posición de perdedor, inmediatamente después de la de campeón, no es nada fácil.

Las simples promesas no le suelen dar mucha estabilidad a la relación. La o el amante quizá pase muchos años esperando una solución a sus anhelos o incluso a sus requerimientos. Como parte de su encanto es su complacencia y adaptación a las condiciones que impone el infiel, tal vez se resigne a permanecer siempre como amante. Otras veces quizá a la o el amante tampoco le interese nada más que seguir siendo amante, en especial cuando ella o él tiene también un matrimonio del que se queja, pero no concluye.

Es muy fácil para los amantes terminar "cosificándose", esto es, sintiéndose cosa, objeto utilizable y no como una persona digna de que sus sentimientos sean tomados en cuenta.

Aunque en apariencia hay un engrandecimiento del ego por sentirse deseado o deseada y como triunfador o triunfadora en una competencia por una persona, y sentirse "el elegido o la elegida" y la favorita o el favorito, las condiciones que se tienen que aceptar como tercero o tercera no son muy gratas. De entrada, el amor, el tiempo, la energía y todo lo demás que rodea a la pareja es compartido. Por lo menos en todos los casos en que la infidelidad no se vive en el infiel como un pase de salida del matrimonio. Un riesgo para considerar al respecto es que los amantes pueden vivir con celos perpetuos hacia la pareja matrimonial del infiel y en competencia constante por conseguir los privilegios y el estatus de los que goza la esposa o el marido.

Una buena amante está siempre disponible para salir a escena cuando el infiel puede disponer de tiempo y ganas. Las cosas pueden ir muy bien mientras no haya ningún conflicto. En todas las relaciones humanas donde hay cercanía e intimidad, se descubren diferencias y surgen conflictos. Los amantes con mucha frecuencia tienen que anteponer los intereses del infiel a los suyos, y no actuar como promotores de problemas, porque eso es precisamente parte de su encanto: no ser una persona difícil como la que supuestamente está abandonando el infiel.

Los amantes pueden tener la misma sensación de ser tirados a la basura cuando ya han cumplido con su función, igual que le sucedió a la pareja engañada al descubrir la infidelidad y sentirse traicionada. Cuando el infiel decide darle las gracias por todos los momentos hermosos que vivieron juntos y confesarle que no puede o no quiere dejar a su cónyuge, este "gracias y adiós" puede dolerles mucho. Quizá al o a la infiel le importe o no este dolor causado por el rompimiento, pero se siente en ventaja de poder hacerlo cuando lo desee.

En parte, este sufrimiento infligido al amante es parte de la gran carga de culpas que vive el infiel cuando opta por recuperar su relación matrimonial. A pesar de eso, las culpas por el daño causado a la esposa o al marido pueden superar las culpas por los amantes. Por lo menos eso es lo que dicen los infieles y es creíble porque si fuera de otra manera, no romperían con los o las amantes.

Nadie está disponible para consolar o aliviar el luto ocasionado por la destitución y el abandono de los amantes. Si el o la cónyuge que ha sido engañado tiene muchos problemas para encontrar simpatía a su dolor, el infiel tiene muchos más, y para la o el amante es casi imposible. Cuando es mujer, ella es la pecadora y "en el pecado está la penitencia".

Aunque la terminación de la relación puede ser dolorosa para los amantes, nunca será ni cercanamente parecida a la crisis que enfrenta la esposa o el esposo del infiel por la misma pérdida. Para empezar, la mayoría de las veces, aunque la relación amorosa con la amante sea muy buena, se sabe que es una relación limitada a las circunstancias, y se conoce el riesgo al comprometerse en un amor sin seguridad y que un día terminará. Lo malo es que los amantes no tienen conciencia de eso.

Se decía anteriormente que el asunto de la infidelidad se parece mucho a la dinámica del consumo de drogas. Esto aplica también para los terceros involucrados. Una vez que se ha establecido la dependencia o el apego con el infiel, el proceso es parecido al que se desarrolla con una adicción. No es fácil prescindir de la droga y uno puede estar dispuesto incluso a cometer delitos para seguir teniendo acceso a ella. Los amantes, a su vez, también pueden verse envueltos en situaciones verdaderamente denigrantes para continuar con la aventura amorosa del infiel. Rogar, perseguir, amenazar, presionar, hacer llamadas a la esposa o al esposo, o cualquier otro modo de presión.

Muchas veces los amantes desean terminar con una relación a la que no le encuentran futuro, pero les cuesta llevarlo a cabo debido a la codependencia que llega a desarrollar el amante con el infiel. Descubren que terminar la relación y punto es difícil, les toma tiempo y esfuerzo. Para lograrlo, tienen que recuperar su autoestima para poder sentirse merecedores de una vida más abierta, con una pareja legítima y dejar de funcionar amorosamente tras bambalinas.

Un camino recomendado para superar esta crisis y esta dependencia es el mismo que siguen los adictos al alcohol o a cualquier otro tipo de drogas: establecer una distancia segura. Para poder terminar la relación se requiere no buscar, no hablar, no más correos electrónicos ni *chats*, no más encuentros ocasionales ni relación de ningún tipo con el infiel. Tener una terapia de contención para no recaer ante la privación. Aceptar su debilidad y, lo más importante, recuperar su dignidad y su autoestima (quizá perdida desde la infancia) para poder acceder a relaciones más sanas.[1]

El primer paso para superar la pérdida de un *affaire* es reconocer que constituye una pérdida y que ha de desprenderse del mismo de manera física y emocional. Evaluar fríamente si los beneficios que aporta la "aventura" compensan el precio que hay que pagar por ella. En el caso de amantes solteros, este precio incluye la renuncia a relaciones comprometidas y, en el caso de los casados, seguir atrapados o a veces llegar a un divorcio, para darse cuenta de que el "amorcito", a la hora de la verdad, decide no renunciar a su esposa o a sus hijos. Su trabajo hacia relaciones más sanas incluye la valoración de las funciones que cumplía el amor clandestino, una revisión de sus valores y la tendencia a relacionarse con personas casadas (no disponibles) para alimentar su valía.

Algunos de los riesgos por el papel de amante que pueden experimentarse de modo súbito a raíz de que se descubra el *affaire* incluyen:

1. Sentimientos de culpa y dolor ocasionados por la voz de la conciencia. Pensamientos incómodos de que se está haciendo algo malo o sucio (debidos a las sanciones de la moral tradicional por la transgresión y la desaprobación social o al temor de que otros lo sepan).
2. Confusión y depresión causada por llevar una vida doble. La pública y la privada. Situación ocasionada por tener que ocultar la relación.
3. Soledad cuando el amante casado (el infiel) decide pasar los fines de semana y las vacaciones con su cónyuge.
4. Pérdida de la autoconfianza y los sentimientos de minusvalía al saberse la segunda o el segundo de la relación.
5. Merma de la reputación en el empleo o dentro de la familia cuando se enteran del "asunto".
6. Fuerte sentimiento de ser desechable cuando el (o la) infiel toma la decisión de dar "el asunto" por concluido. Aunque haya aceptado esta condición desde el inicio, la terminación nunca es bienvenida.
7. Pérdida de la pareja conyugal. Muchas veces el amante que tiene un cónyuge todavía desea conservar su matrimonio, y cuando lo descubre es muy tarde.
8. Juicios legales al desencadenarse la demanda de divorcio presentada por el cónyuge cuando la (o el) amante es a su vez casada (o casado).[1]

REFERENCIAS BIBLIOGRÁFICAS

1. Linquist, L. *Amantes secretos*, Paidós, Barcelona, 2000.
2. Sager, C. J., Brown, H. S. *et al.*, *Treating the remarried family*, Brunner Mazel, Nueva York, 1983.

14

El amor es cosa de dos

INGREDIENTES DEL AMOR

¿A qué clase de amor nos referimos cuando hablamos del amor en la pareja? A ese amor profundo y comprometido que se construye en el día a día; a la entrega y al cuidado; a la apertura para recibir y dar, para crear intimidad y cercanía; a encontrar en esa persona con un significado especial, la compañía que nos alivia la sensación existencial de soledad y aislamiento; a ese amor que nos da el sentimiento de pertenencia; a ese cómplice con el que caminamos por la vida en sus buenos y malos momentos; a esa persona que nos permite sentirnos únicos e insustituibles; a ese espacio donde se da la fusión y, sin embargo, seguimos siendo dos; a todo eso que tantos poetas enamorados han descrito.

Las relaciones amorosas requieren gran dosis de pasión, intimidad y compromiso.[1] Estos tres ingredientes generan la sensación de ser alguien especial. Alguien que "se cuece aparte" en la vida del otro. Ser alguien especial, amar y ser amado, son anhelos de todos los seres humanos y constituyen una de las necesidades psicológicas primarias. Es el anhelo de ser alguien atractivo, deseable y agradable, entre otras cosas, lo que lleva a los varones y a las mujeres a buscar relaciones amorosas eróticas donde se genere ese sentido de pertenencia y de ser alguien con un significado especial en la vida del otro. Alguien insustituible e irremplazable.

La intimidad se genera al presentarnos ante el otro tal cual somos, no como lo que quisiéramos ser, ni como lo que quisiera el otro que fuéramos, sino como lo que en realidad somos, con fortalezas y debilidades. La intimidad se inicia a partir del momento en que dos personas son capaces de desnudarse emocionalmente sin temor. Al aceptar al otro por lo que en realidad es, sin juicios, sin críticas. No hablamos de quitarse la ropa. Hablamos de quitarse las máscaras que vamos poniendo por protección con el desenlace de la propia historia. La verdadera intimidad depende de poder hablar sobre las penas y las alegrías, lo mundano y lo profundo, lo doloroso y lo placentero, lo que nos gusta y lo que nos desagrada, lo que ilusiona y lo que desilusiona.

Significa poder enfrentar y resolver las diferencias de modo satisfactorio para ambos. Quiere decir cuidar y consolar; tolerar y aceptar por parte de ambos; poder ser honesto y sentir que así, tal cual se es, está bien. La intimidad se construye con confianza y honestidad.

La intimidad se desarrolla en las parejas con ternura, a través de confesiones, explicaciones y con las pláticas de corazón a corazón. En un clima de seguridad que genere la confianza de que esa información no será divulgada ni utilizada para chantajes. Sin estos dos ingredientes básicos, seguridad y confianza, la intimidad no es posible. Lograrlo no depende del esfuerzo de uno, sino de los dos.

La intimidad es un elemento central en las relaciones de pareja. Los valores y las metas compartidas conservan a las personas unidas. El denominador común que tienen las relaciones duraderas es la habilidad de comunicar deseos y miedos internos a una pareja que pueda responder. En pocas palabras, lo que mantiene a las parejas unidas no es la química sexual, sino la habilidad de crear intimidad.[2]

Un obstáculo importante para lograr la intimidad es que hay partes de nosotros mismos que no nos permitimos sentir o conocer, y con mucha frecuencia el primer síntoma de esta falta de conexión íntima con nosotros mismos es una infidelidad.[3]

Para la satisfacción matrimonial, también es necesario lograr un equilibrio entre la distancia y la cercanía. Demasiada cercanía puede ser tan disfuncional como demasiada distancia. Para algunas personas, la intimidad supone mucha cercanía y ésta les resulta amenazante, sienten que perderían el control de sus propias vidas. Si el otro conoce sus vulnerabilidades, se vuelven débiles, dependientes y manipulables. Por ello, hacen todo lo posible para conservar una distancia emocional a través de pleitos constantes.[4]

Otras modalidades de alejar a la pareja incluyen evitar (no enfrentar) los conflictos y dejar las cosas sin aclarar o sin resolver, mediante la minimización o el ignorar las diferencias y las insatisfacciones. Las mentiras y la deshonestidad mantienen a la pareja desorientada, fuera de la jugada y lejos. La deshonestidad y el reservarse información además de provocar un desequilibrio de poder, pueden hacer que el otro cónyuge lleve a cabo todos sus esfuerzos (a veces también mal orientados) por acercarse más, e intimide con su persecución al que quiere conservar una distancia, creando de este modo un círculo vicioso de cercanía y distancia.[5] El equilibrio se encuentra cuando *ambos* son capaces de *comunicar* y *negociar de manera abierta.*

Otro elemento muy importante y pocas veces considerado es la habilidad para pedir y recibir disculpas. Hacerlo implica la capacidad de sentir empatía por el otro, poder sentir compasión, ternura y aceptación de los errores. Las parejas exitosas han demostrado que poseen la habilidad de resarcir la ofensa. Cuando no existe, los pleitos pueden ser eternos y muy destructivos.[6]

La pareja también transita en un terreno de privacidad y exclusividad, con las cuales se genera seguridad, confianza y la certeza de ser alguien especial y único para la persona amada. Las cosas de la pareja le pertenecen solamente a la pareja, no a los hijos ni a los padres ni a los amigos.

Esta relación de entrega profunda sólo es posible entre dos. Cuando entra un tercero se rompe el encanto. Mientras más personas conforman la fuente primaria de satisfacción, lo que una persona tiene para dar a otra se divide en más partes. En tanto un pastel se divide en más porciones, las rebanadas se hacen más pequeñas. Esta es una cuestión matemática. Los adictos a la infidelidad se sienten satisfechos porque creen que obtienen todo el "pastel" de alguien (amor incondicional) sin tener que dar mucho a cambio. Estas no suelen ser relaciones muy "completas" donde desde luego no hay reciprocidad, otro elemento importante en el amor.

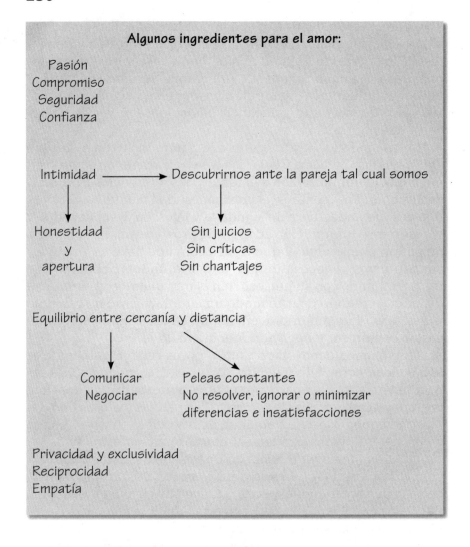

Algunos ingredientes para el amor:

Pasión
Compromiso
Seguridad
Confianza

Intimidad ⟶ Descubrirnos ante la pareja tal cual somos

Honestidad   Sin juicios
y   Sin críticas
apertura   Sin chantajes

Equilibrio entre cercanía y distancia

Comunicar   Peleas constantes
Negociar   No resolver, ignorar o minimizar
       diferencias e insatisfacciones

Privacidad y exclusividad
Reciprocidad
Empatía

Aunque aparentemente es el amor lo que une y conserva a las parejas, esto no siempre es verdad. Una pareja puede unirse o permanecer unida por muy diferentes razones. Por conveniencia, para mantener el estatus, por costumbre, por obligación, por culpa, por inseguridad, por necedad. Por muchas razones. Al evaluar la relación de pareja y los conflictos que han servido como telón de fondo quizá valga la pena hacer conciencia de la motivación que le dio vida a la pareja en su inicio y de lo que la ha conservado unida.

*Se necesitan dos personas para hacer que el matrimonio
funcione o no funcione.*

En este momento no hablaremos de las malas parejas ni de los intereses que puedan conservarlas unidas, sino de las buenas parejas. De esas que todos deseamos tener. Las que están cimentadas en el amor recíproco. De esas que crecieron a partir de una amistad y que evolucionaron de la atracción al amor. Estamos hablando de ese sueño que parece imposible: encontrar el amor profundo, estable y pleno; en otras palabras, del amor maduro. Estamos hablando de hallar esa pareja que nos ayuda a realizar nuestros sueños.

Según Erich Fromm, para que se desarrolle el amor maduro se requieren cuatro elementos básicos: conocimiento, cuidado, respeto y responsabilidad.[7] Dicho de otra manera, se requiere que ambos conozcan cuáles son las necesidades emocionales de cada uno y que ambos puedan ser capaces de satisfacerlas. El conocimiento y la satisfacción de estas necesidades se van construyendo en el tiempo con la intimidad y el cuidado. El respeto se manifiesta en el trato de la persona amada como algo valioso. La responsabilidad implica la habilidad de responder al compromiso de la elección de esa pareja. El conocimiento, el respeto y la responsabilidad dan por resultado el cuidado.

Ingredientes para el amor maduro:

Conocimiento
Cuidado
Respeto
Responsabilidad[7]

A veces se piensa de modo equivocado que la pareja debe y tiene que satisfacer todos nuestros requerimientos, en el momento que lo deseamos, de la manera que más nos agrade y ¡sin tener que pedirlo! (Dra. Enriqueta Gómez Fonseca, terapeuta familiar y de pareja, comunicación personal.) Grave error. Nadie puede satisfacer todas las necesidades de otro; en el mejor de los casos, muchas pero no todas. No siempre es del modo que más agrada, muchas veces es de la manera en que el otro puede. Con el conocimiento y la buena comunicación se va logrando que cada vez se parezca más a lo que queremos.

Y ¡sin tener que pedirlo! Eso es aún más difícil. Nadie tiene la habilidad ni la obligación de leer la mente del otro. Pero eso es lo que anhelamos y si no sucede se diagnostica de modo automático que nuestra vida en pareja no es buena. A veces pensamos que a cambio de lo mucho que creemos hacer por el otro, él o ella debería a su vez de hacer por mí todo lo que yo quiero. Se nos olvida que todos tenemos fallas, carencias y debilidades. No sólo nosotros, nuestra pareja también.

No somos los únicos necesitados, la pareja también lo es. Sin embargo, todos hacemos lo que podemos respecto a ser capaces de satisfacer a los demás. El conocimiento, el cuidado, el respeto y la responsabilidad es un tren de doble vía, tiene que circular de ida y de regreso. Estos requerimientos aplican para cada miembro de la pareja. Que me conozcan no es suficiente, también hay que conocer al otro. Cuando se asume la reciprocidad, se genera tolerancia y aceptación tanto hacia uno mismo como hacia los demás y lo más importante: se genera un vínculo amoroso. Para que esto pueda darse es necesario haber completado las etapas de desarrollo y haber pasado de la adolescencia a la vida adulta. Por desgracia, hay muchos que se quedan atascados en la búsqueda de la identidad de la adolescencia o que nunca pasan de la etapa de profunda introspección que caracteriza a la adolescencia.

Algo muy diferente de lo que pasa con el amor maduro sucede en el enamoramiento, ese estado de efervescencia y locura donde el otro parece ser la persona más maravillosa del mundo al ser idealizada como la persona que queremos que sea, no como quien verdaderamente es o puede ser. Como consecuencia, estar enamorados nos permite ver el mundo con colores más brillantes y pasar por alto los detalles que hablen de diferencias; se pone atención en las similitudes reales o virtuales.[1] Mediante las citas programadas se va edificando un vínculo con esa persona que tal vez lleguemos a amar cuando la conozcamos más, la cuidemos, la respetemos y nos responsabilicemos por ella, con la esperanza de que ella haga recíprocamente lo mismo por nosotros.

Este es el camino que recorre la mayoría de los buenos *affaires* que resultan tan excitantes. Hay una etapa inicial de amistad, una etapa intermedia de planeación y estructuración de las reglas de la relación y cuando esos *affaires* se tornan estables, es porque se mantienen los ingredientes de los que hablamos aquí.[8]

También puede suceder lo opuesto, que cuando conozcamos mejor a la persona, decidamos que no es la clase de gente con la que podríamos comprometernos en el esfuerzo por construir una vida conjunta y no sea posible edificar un amor profundo y duradero. También puede ser que esa otra persona sea la que se desilusione de nosotros cuando empiece a notar más las diferencias entre los dos que las similitudes, cuando de modo aparente o verdadero nos conozca. El amor tiene sus riesgos.

Tomar decisiones trascendentes en ese estado de conciencia alterado que provoca el enamoramiento puede ser muy riesgoso. Mucha gente que ha tomado decisiones drásticas sobre su vida en ese estado se ha arrepentido con el tiempo. Las decisiones se deben tomar con los pies en la tierra, no cuando se camina entre nubes. La decisión de unirse a una pareja o casarse es una decisión importante, que implica un vínculo profundo y no debería ser considerada como intrascendente y pasajera, sólo dependiente de la emoción pasional de una primera impresión o de la satisfacción personal que puede ser remplazada en cualquier momento que surjan las diferencias.

Muchas personas se confunden en la evolución del enamoramiento al amor maduro, el cual es más sereno y profundo y requiere más esfuerzo y compromiso. Piensan que la evolución de la pasión inicial significa pérdida de interés y marca el principio del fin de la satisfacción amorosa y, entonces, buscan con desesperación una nueva pareja de quién enamorarse otra vez.

¿Considera que usted aporta estos elementos a su relación de pareja?	
• Conocimiento	• Honestidad
• Cuidado	• Apertura
• Respeto	• Privacidad
• Responsabilidad	• Exclusividad
• Seguridad	• Comunicación
• Confianza	• Compartir
• Compromiso	• Solución de conflictos
• Pasión	• Dar y recibir disculpas
• Intimidad	• Reciprocidad
• Equilibrio entre cercanía y distancia	• Empatía
• Diversión	• Compasión

Sin todos estos ingredientes, lo que se genera son amores cojos, pasajeros o duraderos, tal vez apasionados, tal vez aparentemente estables, pero tormentosos. Cuando todos estos componentes de una relación amorosa duradera y madura no se logran, entre otras cosas, se puede terminar viviendo en relaciones de pareja muy problemáticas e insatisfactorias y esta insatisfacción tanto personal como conyugal quizá sea uno de los motivos para buscar parejas alternativas.

La investigación demuestra que lo que une a las parejas es algo muy simple: *la verdadera amistad.*[6]

REFERENCIAS BIBLIOGRÁFICAS

1. Manrique, R., *Sexo, erotismo y amor. Complejidad y libertad en la relación amorosa*, Libertarias/Prodhufi, Madrid, 1996.
2. Olsen, D., Stephens, D., *Manual de supervivencia para parejas*, Amat, Barcelona, 2001.
3. Hein, H., *Sexual detours. The startling truth behind love, lust and infidelity*, St. Martin's Press, Nueva York, 2001.
4. Pittman, F. S. III y Pittman, W. T., *Crises of infidelity*, en Jacobson, N. S., Gurman, A. S. (eds.), *Clinical handbook of couple therapy*, The Guilford Press, Londres, 1995.
5. Guerin, P. J., Jr. *et al.*, *The evaluation and treatment of marital conflict*, Basic Books, Nueva York, 1987.
6. Gottman, M. J., Silver, N., *Siete reglas de oro para vivir en pareja. Un estudio exhaustivo sobre las relaciones y la convivencia*, Debolsillo, México, 2004.
7. Fromm, E., *El arte de amar*, 22a. ed., Paidós, Barcelona, 2000.
8. Linquist, L., *Amantes secretos*, Paidós, Barcelona, 2000.

15

La monogamia: ¿mito o realidad?

¿LOS INFIELES NACEN O SE HACEN?

Según una afirmación hecha por los biólogos G. Williams y R. Trivers:

> El principio máximo es que el hombre (no la mujer), ocasionalmente es infiel. Esta situación ayuda a equilibrar la dispersión genética.[1]

Esta afirmación se contrapone a la idea de que los seres humanos pueden ser monógamos por naturaleza. Según esto, los seres humanos, no "las humanas", son por naturaleza polígamos. La razón es simple: un macho puede preñar a muchas hembras durante un año, por ejemplo, y una hembra sólo puede tener un hijo cada nueve meses. Por esta sencilla razón, según esta cita y según mucha gente, la poligamia es un privilegio masculino necesario.

Si se considera esta postura puramente biológica extrapolada de un estudio de ácido desoxirribonucleico (ADN) con palomas, como válida para los seres humanos, diríamos que nacen más hombres infieles que fieles. La infidelidad desde tal postura sería una cualidad intrínseca a la evolución genética y a la capacidad de reproducción. Según esto, los casos infrecuentes de varones que deciden ser fieles van contra natura. Sin embargo, por muy apoyado que se encuentre este estudio en el ADN de las palomas o en la conducta de los chimpancés, los seres humanos tenemos otros elementos además de los biológicos que determinan la conducta, tal como sería la dimensión espiritual donde estarían por ejemplo los valores.*

Sin embargo, esta postura de la determinación polígama está bastante generalizada. Muchos varones argumentan que buscar, conquistar y tener relaciones con otras hembras está en su naturaleza. Dicen que cuando hay mujeres a la vista, la seducción se convierte en un impulso irrefrenable. Algunas personas con esta visión "fisiológica" del problema de la infidelidad, buscando otra explicación adicional, fundamentan esta conducta en la teoría hormonal, diciendo que la abundancia de testosterona (hormona masculina) en los varones, es la causa de una pulsión incontrolable hacia relaciones sexuales abundantes e indiscriminadas.[2]

Quienes defienden la poligamia se apoyan en que la mayoría de los machos en la naturaleza pueden (y deben) preñar a muchas hembras. Digo la mayoría de los machos, y no todos, porque alguien me contó que los rinocerontes son monógamos. A quienes defienden este punto de vista, no les cabe en la cabeza que un varón no pueda tener varias hembras a su disposición. La naturaleza polígama es un privilegio del que les dotó la madre naturaleza.

Hablando de los animales, esta conducta no se considera promiscua, tiene una función: asegurar la conservación de la especie (tal vez por eso los rinocerontes se están extinguiendo). Entre los seres humanos es diferente: no sólo la procreación sino también el apareamiento. Con respecto a la procreación, los hijos que resultan de una unión requieren un estatus de legalidad parental, por la carga de crianza y educación que representan y por la propiedad del patrimonio familiar, que no ocurre con los animales. Es posible decir que, entonces, aparece un conflicto entre la sociedad y la biología del ser humano. En la cultura occidental, es socialmente obligatorio ser monógamo pero el impulso natural es ser polígamo.

---

* No hablamos de espiritualidad con un referente religioso, sino como una habilidad superior de los seres humanos donde estarían ubicadas la libertad, la responsabilidad y la voluntad.

Hay una solución al conflicto: en otro nivel, diferente del biológico, el ser humano funciona de manera distinta en comparación con los animales. La situación del apareamiento cambia mucho entre los seres humanos cuando la procreación deja de ser un asunto inevitable (tras la aparición de la píldora, y más recientemente del Viagra, por ejemplo).

Otra razón importante en defensa de la monogamia comprende que las relaciones sexuales en los seres humanos involucran muchas emociones y apegos no presentes en los animales. Amor, compromiso, entrega, pasión e intimidad son componentes de una relación de la pareja humana, sin tomar en cuenta, además, el desarrollo de una conducta ética que se logra con la madurez emocional. Por tanto, un análisis serio acerca de la infidelidad necesita hacer referencia a los valores morales,[3] que es donde se ubica su contraparte: la fidelidad.

En estas afirmaciones reduccionistas sobre la naturaleza polígama de los seres humanos hay un error de principio: la fidelidad es un valor, no una función biológica y nada tiene que ver con la capacidad reproductiva. No es la necesidad de aparearse para conservar la especie lo que lleva a los seres humanos a embarcarse en relaciones amorosas a través del engaño.

Para varones y mujeres, la insatisfacción matrimonial, donde se ha perdido la esperanza, puede ser un claro detonador de la infidelidad. Una persona está lista para involucrarse con alguien cuando se siente harta y cansada de los problemas a los que no les encuentra solución; le surge la inquietud, aparece la oportunidad (que cada día es más fácil) y entonces se siente lista para darle un giro a su vida. ¡Y vaya que se lo da!

El infiel no se siente satisfecho con lo que vive, y casi cualquier cosa que se encuentre sirve para llenar ese hueco. No sabe muy bien lo que quiere ni cómo conseguirlo. Sólo sabe que desea la posibilidad de algo "nuevo". Los infieles no suelen ser personas que puedan o quieran decir no. De entrada es sí, después ya veremos. El infiel no sabe poner límites a los demás, ni a él mismo. Se siente privado de placer y lo busca donde sea. Cualquier persona o cualquier circunstancia puede ser una oportunidad de satisfacer su "insatisfacción" y de aliviar su soledad y su vacío.

Ni su insatisfacción, ni su soledad, ni su necesidad de encontrar placer en una vida "secreta" tienen mucho que ver con el requerimiento de dispersar los genes, tampoco con la abundancia de testosterona porque eso dejaría fuera la posibilidad de que las mujeres pudieran también ser infieles. La teoría genética y la hormonal, por tanto, no son suficientes para explicar la causalidad de la infidelidad.

Aunque los seres humanos no fuéramos monógamos por naturaleza (biológica), los varones y las mujeres seguimos siendo seres bastante más emocionales que los conejos. El comportamiento monógamo, catalogado como aburrido y monótono por quienes les gusta parecerse a algunos animales, es un ingrediente necesario en las relaciones de parejas sanas y satisfactorias.

Una infidelidad revela más sobre nosotros mismos que sobre nuestra vida sexual, tiene que ver más con un comportamiento de escape. En el matrimonio, se hace patente, necesita el contexto de la pareja para designarse como tal, pero la insatisfacción matrimonial tampoco es lo único que la origina. La infidelidad también se vincula con viabilidad de la traición al otro y a uno mismo.

Ubicándose en un contexto social posmoderno, la monogamia parece cada vez más una manera en desuso de comportarse y un concepto pasado de moda. La cantidad de varones y mujeres que se involucran en *affaires* (de corta o larga duración) es cada vez mayor. Aunque es probable que la infidelidad tenga la misma antigüedad que la raza humana, "todos contra todos" parece la regla del juego de la vida amorosa liberada y moderna.

No obstante, a pesar de que la poligamia pueda tener muchos adeptos, la monogamia sigue siendo la forma de relación amorosa aceptada en la cultura occidental. La mayoría de las personas desea que su pareja sea fiel, aunque con el tiempo el deseo se frustre. La exclusividad sexual y emocional sigue siendo un anhelo. La mayoría de las parejas se constituye con esta prerrogativa, aun la de amante e infiel. No creo que el infiel esté dispuesto a compartir a la amante, ni que la amante pudiera aceptar sin más que ella fuera una más de otras amantes simultáneas.

Sin embargo, a pesar de que tener dos parejas simultáneas no es tolerado ni desde el punto de vista legal ni moral, muchas personas se las arreglan para vivir en triángulos. Hay quien argumenta que es insano ir contra la naturaleza, que acceder a muchas parejas no sólo es muy divertido, sino que es inevitable o incluso bueno para la vida matrimonial. Cosa que resulta totalmente falsa en la práctica. Cuando se incluye otra persona, a veces "sólo para platicar y sentirse acompañado", los tres terminan en una relación compartida e insatisfactoria. Para ninguno de los tres hay la disponibilidad completa del otro. Por eso en los triángulos se sufre a la corta o a la larga y por ello muchos triángulos terminan en una relación de dos o en la soledad. Ya sea con la amante, de regreso con la esposa o, en la mayoría de los casos, en soledad. Ese es el final predeterminado para alguno de los tres.

Sin meternos en este tema a mayor profundidad, por la protección de los hijos, del patrimonio familiar y muy especialmente *del vínculo amoroso,* lo permitido desde la perspectiva social en la cultura occidental comprende las relaciones de dos. Aunque hay posturas posmodernas que apoyan la inclusión de otros fuera del vínculo conyugal, para conservar vigente la vida en pareja el amor de dos (no en triángulos) sigue siendo un camino para satisfacer la necesidad de *amar* y *saberse amado* en nuestra sociedad.

Además de las tendencias naturales que pueda tener el ser humano hacia la poligamia, hay también una gran influencia del *statu quo* hacia ella.

> Es un hecho que nuestra cultura favorece y demanda el cambio. En el mundo laboral, constantemente nos están bombardeando con exigencias que incitan al cambio, a ser creativos y a probar algo nuevo.[4]

No es de extrañar que en ciertos círculos sea común preguntar el número de parejas que hemos tenido. Claro que como vivimos en un mundo de doble moral, una cosa es lo que se piensa y defiende en público y otra la que se hace. A pesar de que es deseable el cambio (de automóvil o de pareja), cuando se le pregunta a alguien la cantidad de parejas que ha tenido, aunque haya poseído diez amantes y sólo una esposa, contestará que únicamente ha tenido una pareja.

En este mundo *light* de satisfacciones rápidas, se buscan amores fáciles y accesibles, sin mucho compromiso y sin mucha entrega.[5] Hoy día, parece ser más importante la imagen, aunque detrás de la fachada no haya nada. Cuidar las apariencias parece ser más importante que descubrir los verdaderos sentimientos. Hay más culto al cuerpo que al desarrollo de los valores; la lealtad es algo casi caduco.

En una sociedad donde cada vez se mitifica más la individualidad y la satisfacción personal, no suelen tomarse mucho en cuenta las necesidades de los demás, sólo las propias. Por la falta de consideración, aceptación y tolerancia, como resultado del casi nulo conocimiento propio y de los demás y como una alternativa de satisfacción rápida, la gente prefiere vivir buscando el estar siempre enamorada.

Ser infiel muchas veces no solamente no constituye una falta, sino que además puede ser algo envidiable. Así las cosas, podría decirse que la infidelidad se convierte en una práctica común y socialmente aceptada o soterradamente permitida. Luego, es probable que caigamos en un profundo pozo sin habernos dado muy bien cuenta, pero de inicio la opción suena bien. Por desgracia, no estamos dispuestos a trabajar para conseguir ese amor erótico, pleno, maduro y comprometido al que todos aspiramos.

REFERENCIAS BIBLIOGRÁFICAS

1. Estrada, I. L., *¿Por qué deja de amarnos nuestra pareja? El desenamoramiento: cómo prevenirlo... o aceptarlo*, Grijalbo, México, 1996.
2. Castañeda, M., *El machismo invisible*, Grijalbo, Raya en el Agua, México, 2002.
3. Jacobson, N. S. y Gurman, A. S., *Clinical handbook of couple therapy*, The Guilford Press, Londres, 1999.
4. Linquist, L., *Amantes secretos*, Paidós, Barcelona, 2000.
5. Rojas, E., *El hombre light*, Temas de Hoy, Madrid, 1996.

Índice analítico

241